国家出版基金项目
NATIONAL PUBLICATION FOUNDATION

中宣部2022年主题出版重点出版物

“十四五”国家重点图书出版规划项目

纪录小康工程

全面建成小康社会

西藏全景录

XIZANG QUANJINGLU

本书编写组 编著

XZCB 西藏人民出版社

责任编辑：计美旺扎　扎西欧珠
封面设计：石　笑　梦　格桑罗布
版式设计：周　方　亚　王　欢　欢　格桑罗布

图书在版编目（CIP）数据

全面建成小康社会西藏全景录 / 本书编写组 编著 . — 拉萨：西藏人民出版社，2022.7
（“纪录小康工程”地方丛书）
ISBN 978－7－223－07126－0

I. ①全…　II. ①本…　III. ①小康建设－成就－西藏　IV. ① F124.7

中国版本图书馆 CIP 数据核字（2022）第 078790 号

全面建成小康社会西藏全景录
QUANMIAN JIANCHENG XIAOKANG SHEHUI XIZANG QUANJINGLU

本书编写组

西藏人民出版社发行
（850000　拉萨市林廓北路 20 号）

深圳市精彩印联合印务有限公司印刷

2022 年 10 月第 1 版　2022 年 10 月第 1 次印刷
开本：710 毫米 ×1000 毫米 1/16　印张：20.875
字数：185 千字

ISBN 978－7－223－07126－0　定价：72.00 元

邮购地址 850000　拉萨市林廓北路 20 号

总　序

为民族复兴修史　为伟大时代立传

小康，是中华民族孜孜以求的梦想和夙愿。千百年来，中国人民一直对小康怀有割舍不断的情愫，祖祖辈辈为过上幸福美好生活劳苦奋斗。“民亦劳止，汔可小康”“久困于穷，冀以小康”“安得广厦千万间，大庇天下寒士俱欢颜”……都寄托着中国人民对小康社会的恒久期盼。然而，这些朴素而美好的愿望在历史上却从来没有变成现实。中国共产党自成立那天起，就把为中国人民谋幸福、为中华民族谋复兴作为初心使命，团结带领亿万中国人民拼搏奋斗，为过上幸福生活胼手胝足、砥砺前行。夺取新民主主义革命伟大胜利，完成社会主义革命和推进社会主义建设，进行改革开放和社会主义现代化建设，开创中国特色社会主义新时代，经过百年不懈奋斗，无数中国人摆脱贫困，过上衣食无忧的好日子。

特别是党的十八大以来，以习近平同志为核心的党中央统揽中华民族伟大复兴战略全局和世界百年未有之大变局，团结带领全党全国各族人民统筹推进“五位一体”总体布局、协调推进“四个全面”战略布局，万众一心战贫困、促改革、抗疫情、谋发展，党和国家事业取得历史性成就、发生历史性变革。在庆祝中国共产党成立100周年大会上，习近平总书记庄严宣告：“经过全党全国各族人民持续奋斗，我们实现了第一个百年奋斗目标，在中华大地上全面建成了小康社会，历史性地解决了绝对贫困问题，正在意气风发向着全面建成社会主义现代化强国的第二个百年奋斗目标迈进。”

这是中华民族、中国人民、中国共产党的伟大光荣！这是百姓的福祉、国家的进步、民族的骄傲！

全面小康，让梦想的阳光照进现实、照亮生活。从推翻“三座大山”到“人民当家作主”，从“小康之家”到“小康社会”，从“总体小康”到“全面小康”，从“全面建设”到“全面建成”，中国人民牢牢把命运掌握在自己手上，人民群众的生活越来越红火。“人民对美好生活的向往，就是我们的奋斗目标。”在习近平总书记坚强领导、亲自指挥下，我国脱贫攻坚取得重大历史性成就，现行标准下9899万农村贫困人口全部脱贫，建成世界上规模最大的社会保障体系，居民人均预期寿命提高到78.2岁，人民精神文化生活极大丰富，生态环境得到明显改善，公平正义的阳光普照大地。今天的中国人民，生活殷实、安居乐业，获得感、幸福感、安全感显著增强，道路自信、理论自信、制度自信、文化自信更加坚定，对创造更加美好的生活充满信心。

全面小康，让社会主义中国焕发出蓬勃生机活力。经过长期努力特别是党的十八大以来伟大实践，我国经济实力、科技实力、国防实力、综合国力跃上新的大台阶，成为世界第二大经济体、第一大工业国、第一大货物贸易国、第一大外汇储备国，国内生产总值从1952年的679亿元跃升至2021年的114万亿元，人均国内生产总值从1952年的几十美元跃升至2021年的超过1.2万美元。把握新发展阶段、贯彻新发展理念、构建新发展格局、推动高质量发展，全面建设社会主义现代化国家，我们的物质基础、制度基础更加坚实、更加牢靠。全面建成小康社会的伟大成就充分说明，在中华大地上生气勃勃的创造性的社会主义实践造福了人民、改变了中国、影响了时代，世界范围内社会主义和资本主义两种社会制度的历史演进及其较量发生了有利于社会主义的重大转变，社会主义制度优势得到极大彰显，中国特色社会主义道路越走越宽广。

全面小康，让中华民族自信自强屹立于世界民族之林。中华民族有五千多年的文明历史，创造了灿烂的中华文明，为人类文明进步作出了卓越贡献。近代以来，中华民族遭受的苦难之重、付出的牺牲之大，世所罕见。中国共产党带领中国人民从沉沦中觉醒、从灾难中奋起，前赴后继、百折不挠，战胜各种艰难险阻，取得一个个伟大胜利，创造一个个发展奇迹，用鲜血和汗水书写了中华民族几千年历史上最恢宏的史诗。全面建成小康社会，见证了中华民族强大的创造力、坚韧力、爆发力，见证了中华民族自信自强、守正创新精神气质的锻造与激扬，实现中华民族伟大复兴有了更为主动的精神力量，进入不可逆转的历史进程。今天，我们比历史上任何时期都更接近、更有信心和能力实现中华民族伟大复兴的目标，中国人民的志气、骨气、底气极大增强，奋进新征程、建功新时代有着前所未有的历史主动精神、历史创造精神。

全面小康，在人类社会发展史上写就了不可磨灭的光辉篇章。中华民族素有和合共生、兼济天下的价值追求，中国共产党立志于为人类谋进步、为世界谋大同。中国的发展，使世界五分之一的人口整体摆脱贫困，提前十年实现联合国2030年可持续发展议程确定的目标，谱写了彪炳世界发展史的减贫奇迹，创造了中国式现代化道路与人类文明新形态。这份光荣的胜利，属于中国，也属于世界。事实雄辩地证明，人类通往美好生活的道路不止一条，各国实现现代化的道路不止一条。全面建成小康社会的中国，始终站在历史正确的一边，站在人类进步的一边，国际影响力、感召力、塑造力显著提升，负责任大国形象充分彰显，以更加开放包容的姿态拥抱世界，必将为推动构建人类命运共同体、弘扬全人类共同价值、建设更加美好的世界作出新的更大贡献。

回望全面建成小康社会的历史，伟大历程何其艰苦卓绝，伟大胜利何其光辉炳耀，伟大精神何其气壮山河！

这是中华民族发展史上矗立起的又一座历史丰碑、精神丰碑！这座丰碑，凝结着中国共产党人矢志不渝的坚持坚守、博大深沉的情怀胸襟，辉映着科学理论的思想穿透力、时代引领力、实践推动力，镌刻着中国人民的奋发奋斗、牺牲奉献，彰显着中国特色社会主义制度的强大生命力、显著优越性。

因为感动，所以纪录；因为壮丽，所以丰厚。恢宏的历史伟业，必将留下深沉的历史印记，竖起闪耀的历史地标。

中央宣传部牵头，中央有关部门和宣传文化单位，省、市、县各级宣传部门共同参与组织实施“纪录小康工程”，以为民族复兴修史、为伟大时代立传为宗旨，以“存史资政、教化育人”为目的，形成了数据库、大事记、系列丛书和主题纪录片 4 方面主要成果。目前已建成内容全面、分类有序的 4 级数据库，编纂完成各级各类全面小康、脱贫攻坚大事记，出版“纪录小康工程”丛书，摄制完成纪录片《纪录小康》。

“纪录小康工程”丛书包括中央系列和地方系列。中央系列分为“擘画领航”“经天纬地”“航海梯山”“踔厉奋发”“彪炳史册”5 个主题，由中央有关部门精选内容组织编撰；地方系列分为“全景录”“大事记”“变迁志”“奋斗者”“影像记”5 个板块，由各省（区、市）和新疆生产建设兵团结合各地实际情况推出主题图书。丛书忠实纪录习近平总书记的小康情怀、扶贫足迹，反映党中央关于全面建成小康社会重大决策、重大部署的历史过程，展现通过不懈奋斗取得全面建成小康社会伟大胜利的光辉历程，讲述在决战脱贫攻坚、决胜全面小康进程中涌现的先进个人、先进集体和典型事迹，揭示辉煌成就和历史巨变背后的制度优势和经验启示。这是对全面建成小康社会伟大成就的历史巡礼，是对中国共产党和中国人民奋斗精神的深情礼赞。

历史昭示未来，明天更加美好。全面建成小康社会，带给中国人民的是温暖、是力量、是坚定、是信心。让我们时时回望小康历程，深入学习贯彻习近平新时代中国特色社会主义思想，深刻理解中国共产党为什么能、马克思主义为什么行、中国特色社会主义为什么好，深刻把握“两个确立”的决定性意义，增强“四个意识”、坚定“四个自信”、做到“两个维护”，以坚如磐石的定力、敢打必胜的信念，集中精力办好自己的事情，向着实现第二个百年奋斗目标、创造中国人民更加幸福美好生活勇毅前行。

目 录

一、伟大的历史跨越

历史的车轮滚滚而来，伟大的跨越见证沧海桑田。1949年，中华人民共和国的成立，开辟了中华民族历史的新纪元。为解放全国，完成祖国大陆统一任务，1950年初，中共中央批准成立中共西藏工作委员会，确定了争取和平解放西藏的方针。1951年，《中央人民政府与西藏地方政府关于和平解放西藏办法的协议》的签订，宣告西藏和平解放。从此，西藏人民永远摆脱了帝国主义的侵略和羁绊，与全国各族人民一道在祖国大家庭里走上了团结、进步、发展的光明大道。1959年，西藏民主改革，废除政教合一的封建农奴制度，百万农奴获得解放，开创了西藏各族人民当家作主的新时代。1965年，西藏自治区成立，标志着民族区域自治制度在西藏全面确立，实现了西藏社会制度从政教合一的封建农奴制度向人民民主的社会主义制度的历史性跨越，从此西藏各族人民进入了当家作主的新时代。改革开放以来，中央先后七次召开西藏工作座谈会，专门研究和谋划西藏工作。在中央关怀、全国援助下，经过西藏各族人民共同努力奋斗，西藏经济社会短短几十年取得了伟大成就，实现了“两大跨越”。西藏70多年的发展进步，把一个古老、封闭、保守的封建农奴制社会拉进了21世纪的现代社会，西藏各族人民的生存状态和精神面貌发生了根本的变化。西藏已然实现短短几十年跨越上千年的人间奇迹，这一奇迹不仅见证了中国人民实现了从站起来到富起来、强起来的伟大飞跃，而且充分说明西藏只有在中国共产党的领导下、在中华民族大家庭中，走中国特色社会主义道路，才会取得历史性彻底消除绝对贫困、与全国一道同步建成小康社会的伟大成就，才能有繁荣进步的今天和更加美好的明天。

（一）西藏和平解放

西藏自古就是中国神圣领土不可分割的一部分，是中国藏族主要聚居区之一。近代以来，以英国为首的帝国主义势力一手制造了所谓的“西藏独立”问题，严重破坏了中国的主权和领土完整。帝国主义的入侵加重了西藏各族人民的灾难，也加深了西藏社会的矛盾，使本已破败不堪的西藏社会更加难以为继。由此，摆脱帝国主义侵略，就成了西藏社会进步的历史必然和西藏各族人民的迫切愿望。

——西藏自古是中国不可分割的一部分

中国是一个历史悠久的统一的多民族国家，中华民族是一个命运共同体。西藏是各民族共同开发的，西藏历史是各民族共同书写的，藏族和其他各民族在政治经济文化上的交流贯穿了西藏历史发展始终，藏族就是在各民族交往交流交融中形成发展起来的。大量考古和学术研究表明，早在远古时期，居住在高原的藏族先民就与汉族和其他兄弟民族有着血缘、语言和文化上的密切联系，为最终

图 1-1　文成公主进藏图

建立统一的国家奠定了深厚的基础。在西藏自治区首府拉萨的布达拉宫，至今一直供奉着公元 641 年唐朝嫁给藏族吐蕃赞普的文成公主的塑像。大昭寺前的广场上还矗立着公元 823 年为双方会盟建立的“唐蕃会盟碑”。

13 世纪中叶，西藏地方正式成为元朝中央政府直接管辖之下的一个行政区域，以后成为历史定制。元朝（1271—1368 年）中央政府设立总制院（后称宣政院），直接管理西藏地方事务，并在西藏清查户口、设置驿站、征收赋税、驻扎军队、任命官员，实现了对西藏地方的有效管辖和治理。明朝（1368—1644 年）中央政府设置乌思藏、朵甘两个都司和“俄力思军民元帅府”，管理卫藏、昌都等地和阿里地区的军政事务；同时在西藏实施多封众建，给

图 1-2　唐蕃会盟碑

图 1-3　金本巴瓶

西藏各地政教首领封以“法王”“王”“灌顶国师”等名号，以加强社会管理。清朝（1636—1912 年）中央政府对西藏地方的管理十分完善，1727 年起正式推行驻藏大臣制度，到清朝灭亡总计派遣驻藏大臣百余人，他们代表清朝中央政府行使对西藏地方的管理权。同时，清朝先后册封藏传佛教格鲁派首领五世达赖和五世班禅，正式确立达赖喇嘛与班禅额尔德尼的封号和政治、宗教地位，历世达赖、班禅均须由中央政府册封遂成定制。1793 年，清朝在驱除廓尔喀入侵势力之后，制定颁布《钦定藏内善后章程二十九条》进行全面改革，标志着清朝治藏达到了法制化的高度。

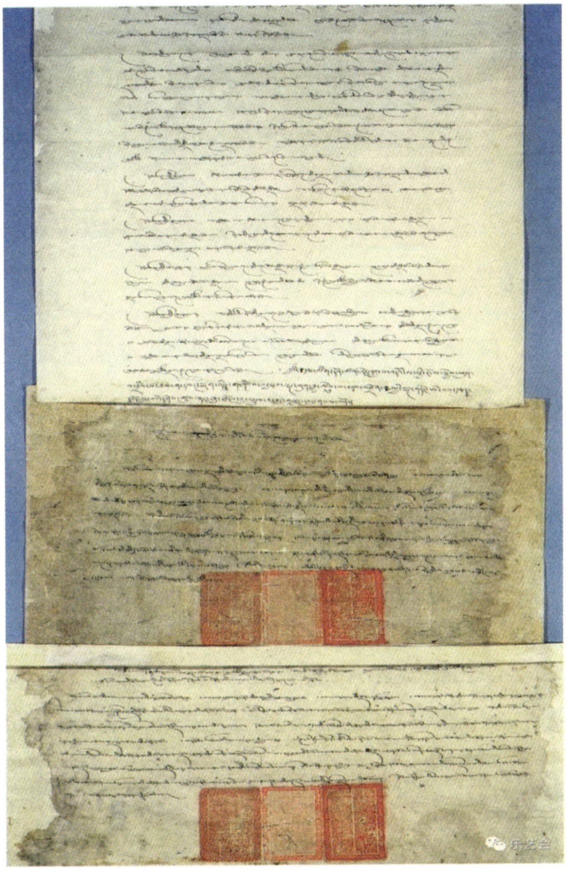

图 1-4 《钦定藏内善后章程二十九条》局部

清末，奉命处理英国第二次侵藏战争善后的张荫棠，开启了一场涉及政治、经济、军事、外事、文化教育、医疗卫生及民俗等的全面藏事改革，不仅对捍卫主权具有重要意义，同时也开启了西藏近代化进程。

清朝灭亡后，中华民国继续对西藏实施主权管辖。1912 年，中华民国第一部宪法《中华民国临时约法》明确规定中央对西藏的主权，宣布“西藏是中华民国领土的一部分”，提出“合汉、满、蒙、回、藏诸族为一人，实行五族共和”。同年 7 月，民国政府设蒙藏事务局。1929 年，南京国民政府设立蒙藏委员会，管理蒙藏事务。1940 年，国民政府在拉萨设蒙藏委员会驻藏办事处，作为中央政府在西藏地方的常设机构。民国时期官方和民间出版机构出版的世界地图和中国地图，均将西藏列为中国领土。民国期间，虽然军阀混战，内乱频仍，国家孱弱，但中央政府仍坚定地维护了国家在西藏的主权。十四世达赖、十世班禅继续接受了中央政府的册封。国际上没有一个国家和政府承认过“西藏独立”。

——近代帝国主义侵略西藏及所谓“西藏独立”问题的由来

自 18 世纪以来，西方一些势力就通过“探险”“考察”等手段觊觎我国西藏。19 世纪末，帝国主义掀起瓜分中国的狂潮，英国侵略势力趁机染指西藏。鸦片战争后，英国加紧从英属印度侵略西藏，先后于 1888 年、1903—1904 年两次发动侵藏战争。在武装侵略未能达到目的后，又转而在西藏培植亲帝分裂势力，策划、煽动“西藏独立”。1907 年，英俄秘密签订《西藏协定》，在中国政府不知情的情况下，第一次在国际文件中将中国对西藏地方的主权篡改为“宗主权”。1913 年，英国策划召开西姆拉会议，唆使西藏地方代表首次提出“西藏独立”的无理要求，当即遭到中国政府代表严词拒绝。这便是“西藏独立”一词的首次出笼。1914 年 7 月，中

图 1-5　江孜宗山抗英遗址

国政府代表拒绝在《西姆拉条约》上签字，并发表声明概不承认任何此类条约或文件，同时将该立场照会英国政府，西姆拉会议遂以失败告终。

1942 年，西藏地方政府在英国代表支持下突然宣布成立“外交局”，公开进行“西藏独立”活动，因遭到全国人民和国民政府的反对而不得不改变原议。1947 年，英国幕后策划邀请西藏派代表参加“泛亚洲会议”，在会场上悬挂的亚洲地图和万国旗中把西藏作为一个独立国家来对待，经中国代表团严正交涉，会议组织者不得不改正这种错误做法。中华人民共和国成立前后，帝国主义加快了与西藏亲帝分裂势力勾结的步伐，1949 年 7 月 8 日，西藏地方政府以“防止共产党混迹西藏”为借口，下令将国民政府驻藏办事处人员及相关人员驱赶出西藏，制造了拉萨“七八”事件。1949 年 11 月，西藏地方政府决定派所谓的“亲善使团”赴美国、英国、印度、尼泊尔等国，寻求对“西藏独立”的政治支持和军事援助，加紧分裂国家的活动。1949 年，美国人劳尔 · 汤姆斯以哥伦比亚广播公司“无线电评论员”名义在西藏图谋“华盛顿给西藏以可能的援助”，并在美国报刊上宣称“美国已准备承认西藏为独立自由”的国家。1950 年上半年，一批美国枪支弹药经由加尔各答进入西藏，用以对抗中国人民解放军进藏。

历史事实清楚地表明，所谓的“西藏独立”问题完全是帝国主义侵略中国的产物，驱逐帝国主义势力出西藏是中国人民维护祖国统一的必然要求。

——解放西藏是各族人民的热切期盼

1949 年 9 月 2 日，新华社发表题为《决不容许外国侵略者吞

图 1-6　开国大典

并中国的领土——西藏》的社论，指出“西藏是中国的领土，绝不容许任何外国侵略；西藏人民是中国人民的一个不可分离的组成部分，绝不容许任何外国分割。这是中国人民、中国共产党和中国人民解放军的坚定不移的方针”。社论发表后，西藏各界纷纷响应和拥护，盼望解放军早日进藏。

1949 年 9 月，中国人民政治协商会议在北京召开，会议选举了有史以来第一次真正彻底代表全中国各族人民利益的中央人民政府，通过了《中国人民政治协商会议共同纲领》。“共同纲领”将我国各民族一律平等，实行团结互助，反对帝国主义和各民族内部的公敌，使中华人民共和国成为各民族友爱合作的大家庭，作为国家处理民族问题的政策准则，规定民族区域自治为解决我国民族问题的基本国策。10 月 1 日，北京天安门城楼举行了隆重的开国大典，毛泽东主席向全世界庄严宣告中华人民共和国成立。中国人民为自由、独立和进步而斗争的历史揭开了新的篇章。

在新中国成立的巨大鼓舞下，中国人民解放军迅速向大西北、大西南挺进。解放大西北的人民解放军先后解放了甘肃、青海，紧接着新疆宣布起义，解放军迅速进驻。解放大西南的人民解放军，以迅雷不及掩耳之势，至 1949 年底也相继进驻云南、贵州、四川、西康等省。解放祖国大陆的最后一个地区西藏已是大势所趋，势在必行。随着全国形势的发展，西藏地方两种势力、两种命运的斗争日趋激烈。美英帝国主义与西藏亲帝分裂势力加紧勾结，频频进行阴谋活动，竭力抗拒西藏解放，妄图乘中央政权更迭之机把西藏从中国分裂出去，变为帝国主义的附庸；广大西藏各族人民和上层爱国人士拥护中央人民政府，热切要求早日解放西藏，实现祖国统一，使西藏成为统一的各民族平等合作的新中国大家庭的一员。

新中国成立当天，十世班禅致电中央政府："速发义师，解放西藏，驱逐帝国主义势力"。12 月 2 日，原西藏摄政五世热振活佛的近侍益西楚臣到西宁，向人民解放军控诉帝国主义破坏西藏内部团结的罪行，请求迅速解放西藏。著名的藏族学者喜饶嘉措大师也发表讲话，衷心拥护中央人民政府，渴望人民解放军旌旗西指。在京的藏族各界人士纷纷集会，痛斥帝国主义分裂西藏的阴谋，热切要求解放西藏，并谴责帝国主义策划拉萨当局进行所谓"独立"的阴谋。此外，兰州、西安、西康等地的藏族农牧民及妇女、青年、军人也都纷纷集会，揭露美英帝国主义和西藏亲帝分裂分子阻挠人民解放军解放西藏的行径，要求早日解放西藏。1950 年初，藏族农牧民及青年、妇女和民主人士代表百余人在刚刚解放的兰州集会，要求解放西藏。西康省知名藏族人士格达活佛、邦达多吉等人派代表进京，向中央人民政府吁请早日解放西藏。格达活佛还主动要求前去拉萨，劝说达赖接受和平解放西藏的方式，但到昌都后受阻，不幸遇害牺牲。藏族人民群众和上层爱国人士渴望解放，渴望享受新中国大家庭温暖的强烈愿望，反映了中国统一多民族国家的历史发展潮流。

面对藏族人民群众和上层爱国人士的强烈愿望，根据当时的国内外形势，毛泽东主席和朱德总司令在复电十世班禅时指出："西藏人民是爱祖国而反对外国侵略的，他们不满意国民党反动政府的政策，而愿意成为统一的富强的各民族平等合作的新中国大家庭的一分子。中央人民政府和中国人民解放军必能满足西藏人民的这个愿望"。在中央人民政府的英明决策和全国各族人民的共同企盼下，解放西藏的伟大事业正式开启。

——昌都战役的胜利，为西藏和平解放创造条件

为了应对国际形势的复杂变化和西藏地方的严峻局势，满足西藏各族人民要求早日解放的愿望，1949 年 12 月，毛泽东主席在前往苏联访问、途经满洲里时，写信给中共中央，作出了"进军西藏宜早不宜迟"的战略决策。

根据进藏交通状况和西藏的民族、宗教特点，毛泽东主席提出"政治解决优先"和解放西藏"不应操之过急"的基本方针，中央人民政府随后组织开展了大量的政治争取工作，先后多次派代表团或代表赴西藏进行劝和，争取能像解放北平、绥远、新疆等地一样实现西藏和平解放。然而，这一系列劝和促谈活动，受到帝国主义侵略势力和西藏亲帝分裂分子的重重阻挠。与此同时，西藏上层分裂分子与历史发展潮流背道而驰，不顾地方经济凋敝而扩大军备、调遣藏军，妄图以武力抵抗人民解放军，还勾结帝国主义势力，建

立电台、散布谣言，人为制造民族隔阂，派出所谓“亲善使团”寻求一些国家对“西藏独立”的支持。

在这种情况下，中共中央和毛泽东主席意识到解放西藏已经迫在眉睫。西南局和西北局在中央人民政府的统一部署下，迅速做好进军西藏的准备。进藏部队按照“政治重于军事，补给重于战斗”原则，根据中央“多路向心进兵”部署，以十八军为主力的人民解放军分四路向西藏进军，并于1950年10月取得昌都战役的胜利。昌都解放后，召开了昌都地区第一次人民代表会议，选举产生了昌都地区人民解放委员会，成立了昌都地区僧俗人民争取和平解放西藏工作委员会。昌都战役的胜利为促进西藏和平解放创造了条件。中央人民政府和毛泽东主席始终没有放弃和平解放西藏的努力，在昌都战役进行中仍催促西藏地方政府尽快派人来京。

——签订“十七条协议”，西藏实现和平解放

昌都战役的胜利使西藏地方政府的爱国进步力量进一步增强，西藏地方政局朝着有利于和平解放的趋势发展。1951年2月，西藏地方政府“官员会议”决定正式派出代表到北京同中央人民政府和谈。十四世达赖在致中央人民政府的信中也表达了和平谈判的愿望。4月29日，中央人民政府和西藏地方政府关于和平解放西藏的谈判正式开始。双方经过认真协商和充分讨论，最终就西藏和平解放一系列问题达成协议，于5月23日在北京签订了《中央人民政府和西藏地方政府关于和平解放西藏办法的协议》(简称“十七条协议”)，宣告西藏和平解放。西藏和平解放是中国人民解放事业的重要组成部分，是近代以来中华民族反对帝国主义侵略、维护国家统一和主权伟大斗争中的一件大事。从此，西藏各族人民永远

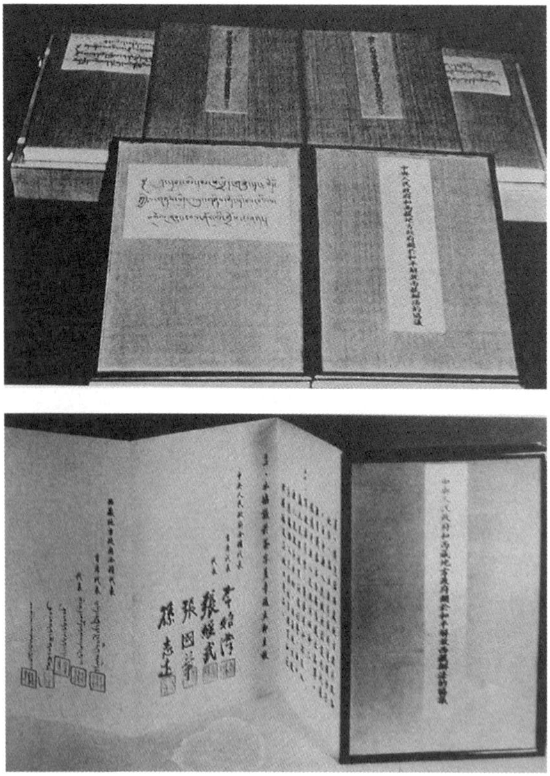

图 1-7 《中央人民政府和西藏地方政府关于和平解放西藏办法的协议》（简称"十七条协议"）

摆脱了帝国主义的侵略和羁绊，与全国各族人民一道在祖国大家庭里走上了团结、进步、发展的光明大道。

"十七条协议"明确："西藏人民团结起来，驱逐帝国主义侵略势力出西藏，西藏人民回到中华人民共和国祖国大家庭中来""人民解放军进入西藏，巩固国防""中央人民政府统一处理西藏地区的一切涉外事宜""西藏地方政府积极协助人民解放军进入西藏，巩固国防""在中央人民政府统一领导之下，西藏人民有实行民族区域自治的权利""尊重西藏人民的宗教信仰和风俗习惯"。"十七条协议"明确，对于达赖和班禅额尔德尼的固有地位及职权，中央亦不予变更；原西藏地方政府中的各级官员，可以照常供职。"十七条协议"的签订，标志着祖国大陆实现了完全解放，新中国在西藏的主权地位得到完整体现，团结了各方力量，维护了西藏社会大局稳定，保障了中国共产党民族、宗教、经济、文化政策在西藏的实行，为西藏社会发展改革打下了坚实的政治基础。

“十七条协议”的签订，得到全国各族各界的拥护。1951 年 5 月 28 日，《人民日报》用汉藏两种文字对外公布协议全文，同时发表题为《拥护关于和平解放西藏办法的协议》的社论，指出这是西藏人民从黑暗和痛苦走向光明和幸福的第一步。北京、西安、重庆、成都，以及新疆、内蒙古等地各族群众集会游行，热烈庆祝“十七条协议”的签订。同日，十世班禅及班禅堪布会议厅全体人员发表声明拥护协议，表示“我们今后坚决拥护毛主席的领导，拥护中央人民政府和中国共产党的领导”。10 月 24 日，十四世达赖以西藏地方政府和他个人名义，向中央人民政府致电拥护协议，表示“西藏地方政府及藏族僧俗人民一致拥护，并在毛主席及中央人民政府领导下积极协助人民解放军进藏部队巩固国防，驱逐帝国主义势力出西藏，保护祖国领土主权的统一”。

——落实“十七条协议”，维护国家主权和促进社会发展

按照“十七条协议”，从 1951 年 9 月到 1952 年 6 月，人民解放军各路进藏部队先后到达拉萨，进驻（抵）太昭、江孜、日喀则、山南隆子宗、亚东、察隅、改则等地，完成进军西藏任务，结束了西藏近 4000 公里边境线上长期有边无防的历史。

1952 年 9 月 6 日，中央人民政府驻西藏代表外事帮办办公室成立，在中央人民政府外交部领导下，具体处理西藏地方一切涉外事宜。1954 年 4 月 29 日，中印双方在京签订《关于中国西藏地方和印度之间的通商和交通协定》，同时互换照会，取消印度继承的英国侵略西藏遗留下来的特权。1956 年 9 月 20 日，中国和尼泊尔

图 1-8 解放军进入拉萨

签订《中华人民共和国和尼泊尔王国保持友好关系以及关于中国西藏地方和尼泊尔之间的通商和交通的协定》，取消了尼泊尔在西藏的特权。至此，完全实现了由中央政府统一处理西藏地区的一切涉外事宜。

在中央人民政府推动下，1952 年 4 月，十世班禅自青海返回西藏，与十四世达赖友好会晤。1953 年，十四世达赖和十世班禅当选为中国佛教协会名誉会长。1954 年 9 月，十四世达赖、十世班禅联袂赴京参加新中国第一届全国人民代表大会第一次会议，十四世达赖当选全国人大常委会副委员长。12 月 25 日，十世班禅在全国政协二届一次会议上，被选为全国政协副主席。1952 年至 1957 年，中央政府在西藏组织了 13 批 1000 多人次到其他省市参观、访问，成员包括西藏各地僧俗官员、僧人、青年和妇女，增进了西藏与其他省市的联系和各民族团结。

“十七条协议”签订后，在中央人民政府领导下，西藏各项事业发展明显加快。现代教育体系逐步建立。1951 年 3 月，创办西藏第一所现代意义上的学校——昌都小学。1952 年 8 月，创办拉萨小学，随后，日喀则、山南等地先后创办 28 所公办小学。1956 年 9 月，西藏历史上第一所现代正规初级中学——拉萨中学正式成立。1958 年 9 月，西藏公学在陕西咸阳正式开学，当年共招收学生 3460 人，其中绝大部分是农奴子女。交通运输条件明显改善。1954 年，川藏、青藏公路同时建成通车到达拉萨。1956 年，西藏第一座机场——当雄机场全部竣工，北京至拉萨正式通航。现代农牧工商业逐渐起步。大力发展种植业，改进农业灌溉系统。人民解放军进驻西藏后，遵照中央“进军西藏，不吃地方”及“生产自给”等指示，先后建立“七一农场”“八一农场”开垦生产。西藏逐步建成不同规模的小型工厂，各主要城镇办起了医院、银行、商店、邮局等服务机构。文化事业明显进步。1953 年 10 月 1 日，拉萨有线广播站正式成立，有线广播开播，并用藏语直播。1956 年 4 月 22 日，《西藏日报》藏、汉两种文版创刊。群众文化活动丰富多彩，多地组建各种文工团和联谊会。1954 年，新组建的西藏歌舞团到北京、上海、广州等地演出，受到当地广大干部群众的热烈欢迎。

（二）西藏民主改革

废除政教合一的封建农奴制，进行民主改革是西藏各族人民的共同愿望，但何时改革须根据西藏实际进行。1956 年，中央人民政府作出“六年不改”的决定。然而，西藏上层统治集团的一些人企图永远保留封建农奴制，并于 1959 年 3 月发动全面武装叛乱。

中央人民政府在平息叛乱的同时，在西藏开展了彻底废除封建农奴制的民主改革运动，从根本上改变了西藏旧的社会制度，并为西藏自治区的成立奠定了坚实的基础。

——封建农奴制黑暗落后，必然退出历史舞台

旧西藏处于政教合一的封建农奴制统治之下。农奴制是封建社会最残酷的奴役形式，无论从经济的发展、政治的民主，还是从人权的保障角度来审视，农奴制都是野蛮落后的社会制度。时至20世纪50年代，封建农奴制度的存在是文明的耻辱，注定要被历史抛弃。这种制度粗暴践踏人类尊严，严重侵犯基本人权，根本阻碍西藏社会发展，完全背离中国和世界进步潮流。

政教合一的封建农奴制统治下，政权庇护神权，神权控制政权，神权与政权融为一体，共同维护官家、贵族和寺院上层僧侣三大封建领主的统治。在神权政治下，寺庙成为集开展宗教活动、控制一方政权、实施经济剥削、囤积武装力量、进行司法审判等功能为一体的统治堡垒。三大领主利用宗教进行严密的精神控制，宣扬“极乐世界”和“来世幸福”控制农奴的精神思想，使其安于被奴役的命运。三大领主垄断了精神文化生活，凡与其利益或观念相违背的思想文化，均被视为异端邪说。

三大领主以野蛮、残酷的刑法维护封建农奴制度。在旧西藏通行数百年的《十三法典》和《十六法典》，明确将人分成三等九级，规定：“人分上中下三等，每一等人又分上中下三级。此上中下三等，系就其血统贵贱职位高低而定”“人有等级之分，因此命价也有高低”“上等上级人命价为与尸体等重的黄金”“下等下级人命价为一根草绳”。广大农奴处于社会最底层，毫无地位可言。三大领

主以野蛮、残酷的刑法维护封建农奴制度，他们可以在自己的势力范围内设置司法机构和法庭，除官府所设监狱外，每一个较大寺庙和贵族都设有监狱或私牢，可以自备刑具，私设公堂，惩罚农奴，进行判决、鞭挞、拷问，给农奴戴上镣铐、枷锁。大量藏文档案清晰记载着，割舌、割鼻、戴石帽、剁手足、剜眼、抽筋、剥皮、投水，甚至投入蝎子洞等几十种酷刑。拉萨大昭寺北面的“朗孜厦”，曾经是旧西藏拉萨的司法机构，被称为“人间地狱”，常借实施酷刑和屠杀之机，为噶厦地方政府和寺庙中的上层人士提供“念心咒”用的祭品，如人头、人皮、人肉、人心、人肠等。

占人口不足5%的三大领主及其代理人几乎占有西藏全部耕地、牧场、森林、山川、河流、河滩以及大部分牲畜。民主改革前，西藏有世袭贵族197家，其中居前的几家大贵族，每家占有几十个庄园，几万亩土地。据统计，民主改革前，十四世达赖家族在西藏占有27座庄园、30个牧场，拥有农（牧）奴6000多人，每

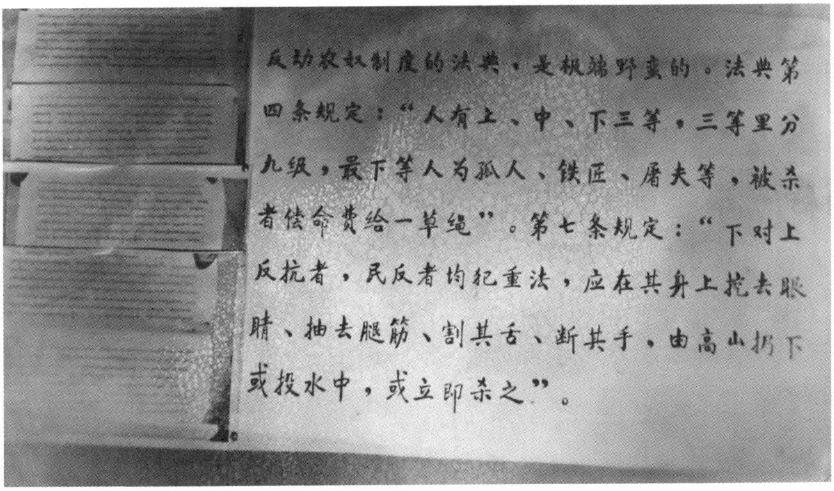

图1-9　旧西藏法典

年在农奴身上榨取的青稞33000多藏克（1藏克约合14公斤），酥油2500多藏克，藏银200多万两，牛羊300头，氆氇175卷。占人口95%的农奴和奴隶没有生产资料和人身自由，遭受着沉重的赋税、乌拉差役和高利贷盘剥，挣扎在死亡线上。当时广大农奴流传着这样的歌谣："即使雪山变成酥油，也是被领主占有；就是河水变成牛奶，我们也喝不上一口"。

政教合一的封建农奴制使西藏生产长期处于停滞状态。直到20世纪50年代，西藏的农业仍停滞在粗放耕作甚至"刀耕火种"的原始生产方式，普遍使用木制农具，平均产量仅有种子的四五倍，与几百年前无多大区别。绝大部分吃、穿、用品都要靠个体或庄园的手工生产，毫无社会生机和活力。政教合一的封建农奴制生产关系已经与劳动主体形成尖锐矛盾和对立。农奴主通过剥削农奴攫取的社会财富，除供养僧俗官员和蓄养奴仆外，其余的全部用于骄奢淫逸的生活耗费。农奴辛勤劳作的成果被农奴主残酷剥夺，深陷饥寒交迫的悲苦境地，失去了生活能力，不得不反抗和逃亡。政教合一的封建农奴制严重阻碍了现代科技文化的传播发展。由三大领主把控的西藏地方政权，为了巩固自己的统治，宣扬神权迷信，反对科学，严重阻碍了现代科学技术的传播和运用。尽管统治集团也曾派贵族子弟到国外学习现代科学技术，但主要是为了满足统治者自身享用，并不是为了学习先进，倡导科学。

——维护"十七条协议"，决定"六年不改"

"十七条协议"明确："有关西藏的各项改革事宜，中央不加强迫。西藏地方政府应自动进行改革，人民提出改革要求时，得采取与西藏领导人员协商的方法解决之"。和平解放后，西藏广大人民要求改革的呼声日益高涨，许多上中层的开明人士也认识到，如不改革旧制度，西藏民族断无繁荣昌盛可能。

考虑到西藏历史和现实的特殊情况，中央人民政府采取十分慎重态度，耐心劝说和等待西藏地方上层统治集团主动进行改革，并给他们以充分的时间。1956 年，中央人民政府作出“六年不改”决定，等待西藏上层的觉悟。1957 年 1 月，国务院总理周恩来访问印度期间向十四世达赖、十世班禅及随行的西藏地方政府主要官员转交了毛泽东主席的信，传达了中央的决定，强调六年不改，六年之后是否改革，仍然由西藏根据情况和条件决定。1957 年 5 月，《中共中央关于对西藏进行民主改革和收缩方针的指示》中强调：“中央在重新考虑了西藏地区的历史的和现实的情况以后，决定从今年起至少六年以内，甚至在更长的时间以内，在西藏不进行民主改革”。中央人民政府对西藏上层统治集团作出了最大让步。

——平息武装叛乱，进行民主改革

改变西藏社会制度是西藏社会发展的必然要求和西藏各族人民的根本愿望。西藏反动上层无视中央的正确政策，与外国势力进行勾结，妄图把人民解放军赶出西藏，把西藏地方从祖国大家庭中分裂出去，根本反对社会制度变革，顽固坚持“长期不改，永远不改”，企图永远保持政教合一的封建农奴制度，蓄意破坏“十七条协议”，策划了一系列分裂祖国的活动。1959 年 3 月，西藏地方政府中的上层反动分子，违背历史潮流和西藏广大人民的意愿，公然撕毁“十七条协议”，发动全面武装叛乱。在这种情况下，中央人民政府果断决定解散西藏地方政府和彻底平息叛乱，并决定在西藏进行一场彻底废除封建农奴制度的民主改革运动。

1959年西藏反动上层发动的武装叛乱，是外国“一手介入”，违背广大西藏各族人民的愿望和利益的。因此，包括上层爱国进步人士在内的广大西藏各族人民以极大的热情投身到平叛斗争的行列。据不完全统计，在两年多的平叛过程中，随军支前的民工达1.58万人次，出动牲畜10.44万余头（四）。正是这种人民战争的汪洋大海，加速了西藏上层反动集团武装叛乱的最终失败。随着平叛斗争的胜利，一个由百万农奴掀起的废除政教合一的封建农奴制度的伟大民主改革运动，在西藏高原如火如荼地开展了起来。平叛斗争的胜利，百万农奴长期积郁在胸中的翻身解放要求，骤然迸发出来。面对百万农奴的强烈要求和上层爱国进步人士的政治觉悟，中央审时度势，及时地作出了平叛改革的决策。西藏民主改革是结合平叛斗争进行的，基本方针是：边平边改，先叛先改，后叛后改，未叛地区暂时缓改；充分依靠和发动群众，团结一切可以团结

图1-10　翻身农奴焚烧地契

的力量，打击叛乱的和最反动的封建农奴主及其代理人。

西藏民主改革是中国共产党领导的中国新民主主义革命的重要组成部分，是腐朽的社会形态被进步的社会形态替代的必然结果。民主改革在农村、牧区、寺庙、城镇等陆续展开。在80万人口的农业区，通过充分发动群众，第一步实行“三反双减”，即反对叛乱、反对乌拉差役、反对人身依附和减租、减息；第二步分配土地，彻底摧毁封建农奴制度。世世代代受尽剥削和奴役的农奴获得了自由解放，分得了280多万亩土地和其他生产资料，当熊熊烈火烧掉契约和债据时，翻身农奴载歌载舞，庆祝翻身解放的光辉节日。1959年7月中旬，西藏第一个乡级农会凯松农民协会和第一个县级农会乃东县农民协会先后成立。昔日的农奴当选为农会主席和农会委员，带领广大群众进行民主改革。1960年初，20万西藏农户拿到了土地证，由于实行“谁种谁收”“减租减息”和废除旧债等政策，劳动人民所得的经济利益折合粮食达十亿多斤，平均每人可得1500多斤。乃东县克松谿卡68岁的次仁卓嘎说：“我们支了一辈子乌拉，过去从没敢想过自己有一块土地，整天担心的就是挨饿。人民政府现在给我们分了地，再也不怕挨饿了。”

在28万人口的牧业区，废除了牧主的封建特权，主要实行“三反两利”，即反对叛乱、反对乌拉差役、反对人身依附，实行牧工、牧主两利。没收参加叛乱领主和牧主的牲畜，分给原牧放者及贫苦牧民，对未参加叛乱的实行“不斗、不分、不划阶级”的政策，牲畜仍归牧主所有。这些保护措施，把封建的主奴关系改变为雇佣关系，调动了牧工保护牲畜和发展牲畜的积极性，也调动了牧主发展牧业和经营牧业的积极性，基本上达到了人畜两安，克服了因叛乱分子大量宰杀牛羊造成的困难，牧业得到迅速恢复和发展。

当雄草原上的牧民唱道："过去，当雄草原是我们自己的。后来，被色拉寺霸占了，从此，活人好像进了地狱。如今，新政府颁发了新的法令，我们选举了自己的领导人，美丽的当雄草原，又回到了我们自己的手里"。

在寺庙，中国共产党始终采取稳慎和稳妥的办法，实行"三反三算"，开展反对叛乱、反对封建特权、反对封建剥削，算政治迫害账、算阶级压迫账、算经济剥削账运动，彻底废除寺庙的封建特权和封建剥削压迫制度，实行政治统一、政教分离，坚决打击披着宗教外衣的叛乱分子和反革命分子。坚持宗教信仰自由政策，尊重和保护公民宗教信仰自由的权利，保护爱国守法寺庙，建立寺庙民主管理制度。对未参加叛乱的寺庙所占有的生产资料，同样采取赎买政策。民主改革中，众多的僧尼自愿还俗返家。民主改革完成后，西藏保留了寺庙 553 座，留寺僧尼 7000 多人，基本满足了当时信教群众宗教生活需要。

在城镇实行"四反双减"，发动群众开展反叛乱、反封建制度、反封建剥削、反封建特权和减租、减息运动，对未参加叛乱的农奴主及其代理人所占有的土地和多余生产资料等进行赎买。实行保护工商业的政策，执行叛与未叛区别对待的政策，保护工商业者利益，组织贫困市民、游民，恢复商业和自由交换，保障了城乡供应，保证了社会秩序的迅速恢复和经济生活的正常进行。同时，认真做好统一战线工作，团结一切可以团结的力量，对反帝爱国、接受民主改革的农奴主及其代理人，分别安排适当的工作和生活。

民主改革不仅废除了封建人身依附关系，实现了人民当家作主，而且变农奴主土地所有制为农民土地所有制，使农奴拥有了自己的生产资料，极大地解放和发展了生产力。

民主改革使翻身农奴第一次拥有了自己的土地、农具、牲畜等生产资料，发展生产的激情、创造财富的活力前所未有地迸发出来，西藏农牧业生产得到长足发展。按可比价格计算，1960 年比 1959 年西藏的生产总值增长 45.8%，人均生产总值增长 42.9%，均为历史最高。1959 年冬至 1960 年春，农业区修水渠长达 1500 公里，修整水池 300 个，扩大了灌溉面积 37 万余亩。1960 年又修水渠 5000 公里，水库、水塘 1500 个，灌溉面积进一步扩大。1959 年冬至 1960 年上半年，西藏共积肥料 110 亿公斤。到 1960 年春，农区耕地面积扩大到 273 万亩，比 1959 年增加了 30 万亩。农业生产的大发展，使农牧民群众的生活显著改善。以乃东县（今乃东区）克松乡为例，民主改革初期，全乡 119 户中有 90 多户缺口粮，到 1964 年不仅全乡农户家家有足够口粮、种子和饲料，而且 95% 的人家有了余粮。到 1961 年底，西藏牲畜存栏总数超过了平叛前的最高水平，达到了 1206 万头（只）。

在分得生产资料的基础上，国家还为分得土地的农民配备了生产工具，无偿拨给农牧民 366957 件铁制农具。之后的几年内，政府向农牧民发放了几十万件铁制农具，并且在拉萨、昌都、日喀则、江孜、泽当和林芝等地新建了小型农具制造厂。

随着民主改革的完成，中央人民政府立足西藏实际提出了“稳定发展”的方针。1961 年“农村 26 条”和“牧区 30 条”下达后，受到广大干部群众的衷心拥护。据统计，到 1965 年西藏粮食总产量达到 29 万吨，比民主改革前的 1958 年增长 66.1%；牲畜存栏总数达到 1701 万头（只），比 1958 年增长 54.1%。这一时期，西藏的交通、教育、文化、卫生等各项社会事业也取得重大进展。到 1965 年，西藏公路总里程达 14721 公里，是民主改革前的 2.6 倍，西藏90%以上的县有了公路，仅拉萨市区就新修了8条柏油路，95%以上的居民用上了电灯；西藏小学达1822所、在校生66781人，中学4所、在校生1359人，中等专业学校1所，高等学校1所；专业文艺团体和电影放映单位133个；医疗机构发展到193个、床位数增加到1631张、卫生人员增加到2947人，分别是民主改革前的3.1倍、3.4倍和3.7倍。1966年，林芝毛纺厂建成投产，是西藏历史上第一座现代化毛纺企业。1965年，中尼公路建成通车。

民主改革彻底废除了政教合一的封建农奴制，实现政教分离；废除生产资料封建领主所有制，确立农牧民个体所有制；废除对“三大领主”的人身依附，使农奴和奴隶获得人身自由。千百年来被当作“会说话的牛马”的农奴和奴隶，挣脱了身上的锁链，第一次成为真正意义上的“人”。在民主改革中，农奴和奴隶共分得土地约280多万亩。建立起了第一个供销社、第一个农村信用社、第一所民办小学、第一所夜校、第一个识字班、第一个电影放映队、第一个医疗卫生机构。纳金水电站建成发电，拉萨普通市民首次用上电灯。在平叛改革中，旧西藏反动政权被彻底摧毁，西藏各地普遍建立了农（牧）民协会、平叛保畜委员会等群众组织，并在此组织上建立起各级人民政权，翻身农奴当家做了主人。

1959年，西藏民主改革彻底废除了政教合一的封建农奴制，使西藏社会制度发生了根本性变化，实现了历史飞跃。通过改革，百万农奴翻身解放，获得了人身自由，成了新社会的主人。改革的全面完成，使西藏百万农奴和奴隶在政治、经济和社会生活多方面实现了翻身解放，有效促进了西藏社会生产力的发展，为在西藏建立社会主义制度打下了坚实基础，为西藏的现代化建设开辟了道路。民主改革是西藏发展史上最广泛、最深刻、最伟大的社会变革，是西藏社会发展和人权进步的划时代的重大历史事件，也是人类文明发展史和世界人权史上具有重大意义的巨大进步。

（三）西藏自治区成立

民族区域自治是中国共产党解决民族问题的一项基本政策，体现了各民族平等、团结、互助和共同繁荣这一中国特色社会主义的本质要求，是国家保证少数民族人民当家作主的一项基本政治制度。民族区域自治是在国家统一领导下，各少数民族聚居的地方实行区域自治，设立自治机关，由少数民族人民当家作主，行使管理本地方、本民族内部事务的自治权。在西藏，除藏族外，还有汉、回、门巴、珞巴、纳西、怒、独龙等十几个民族同胞世代居住，并建立有门巴、珞巴、纳西等民族乡。西藏实行民族区域自治，是维护国家统一和民族团结，实现西藏各族人民与全国各族人民平等发展和共同繁荣的必然要求。经过民主改革后的稳定发展，西藏各项事业具备了实行民族区域自治的政治基础。1965 年，西藏自治区成立，选举产生自治区人民委员会，民族区域自治制度在西藏全面实施。1984 年，国家颁布实施《中华人民共和国民族区域自治法》。经过几十年探索实践，西藏各民族人民构建起平等团结互助和谐的社会主义民族关系。

——西藏自治区筹备委员会的成立

新中国成立之初，国家就以根本大法的形式明确了全国各民族的平等地位，明确了在少数民族聚居的地区实行民族区域自治的政

图 1-11　庆祝西藏自治区筹备委员会成立大会

策。1949 年《中国人民政治协商会议共同纲领》规定：“各少数民族聚居的地区，应实行民族的区域自治，按照民族聚居人口多少和区域大小，分别建立各种民族自治机关。”1952 年新中国制定了民族区域自治实施纲要，1954 年颁布实施的第一部《中华人民共和国宪法》正式将各民族平等、团结、互助的原则和民族区域自治制度纳入国家根本大法。西藏作为中国少数民族聚居地区之一，在和平解放后实行民族区域自治的前景是明朗的。“十七条协议”明确规定：“根据中国人民政治协商会议共同纲领的民族政策，在中央人民政府统一领导下，西藏人民有实行民族区域自治的权利”，但考虑到实行民族区域自治是一项非常复杂的工作，西藏地方又具有许多不同于其他民族地区的特殊情况，所以还需要做大量准备工作。

西藏和平解放后，代表农奴主阶级意志和利益的旧西藏地方政权依然存在。但根据“十七条协议”规定，有关西藏地方的国防、外事等重大事宜，由中央驻西藏代表代表中央统一管理，同时具有人民民主政权性质的昌都地区人民解放委员会已经成立。经过整整五年艰苦细致的工作，成立西藏自治区筹备委员会的条件基本成熟。根据“十七条协议”的规定，1954 年 11 月，西藏自治区筹备委员会筹备小组成立，着手筹建西藏自治区筹备委员会。1955 年 3 月 9 日，国务院召开专门会议，研究通过了《国务院关于成立西藏自治区筹备委员会的决定》，明确规定：西藏自治区筹备委员会是负责筹备西藏自治区带政权性质的机关，受国务院领导；其主要任务是依照宪法规定及“十七条协议”和西藏的具体情况，筹备在西藏实施区域自治。1956 年 4 月 22 日，西藏自治区筹备委员会在拉萨宣告成立，十四世达赖当选筹委会主任委员，十世班禅当选第一副主任委员，阿沛 · 阿旺晋美当选秘书长。西藏自治区筹备委员会的成立，使西藏有了一个带政权性质的协商办事机构，有力地推动了西藏民族区域自治的实现。

西藏自治区筹备委员会的成立，反映了西藏各族人民要求建立统一的西藏自治区的愿望，反映了西藏反帝爱国力量发展壮大，是西藏地区实施区域自治的重大步骤。1959 年 3 月 28 日，国务院发布命令，解散原西藏地方政府，由西藏自治区筹备委员会行使西藏地方政府职权。4 月 20 日，根据国务院命令的精神，昌都人民解放委员会宣布撤销。1961 年 7 月 9 日，国务院正式批准结束班禅堪布会议厅委员会。至此，西藏自治区筹备委员会成为全区统一的人民民主政权的实体，西藏两种政权并存的局面完全结束。西藏自治区筹备委员会在平叛改革、稳定发展的重要历史时期，行使民族区域自治的权力，作出了一系列重要决议和决定，对西藏自治区的正式成立作出了积极贡献。

——西藏自治区的成立

在西藏自治区筹备委员会的领导下，西藏各级人民政权逐步建立。1960年1月7日，国务院通过《关于西藏地区市县行政区分的决定》。4月，自治区筹委会根据国务院的决定调整全区行政区划，将西藏原有的83个宗和64个相当于宗的独立谿卡进行调整，全区设立一个市，7个专员公署，72个县（含县级区）。一个市即拉萨市，7个专员公署分别为昌都、江孜、日喀则、塔工、黑河、山南、阿里专员公署。到1960年底，西藏建立乡级政权1009个，区级政权283个，县级政权78个，专区（市）级政权8个，藏族和其他少数民族干部达到1万多人，4400多名翻身农奴成为基层干部，全区基层政权全部建立，为基层普选工作打下了基础。1961年5月，自治区筹委会颁发《西藏自治区各级人民代表大会选举条例》，以及《西藏自治区各级人民代表大会和各级人民委员会组织条例》。9月，成立西藏自治区选举委员会，由十世班禅任主席，张国华、阿沛·阿旺晋美等任副主席。1961年下半年，西藏各地开始实行普选，获得翻身的广大农奴彻底改变了昔日“会说话的工具”的地位，第一次以主人翁的姿态登上西藏的政治舞台，成为新西藏的主人，开始享有宪法和有关法律所赋予的旧社会所没有的最广泛的民主权利，以高涨的政治热情投入到选举工作中，选举产生了基层各级权力机关和政府。在西藏历史上，首次实现了通过行使选举权和被选举权，民主选举产生各级地方政权。1962年8月25日，经国务院批准，西藏自治区选举委员会正式成立。到1965年7月，普选工作基本完成，普选出的2600多名人民代表中，贫困农奴就有2200人。江孜县的选民把选民证称作“当家作主证”，

图 1-12　1965 年西藏自治区成立大会

把选举看成一件大喜事，积极主动地参加人民代表的选举工作。西藏通过自下而上的民主选举，加强和巩固了人民民主政权，保证了人民充分行使当家作主的权利，为正式成立自治区打下了基础。召开全区人民代表大会，正式成立西藏自治区的条件已经成熟。

鉴于条件已经具备，1965 年 7 月 24 日，自治区筹委会向国务院提交《关于正式成立西藏自治区的请示报告》。8 月 23 日，国务院同意于 1965 年 9 月 1 日召开西藏自治区第一届人民代表大会第一次会议，正式成立西藏自治区。国务院将这个议案提交全国人民代表大会常务委员会审议批准。8 月 25 日，第三届全国人民代表大会常务委员会第十五次会议通过决议，讨论成立西藏自治区的问题。会议通过决议：批准国务院提出的议案，成立西藏自治区。同时，经中共中央批准，从 1965 年 9 月 1 日起，中共西藏工委改名为中共西藏自治区委员会，张国华任区党委第一书记；原西藏工委所属昌都、日喀则、山南、那曲、阿里 5 个分工委改称地区党委，原西藏工委扎东特委改为自治区党委扎东特委，拉萨市委名称不变。8月28日、30日、31日，中华人民共和国民族事务委员会、全国人民代表大会常务委员会、国务院分别向西藏自治区第一届人民代表大会第一次会议发出电报，祝贺西藏自治区成立。8月29日，受中共中央委托，以国务院副总理谢富治为团长的中央代表团，莅临拉萨祝贺西藏自治区成立。

1965年8月30日，西藏自治区筹备委员会召开常务委员会议，讨论和决定即将在西藏自治区人民代表大会第一次会议上提出的几项重要报告。这是西藏自治区筹备委员会自1959年3月28日行使西藏地方政府职权以来的第66次常务委员会议，也是最后一次常务委员会议。西藏自治区筹备委员会在6年多的时间，贯彻执行党的方针政策，领导西藏各族人民实现了具有历史意义的民主改革，发展农牧业生产和各项生产建设，完成了西藏自治区的正式成立筹备工作。至此，西藏自治区筹备委员会胜利完成了党中央和国务院交给的光荣历史任务。

1965年9月1日，西藏自治区第一届人民代表大会第一次会议在拉萨劳动人民文化宫隆重开幕。大会正式代表301人，除因病因事请假外，出席会议代表293人，其中藏族和其他少数民族242人（其中藏族226人，门巴族、珞巴族、回族、纳西族、怒族等共16人），占代表总数80.4%；女性代表44人，占代表总数14.6%。9月8日，大会举行庄严的选举，阿沛·阿旺晋美当选为西藏自治区人民委员会主席。9月9日，大会顺利完成了所有议程，圆满闭幕。当天，各族各界参会人员在拉萨市体育场举行盛大集会，庆祝西藏自治区成立。

西藏自治区第一届人民代表大会第一次会议，检阅了西藏各族人民自和平解放15年来的伟大成就，选出了西藏自治区的领导机构，宣告了西藏自治区的正式成立，西藏开始实行民族区域自治制度，通过农牧业社会主义改造，走上社会主义发展道路。这是西藏历史上具有重大意义的事件，是西藏各族人民的大喜事，也是中国各族人民的大喜事。这次会议，标志着西藏各族人民在全国各兄弟民族支援下团结一致，彻底粉碎国内外反动势力，坚决推翻封建农奴制度的伟大胜利，标志着中国共产党的民族政策的伟大胜利。

西藏自治区的成立标志着西藏建立了人民民主政权，开始全面实行民族区域自治制度，实现了西藏社会制度从政教合一的封建农奴制度向人民民主的社会主义制度的历史性跨越，西藏各族人民从此享有了自主管理本地区事务的权利，与全国人民一道走上社会主义的发展道路。事实充分证明，民族区域自治制度完全符合统一的多民族的社会主义中国国情，它能充分保障西藏各族人民享有生存与发展的根本权利。在中国共产党和中央人民政府的坚强领导下，通过实行民族区域自治制度，西藏从落后走向进步，从贫穷走向富裕，从封闭走向开放，社会制度实现了历史性跨越，社会面貌发生了翻天覆地的变化。

实践充分证明，实行民族区域自治制度，是西藏历史发展和社会进步的客观要求，符合西藏各族人民的根本利益。民族区域自治制度，完全适合中国国情和西藏地方的实际，是西藏发展进步的正确选择。西藏自治区的成立和社会主义制度的实行，保障了各民族平等、团结、互助和共同繁荣发展政策在西藏的实现，保障了西藏各族人民平等参与管理国家事务和自主管理本地区事务的权利，为西藏实现与全国共同发展进步提供了制度保证。然而多年来，十四世达赖集团出于所谓“西藏独立”的政治目的，不断鼓吹“中间道路”，大肆兜售所谓的“大藏区”“高度自治”，否定民族区域自治制度，否定在民族区域自治制度下西藏的发展进步。十四世达赖集团的分裂行径，完全违背了中国宪法和中国国家制度，极大损害了西藏各族人民的根本利益，遭到了包括西藏各族人民在内的全体中国人民的坚决反对，注定逃脱不了失败的命运。

——民族区域自治制度全面实施

西藏自治区成立，西藏各族人民依法享有平等参与管理国家事务的权利，同时享有自主管理本地区和本民族事务的自治权利。西藏自治区成立以来，历任自治区人民代表大会常务委员会主任和自治区人民政府主席均为藏族人士。1959 年“中国人民政治协商会议西藏委员会”成立以来，自治区政协主席均由藏族担任。此外，还有一批西藏的藏族和其他少数民族直接参与管理国家事务，有的还在中央国家机关担任领导职务。在历届全国人民代表大会常务委员会中，先后有十四世达赖、十世班禅、阿沛・阿旺晋美、帕巴拉・格列朗杰、热地等藏族人士担任全国人大常委会副委员长。1979 年以来，先后进行多次自治区、地（市）、县、乡（镇）四级换届选举，选民参选率都在 90% 以上，有些地方参选率达到 100%。2018 年 1 月 18 日公布的西藏自治区第十一届人民代表大会 439 名代表中，藏族和其他少数民族代表共 289 人，占 65.83%。中国人民政治协商会议西藏委员会历届委员中的绝大多数是藏族和其他少数民族人士。坚持各民族平等参与、共同管理原则，在人口较少民族聚居区设立民族乡保障人口较少民族的权益。目前在山南、林芝、昌都三市人口较少民族聚居区共设立 9 个民族乡，其中门巴民族乡 5 个、珞巴民族乡 3 个、纳西民族乡 1 个。

国家历来重视少数民族干部和人才培养。和平解放后，特别是民主改革过程中，大批农奴和奴隶出身的积极分子迅速成长，成为优秀的民族干部。1981 年，西藏专门设立培养教育民族干部的机构，1989 年，成立干部教育工作领导小组，通过培训学习、基层锻炼、异地交流、岗位轮换等多种形式，培养了大批少数民族行政和专业技术干部。

西藏地方自治机关充分行使宪法和法律赋予的自治权。根据宪法规定，西藏自治区的自治机关依法行使省级地方国家机关的职权，同时依法行使自治权，根据本地方的实际情况贯彻执行国家的法律、政策。西藏自治区人民代表大会既享有普通省级行政区制定地方法规的权力，又享有依照当地民族的政治、经济和文化的特点制定自治条例和单行条例的权力。据统计，自 1965 年以来，西藏自治区人民代表大会及其常务委员会共制定了 200 多部地方性法规和单行条例，内容涉及政治、经济、文化、教育等各个方面，其中包括《西藏自治区文物保护管理条例》《西藏自治区环境保护条例》《西藏自治区对外国人来藏登山管理条例》《西藏自治区信访条例》《西藏自治区学习、使用和发展藏语文的决定》《关于维护祖国统一、加强民族团结、反对分裂活动的决议》等。这些地方性法规的制定和实施，为维护西藏各族人民的特殊权益，促进西藏各项事业的发展，提供了重要的法律保障。

根据民族区域自治法的规定，在执行全国性法定节假日的基础上，西藏自治机关还将“藏历新年”“雪顿节”等藏民族的传统节日列入自治区的节假日。1981 年，西藏自治区人民代表大会常务委员会从西藏少数民族历史婚俗等实际情况出发，通过了《西藏自治区施行〈中华人民共和国婚姻法〉的变通条例》，将婚姻法规定的男女法定婚龄分别降低两岁，并规定对执行变通条例之前已经形成的一妻多夫和一夫多妻婚姻关系，凡不主动提出解除婚姻关系者，准予维持。对国家法律政策依法进行变通执行，有效地保障了西藏各族人民的特殊利益。

民族区域自治的关键是加快民族自治地方经济社会的发展，确保少数民族人民享有平等的发展权。西藏自治区成立以来，在国家的正确指导和大力支持下，在经济和社会发展上充分行使法律赋予的自主权利，制定了一系列适合西藏实际情况的政策措施，使西藏的现代化发展和人民生活水平得到了极大的提高。

（四）改革开放和社会主义建设

党的十一届三中全会和第一次中央西藏工作座谈会推动着西藏从拨乱反正进入改革开放。改革开放以来，党中央先后召开 7 次西藏工作座谈会，对西藏工作作出重大决策部署，中央政府为西藏制定了涉及财税金融、基础设施、产业发展、教育卫生、文化保护、生态文明等各个领域的许多特殊优惠政策。在中国共产党坚强领导下，西藏各族干部群众团结一心、艰苦奋斗，各项事业取得全方位进步、历史性成就。西藏的发展基础更加扎实，发展机遇更加良好，发展后劲十足。

进入新时代，以习近平同志为核心的党中央高度重视西藏工作，习近平总书记亲自为西藏工作把舵定向、谋篇布局，提出“治国必治边、治边先稳藏”的战略思想，作出“加强民族团结、建设美丽西藏”的重要指示，亲自主持召开中央第六次、第七次西藏工作座谈会，明确新形势下西藏工作的指导思想和目标任务，确定了中央政府支持西藏的一大批重点建设项目，制定了惠及西藏各族人民的一系列特殊优惠政策，解决了许多长期想解决而没有解决的难题，办成了许多过去想办而没有办成的大事。

——中央支持、全国援助工作格局的形成

中央不断加大对西藏地方经济社会发展的扶持力度。1980 年以来，中央先后七次召开西藏工作座谈会，专门研究和谋划西藏工作。七次座谈会分别于 1980 年、1984 年、1994 年、2001 年、2010 年、2015 年和 2020 年召开，每次座谈会都会出台重大举措，有力推动西藏经济发展和社会稳定。在全国范围内，为了某个省份专门开这样高规格的座谈会，只有西藏和新疆。而连续七次为某个省份开会，则只有西藏。1980 年中央召开第一次西藏工作座谈会，这是继西藏和平解放、民主改革之后，实现西藏历史转折的一次重要会

图 1-13 “43 项工程”之一的拉萨大剧院（后改为人民会堂）

图 1-14 “62 项工程”之一的布达拉宫广场扩建工程现场

议。座谈会提出，要发展西藏经济，这使西藏实现了工作重心的转移，开启了西藏发展的历史性转折。会后，中央根据西藏实际情况和国家的经济情况，加大了对西藏的援助，并相应制定了对于西藏的各种优惠政策。1984 年中央召开第二次西藏工作座谈会，决定由北京、上海、天津、江苏、浙江、四川、广东、山东、福建等 9 省市和水电部、农牧渔业部、国家建材局等有关部门帮助西藏建设 43 个近期迫切需要的中小型工程项目。此次座谈会的召开，标志着全国性的援藏工程的开始。1994 年中央召开第三次西藏工作座谈会，此次座谈会作出了中央各部门和 15 个省市“对口援藏、分片负责、定期轮换”的重大决策，并动员各省（区、市）和中央、国家机关援助西藏建设了 62 个项目，开创了全国支援西藏的新局面。2001 年中央召开第四次西藏工作座谈会，会议指出，新世纪全面推进西藏工作的主要任务是，促进西藏经济从加快发展到跨越式发展，促进西藏社会局势从基本稳定到长治久安。2010 年中央召开第五次西藏工作座谈会，此次座谈会是在我国全面建设小康社会进入关键时期、西藏跨越式发展进入关键阶段召开的。会议对推进西藏实现跨越式发展和长治久安作出了战略部署。

当今世界正经历百年未有之大变局，当今中国正处在中华民族伟大复兴的关键时刻，西藏工作面临的形势和任务发生深刻变化。2015 年中央召开第六次西藏工作座谈会，这次会议是党的西藏工作新的里程碑，开辟了我们党治藏方略的新纪元，对推动西藏长足发展和长治久安具有重要意义。会议首次概括了党的治藏方略，即“六个必须”。2020 年中央召开第七次西藏工作座谈会，习近平总书记发表重要讲话，全面总结了中央第六次西藏工作座谈会以来的工作成绩和经验，深入分析了当前西藏工作面临的形势，深刻阐释了新时代党的治藏方略和做好西藏工作的指导思想，明确了当前和今后一个时期西藏工作的目标任务、方针政策、战略举措，为做好新时代西藏工作提供了根本遵循、指明了前进方向。中国共产党深化对西藏工作的规律性认识，总结领导人民治藏稳藏兴藏的成功经验，提出新时代党的治藏方略，即必须坚持中国共产党领导、中国特色社会主义制度、民族区域自治制度，必须坚持治国必治边、治边先稳藏的战略思想，必须把维护祖国统一、加强民族团结作为西藏工作的着眼点和着力点，必须坚持依法治藏、富民兴藏、长期建藏、凝聚人心、夯实基础的重要原则，必须统筹国内国际两个大局，必须把改善民生、凝聚人心作为经济社会发展的出发点和落脚点，必须促进各民族交往交流交融，必须坚持我国宗教中国化方向、依法管理宗教事务，必须坚持生态保护第一，必须加强党的建设特别是政治建设。这一方略科学回答了一系列方向性、全局性、战略性问题，是对党治藏稳藏兴藏成功经验的总结提炼和创新发展，是习近平新时代中国特色社会主义思想关于西藏工作的集中体现，为进一步做好西藏工作提供了根本遵循。

——社会经济持续快速发展

西藏和平解放70多年来，尤其是改革开放以来，中央加大对西藏扶持力度，中央财政对西藏转移支付力度逐年加大，相继安排一大批关系西藏长远发展和人民生活的重大工程项目，极大改善了西藏各族人民生产生活条件，各族群众获得感、幸福感、安全感不断增强。1994年至2020年，对口援藏省市、中央国家机关及中央企业分9批共支援西藏经济社会建设项目6330个，总投资527亿元，并选派9682名优秀干部援藏。1951年西藏地区生产总值仅为1.29亿元，2020年地区生产总值突破1900亿元，经济实力明显提升，经济结构持续优化。2020年全区社会消费品零售总额实现745.78亿元，比1959年增长2192倍。

交通条件极大改善。旧西藏交通十分落后，进入20世纪50年代还没有一条正规公路，严重地阻碍了生产力的发展。如今，西藏逐步建立起涵盖公路、铁路、航空、管道等多种运输方式的综合立体交通网络。建制村村村通公路，西藏公路通车里程达到11.88万公里，乡镇、建制村通畅率分别达94%、76%。高速及一级公路通车里程约700公里。青藏铁路和拉日铁路建成通车，川藏铁路开工建设。昌都邦达、林芝米林、日喀则和平、阿里昆莎等支线机场建成，国际国内航线达到140条，通航城市66个。以光缆、卫星为主的现代通讯网络体系将西藏带入信息快速路，所有行政村都有移动信号，光纤宽带通达率为99%。和平解放前西藏仅有一座只供

图 1-15 电网建设与改造工程

少数上层贵族享受的小电站，目前已经形成以水电为主，太阳能、风能、地热等多能互补的综合能源体系。2020 年，阿里与藏中电网联网工程正式投运，西藏实现主电网全区覆盖。

高原特色农牧业、绿色工业和第三产业成绩突出。西藏农林牧渔业总产值从 1965 年的 2.64 亿元增长到 2020 年的 233.5 亿元。2015 年，粮食产量突破 100 万吨，青稞产量保持在 79.5 万吨以上。清洁能源、天然饮用水、农畜产品加工业、民族手工业、藏医药、建材等在内的富有西藏特色的现代工业体系建立。清洁能源产业快速发展，电力总装机容量达 423 万千瓦，发电量超过 90 亿千瓦时。2020 年，即使受到新冠肺炎疫情影响，西藏规模以上工业增加值增速仍达 9.6%，居全国首位；旅游业保持高速增长态势，接待国内外游客 3505 余万人次。现代服务业整体发展，市县乡村四级电商服务全面推开，网络零售额累计突破 200 亿元，高新数字产业创新发展，数字经济规模突破 330 亿元。

——人民生活水平显著提高

和平解放前，西藏 90% 以上的人没有自己的住房，过着衣不蔽体、食不果腹的生活。目前，西藏各族人民生活已迈进全面小康。通过实施农牧民安居、城乡保障房建设等系列工程项目，2020 年西藏农牧民人均自有住房面积达 41.46 平方米，城镇居民人均自有住房面积达 33.4 平方米，幸福指数大幅提升。2011 年至 2020 年，安排中央补助资金 172.8 亿元，支持西藏城镇保障性住房开工 35.19 万套。2019 年以来，安排中央补助资金 2.3 亿元，支持西藏改造城镇老旧小区约 8900 户。推进农牧区水、电、路、气、讯、邮政、广播电视、优化环境为主的综合整治工程，乡村面貌发生彻底变化。2019 年，西藏城镇化率达到 31.5%。2020 年西藏城乡居民人均可支配收入比 2010 年翻一番。农村居民人均可支配收入 14598 元，比上年增长 12.7%，连续 18 年保持两位数增长，近 5 年增速保持在 13% 左右，增速均居全国第一。城镇居民人均可支配收入 41156 元，比上年增长 10%。

——基本公共服务全面进步

公共文化服务体系不断完善。截至 2020 年，西藏已建成区、市（地）、县（区）、乡（镇）、村（居）五级公共文化服务体系，图书馆、群众艺术馆、博物馆、综合文化活动中心、文化活动室等已成为人民群众自发开展文化活动的重要场所。现有 10 个专业文艺院团、76个县区艺术团、153个民间藏戏队、395个乡镇文艺演出队和5492个行政村文艺演出队，专兼职文艺演出队伍超过10万人。推出了《洗衣歌》《再唱山歌给党听》等一大批彰显时代精神、体现西藏特色、群众喜闻乐见的优秀文艺作品。文化惠民演出活动日益丰富，惠民演出已超过2.4万场次，人民群众文化权益得到充分保障。公共数字文化建设成效显著，数字化服务能力不断提高，实施“美丽西藏　可爱家乡”优秀文化产品乡村供给工程，建成并通过公共文化数字文化网发布地方特色资源和红色资源总量达9.33TB，外购资源2950余部20TB，少数民族语言译制数字资源4169小时。

广播电视和新闻出版事业快速发展。2020年，西藏已有广播电台1座、电视台1座、广播电视台75座，乡（镇）村级广播电视收转站112座，中、短波转播发射台27座，调频电视转播发射台3933座。60万户农牧民群众通过直播卫星可以收听收看到26套广播、54套电视节目。制作译制少数民族广播节目时长18594小时，制作译制少数民族电视节目时长6881小时。广播电视综合人口覆盖率均超过99%。目前，西藏公开发行的报刊种类已达66种，建成5464个农家书屋和1787个寺庙书屋，实现了行政村和寺庙全覆盖。

教育事业蓬勃发展。旧西藏没有一所现代意义上的学校，文盲率高达95%，现代科技更是一片空白。1951年至2020年，国家累计投入教育经费2239.65亿元，推动西藏建立起涵盖学前教育、基础教育、职业教育、高等教育、继续教育、特殊教育的现代教育体系，实行15年公费教育，小学数学课程开课率、中学数理化生课程教学计划完成率、职业技术学校国家目录规定课程开出率等均达

图 1-16　西藏大学新校区全景

到 100%，高中阶段教育普及攻坚如期完成。2015 年以来，通过实施教育人才“组团式”援藏，有力提升了西藏的教育水平。目前，西藏有各级各类学校 3195 所，其中普通高等学校 7 所，中职学校 12 所，中学 143 所，小学 827 所，在校学生 79 万多人，另外在区外就读的西藏学生 9.2 万多人。学前教育三年毛入园率达 87%，小学净入学率达 99.93%，初中、高中、高等教育毛入学率分别达 100%、90.2%、56.14%，县域义务教育实现基本均衡发展，义务教育巩固率 95.03%，新增劳动力人均受教育年限提高到 13.1 年。坚持政府、社会、企业多渠道解决就业，高校毕业生就业率连续 5 年保持在 95% 以上，2020 年达到 99%。科技平台和人才队伍建设不断加快，拥有各类专业技术人员 9.2 万人，科技进步对经济增长贡献率达到 45.6%。

医疗卫生事业水平显著提升。和平解放前，西藏只有 3 所设备简陋、规模很小的官办藏医机构和少量私人诊所。目前已建立起健全的医疗服务、妇幼保健、疾病防控、藏医藏药等服务体系。各级各类医疗卫生机构达 1642 家，其中三级甲等医院 11 家。每千人床位数4.9张，每千人卫生技术人员 5.89 人。实施医疗人才“组团式”援藏，使各族群众在家门口就能享受到高水平的医疗服务。医疗卫生网遍布城乡，乡乡有卫生院、村村有卫生室。人民健康水平显著提高，孕产妇死亡率下降到 48/10 万，婴幼儿死亡率下降到 7.6‰，均为历史最低值。人均寿命由 1951 年的 35.5 岁增加到 2019 年的 71.1 岁。400 多种较大疾病不出藏就能治疗，包虫病、大骨节病、先天性心脏病、白内障等肆虐西藏的疾病得到历史性消除和防治。

社会保障体系不断完善。城镇登记失业率控制在 4% 以内，重点群体就业率居全国前列。以养老、医疗、失业、工伤和生育五大保险为主体的覆盖城乡全体居民的社会保障体系全面建立，群众基本生活得到有效保障。2020 年完成城乡居民基本医疗保险制度整

图 1-17　农牧区医疗制度使农牧民群众看病就医有保障

合，年人均补助标准提高至585元，实现先诊疗后结算、保障人口全覆盖、保险基金收支平衡。城乡居民年度医疗费最高报销额度达14万元，是城乡居民年人均可支配收入的近7倍。大病专项救治病种扩大到38种，基本医疗保障更加有力。已实现社会保险全覆盖，各族人民享受到全面社会保障。

——优秀传统文化得到保护和发展

国家高度重视保护和发展西藏传统文化，投入巨大人力、财力、物力，运用法律、经济和行政等多种手段，使西藏优秀传统文化在有效保护的基础上得到了弘扬和发展。

藏语文的学习、使用受到法律保护。自治区成立以来，西藏自治区人民代表大会通过的决议、法规，西藏各级政府和政府各部门下达的正式文件、发布的公告都使用汉藏两种文字。地方各级政府和企事业单位组织的大型会议和主要活动中，行文坚持使用汉藏两种文字。司法诉讼活动中，根据藏族诉讼参与人的需要使用藏语文审理案件、制作法律文书，保障藏族公民使用藏语言文字诉讼的权利。目前，西藏公开发行藏文期刊16种、藏文报纸12种，累计出版藏文图书7185种、4009万册。此外，藏语言文字在卫生、邮政、通讯、交通、金融、科技等领域都得到广泛使用。

藏文典籍得到保护和利用。1984年，国家拨款新建西藏自治区档案馆，保存和收藏了大量珍贵的藏文档案，目前馆藏档案达300多万卷（册、件）。持续支持重要藏文经典的搜集、整理、翻译和出版工作，组织对勘出版《中华大藏经》藏文版，抢救整理《格萨尔王传》，出版《先哲遗书》丛书、《中华大典·藏文卷》、“雪域文库”丛书等众多宝贵藏文典籍。

高度重视藏语术语标准化工作。1995年，成立全国藏语术语标准化工作委员会，2018年，工作委员会发布《党的十八大以来审定的藏语新词术语》，包含近1500条藏语新词术语。藏语文信息化、藏文软件研发推广等工作取得显著成果。1997年7月，藏文编码标准正式获得通过，成为国际标准《信息技术通用多八位编码字符集》的重要组成部分，藏语言文字成为第一个具有国际标准、获得全球信息高速公路通行证的中国少数民族语言文字。2004年，西藏自治区人民政府与国家信息产业部签订《关于藏文软件开发和推广应用的合作协议》，研发出输入法、操作系统、办公软件、网页浏览器等一系列基础性藏文软件。2015年底，国家标准《信息技术藏文词汇》正式发布，标志着我国第一个少数民族文字的信息技术词汇国家标准正式诞生。

——风俗习惯得到充分尊重

国家尊重和保障西藏各民族按照传统风俗习惯生活和进行社会活动的权利。各族群众在保持服饰、饮食、住房的传统方式和风格的同时，也吸收了不少新的现代文化习俗。藏历新年、拉萨雪顿节、那曲赛马节等一大批群众性文化传统节庆得到继承和创新。近年来，增设“西藏百万农奴解放纪念日”，以及日喀则珠峰文化节、山南雅砻文化节、林芝桃花节等各种文化旅游节，丰富了广大人民群众的精神生活，展示了新时代西藏各族人民的精神风貌。

——文化遗产得到有效保护传承

几十年来，西藏多次组织大规模、有系统的文化遗产普查、搜集、整理和研究工作。现已调查登记的各类文物点4277处，各级文物保护单位 1985 处，其中国家级文物保护单位 70 处。继 1972 年维修大昭寺之后，国家持续投入巨额资金对布达拉宫、罗布林卡、大昭寺等文物古迹进行维修保护，仅 1989 年至 1995 年，国家就投入 2 亿多元对布达拉宫进行维修及广场扩建。2018 年底，启动了周期 10 年、投资 3 亿元的布达拉宫文物（古籍文献）保护利用项目。2006 年至 2020 年，安排资金 34 亿多元，实施西藏博物馆改扩建工程等 155 处文物保护单位的维修工程。35 个村落列入中国传统村落名录，中央财政支持 6900 万元，保护了农耕文明传承和文化遗产，改善了农牧民居住环境。

国家重视支持藏医药的传承发展。建立西藏藏医药大学，培养了 7000 余名藏医药专业人才。规范藏医诊疗标准，目前西藏公立藏医医疗机构达 44 所，乡镇卫生院和村卫生室藏医药服务覆盖率分别达到 94.4% 和 42.4%。藏药生产迈向标准化、规范化、规模化

图 1-18　西藏博物馆

的工业化生产，藏医药产业体系基本形成。西藏已有17家藏药生产企业通过国家GMP认证，拥有311个藏药国药准字号。启动民族医药古籍文献整理项目，截至2020年，已完成145部藏医药、天文历算的古籍整理与出版发行。国家已先后整理出版300多部藏医药古籍文献，收集珍贵古籍文本600多卷。

2006年以来，中央财政累计投入2.09亿元，用于西藏国家级非物质文化遗产代表性项目的保护、国家级代表性传承人的抢救性记录、非物质文化遗产传承人群培训以及扶持传承人开展传习活动、非物质文化遗产保护利用项目基地建设等。目前，西藏有联合国人类非物质文化遗产代表作3项（格萨〈斯〉尔、藏戏、藏医药浴法）；国家级代表性项目89项，国家级代表性传承人96名，自治区级代表性项目460项，自治区级代表性传承人522名。

——中华民族共同体意识更加牢固

西藏自古以来就有各民族交往交流交融的优良传统。早在西藏和平解放之初，就有大批各族各界人士到其他省市参观考察。改革开放后，各民族间的经济、文化交流更加紧密，中华民族共同体意识更加牢固。每年在国庆节、西藏和平解放、“民族团结月”等节庆节点，大力开展中国梦主题教育、爱国主义教育，民族团结进步事业得到进一步发展。目前，国务院、西藏自治区表彰的民族团结进步先进单位共有1985个（次）、先进个人2846人（次），拉萨、日喀则、昌都、阿里先后成为全国民族团结进步示范市（地）。截至2020年，西藏颁布实施关于民族团结进步模范区创建条例等地方性法规1部、规范性文件4个。西藏籍学生和劳动者到其他省市就业创业，每年约有10%以上的西藏籍大学生选择区外就业。鼓励其他省市人员在藏求学投资兴业，不断创新招商引资举措，2016年以来出台涉及税收、金融、土地等52条特殊优惠政策，有效提高行政审批效率和服务质量，招商引资到位资金达2535亿元。积极打造各民族互嵌式社会结构和社区环境，大力促进公共服务均等化，保障城市和散居地区少数民族合法权益，尊重他们在节庆、饮食、丧葬等方面的风俗习惯。

——宗教信仰自由得到充分保障

在西藏，各宗教、各教派一律平等，信教和不信教群众一视同仁。现有藏传佛教宗教活动场所1700多处，僧尼约4.6万人；清真寺4 座，世居穆斯林群众1.2万余人；天主教堂1座，信徒700余人。为坚持我国宗教中国化方向，切实保障宗教信仰自由与秩序，依法管理宗教事务，依照《宗教事务条例》制定《藏传佛教活佛转世管理办法》，并制定《西藏自治区实施〈宗教事务条例〉办法(试行)》《西藏自治区大型宗教活动管理办法》《西藏自治区藏传佛教活佛转世管理办法实施细则》等一系列政策措施和规范性文件。

按照法规规章、宗教仪轨和历史定制，有序开展活佛转世认定。1995年，通过金瓶掣签，经国务院批准，完成十世班禅转世灵童寻访、认定以及十一世班禅坐床工作。2010年，经金瓶掣签，报西藏自治区人民政府批准，完成六世德珠活佛的认定和坐床工作。截至2020年，已有92位新转世活佛严格按照宗教仪轨和历史定制，得到批准和认定。依法开展正常宗教活动，寺庙学经、辩经、受戒、灌顶、修行等传统宗教活动和寺庙学经考核晋升学位活动正常进行。

西藏佛学院及其10所分院现有学经僧尼3000余人，2005年到2020年共有240人获得藏传佛教最高学衔“拓然巴”。寺庙传统印经院得到保留和发展，现有布达拉宫印经院等规模性传统印经院3家。信教群众正常参加萨噶达瓦节、拉萨祈愿大法会、马年转冈底斯山、羊年转纳木措等各种各样的宗教和传统活动。当前各级人民代表大会、政治协商会议中，有600余名宗教界人士担任代表、委员。

——生态安全屏障日益坚实

青藏高原是“世界屋脊”“亚洲水塔”，西藏是中国重要的生态安全屏障。国家高度重视西藏生态文明建设，持续推进制度创新、筑牢科技文化支撑、加大生态建设投入，推动构建人与自然生命共同体。目前，西藏生态系统整体稳定，环境质量持续向好，绿色发展格局初步形成，人民生态环境权益不断提升，“绿水青山就是金山银山、冰天雪地也是金山银山”的理念深入人心，西藏成为世界上生态环境最好的地区之一。

和平解放初期，中国科学院就派出专家学者对西藏生态、地质气象进行综合考察。1973年和2017年国家先后开展两次青藏高原综合科学考察。2012年以来，出台《关于全面加强生态环境保护坚决打好污染防治攻坚战的实施意见》《关于建设美丽西藏的意见》《关于创建国家生态文明建设示范区　加快建设美丽西藏的实施意见》《西藏自治区国家生态文明高地建设条例》等，不断完善监测监察考核体系。截至2020年，西藏累计投入生态环境领域的资金达814亿元。统筹山水林田湖草系统治理，大力实施《西藏生态安全屏障保护与建设规划（2008—2030年）》和“两江四河”流域绿化项目。持续推进生态文明创建示范工作。拉萨市、山南市、林芝

图 1-19　绿水青山是金山银山　冰天雪地也是金山银山

市、昌都市和阿里地区获国家生态文明建设示范市称号，巴宜区、亚东县和当雄县获国家生态文明建设示范县称号，隆子县获“绿水青山就是金山银山”实践创新基地称号。加强水土保持工作，加大水土流失综合治理力度，全面推进河湖长制，设立区、市、县、乡、村五级河湖长1.48万名，实现河湖“清四乱”常态化制度化。2020年，噶尔县因河湖长制工作成效明显，被国务院办公厅列入激励名单。

——长治久安的基础不断夯实

西藏和平解放以来的实践证明，没有国家的安全，西藏各族人民的根本利益就难以得到维护，没有稳定的社会环境，经济、文化、生态等各项事业就难以得到发展，人民的安定幸福生活就难以得到保障。长期以来，西方反华势力及其支持的十四世达赖集团一直是影响西藏社会团结进步的消极因素。改革开放后，中央政府为十四世达赖改正错误指明出路，提出“爱国一家，爱国不分先后”，邀请他派人回国探亲参观。1979年至2002年，中央政府13次接待十四世达赖的私人代表，2002年至2010年，又10次同意他们回国。然而十四世达赖屡屡辜负中央期望，始终没有从根本上放弃其政治主张。

对于西方反华势力干涉中国内政的图谋和十四世达赖集团的分裂活动，包括西藏各族人民在内的全中国人民坚定维护祖国统一、维护国家主权，同任何分裂势力、反华势力进行坚决斗争。西藏高举宪法法律旗帜，坚决抵制十四世达赖集团的渗透破坏活动，深入持久开展民族团结进步创建，不断铸牢中华民族共同体意识，坚持我国宗教中国化方向，引导藏传佛教与社会主义社会相适应，形成了维护稳定的铜墙铁壁。

总体而言，新中国成立以来，尤其是西藏和平解放70多年来，在中央关怀、全国援助下，经过西藏各族人民的艰苦奋斗，西藏的经济建设、政治建设、文化建设、社会建设、生态文明建设全面推进，取得短短几十年、跨越上千年的巨大成绩，实现了社会制度的跨越和经济社会发展水平的跨越“两大跨越”。西藏70多年的发展进步，把一个古老、封闭、保守的封建农奴社会拉进了21世纪的现代社会，西藏各族人民的生存状态和精神面貌发生了根本的变化。

中央第七次西藏工作座谈会的召开，西藏和平解放70周年庆祝大会的隆重举行，为西藏的明天描绘了更加美好的发展蓝图。新旧对比，我们看到，新中国成立以来，是西藏地方历史中经济社会发展最好最快的时期。

新时代的西藏，全区社会大局和谐稳定、经济持续快速发展、贫困县全部脱贫摘帽、人民生活水平全面提高、生态安全屏障切实筑牢、民族团结日益巩固、宗教与社会主义社会日趋适应、边疆巩固边境安全，呈现出一派生机勃勃的繁荣景象。

二、翻天覆地新变化

伟大的跨越一步千年，辉煌的成就举世共鉴，今夕的巨变泽被雪域高原。党的十八大以来，以习近平同志为核心的党中央始终高度重视西藏工作，习近平总书记亲自为西藏工作把舵定向、谋篇布局，先后发表一系列重要讲话、作出一系列重要指示批示、制定一系列特殊优惠政策，形成了“治国必治边、治边先稳藏”的重要战略思想；先后主持召开了中央第六次、第七次西藏工作座谈会，把西藏工作在党和国家工作全局中的重要战略地位提升到前所未有的高度。在以习近平同志为核心的党中央坚强领导下，在全国人民无私支援下，西藏自治区党委、政府带领全区各族人民团结一心，砥砺奋进，坚决贯彻落实中央各项决策部署，坚持“稳中求进”工作总基调，狠抓稳定、发展、生态、强边四件大事，按照“五位一体”总体布局和“四个全面”战略布局，贯彻落实党的治藏方略，坚持治边稳藏战略布局，坚持“依法治藏、富民兴藏、长期建藏、凝聚人心、夯实基础”重要原则，以供给侧结构性改革为主线，以提高发展质量和效益为中心，树牢新理念，适应新常态，引领新发展，全力推进稳增长、调结构、促改革、惠民生、防风险各项工作，西藏经济社会和民生事业发生了历史性变革，人民生活水平大幅提高，各项社会事业全面进步，经济、文化、民生、生态取得了历史性成就，为西藏开启长治久安和高质量发展奠定了坚实基础。

（一）经济健康快速发展

党的十八大以来，面对世情国情的深刻变化，西藏自治区党委、政府高举中国特色社会主义伟大旗帜，牢固树立和贯彻落实新发展理念，坚持依法治藏、富民兴藏、长期建藏、凝聚人心、夯实基础，统筹推进“五位一体”总体布局和协调推进“四个全面”战略布局，统筹新型城镇化发展和新农村建设，按照“一个中心、六个支撑、一批镇群、若干小镇”的总体布局，以基础设施、特色优势产业、生态保护与建设为重点，以提高经济发展质量和效益为中心，以加快改革开放、促进市场要素流动为途径，适应把握引领经济发展新常态，同心勠力、迎难而上、开拓创新、砥砺前行、团结奋斗、艰苦创业，全区经济持续快速发展，取得前所未有的辉煌成就，决胜全面建成小康社会夺取新的重大胜利，中国特色社会主义伟大事业展现新的壮丽前景，为实现“两个一百年”奋斗目标和中华民族伟大复兴的中国梦打下了坚实基础。

——经济运行稳中向好，综合实力显著提升

坚持稳中求进的工作总基调，紧紧抓住和用好重要战略机遇期，创新和改善宏观调控，科学统筹稳增长、促改革、调结构、惠民生、防风险，战胜了诸多矛盾叠加、风险隐患交织的严峻挑战，全区经济持续健康发展，综合国力和国际影响力再上新台阶。

经济增速位居前列。西藏经济增速连续多年位居全国前列，经济总量取得巨大突破，占全国比重持续提高，经济增长的内生动力不断增强。如表 2-1 所示，2012—2020 年，西藏自治区地区生产总值由 710 亿元增长到近 1903 亿元，地区生产总值占全国比重由 0.13% 上升到 0.19%，累计提高了 0.06 个百分点。按可比价格计算，2012—2020 年，西藏自治区地区生产总值增长了 111.9%，年均增长 9.8%，比全国平均水平高 3.4 个百分点，在全国 31 个省（区、市）中居首位。

表 2-1 2012—2020 年西藏全区生产总值 （单位：亿元）

年份	全区生产总值	第一产业	第二产业	第三产业	人均全区生产总值（元）
2012	710.16	75.25	226.13	408.78	22762
2013	828.20	81.21	270.78	476.21	26209
2014	939.74	88.11	310.34	541.29	29275
2015	1043.00	93.61	341.81	607.58	31847
2016	1173.00	110.52	390.41	672.07	35015
2017	1349.00	118.15	469.61	761.24	39158
2018	1548.39	128.34	582.72	837.33	44051
2019	1697.82	138.19	635.62	924.01	47491
2020	1902.74	150.65	789.25	953.84	52345

2012—2015 年，全区经济呈现快速增长态势。2012 年，全区生产总值突破 700 亿元，年均增长 12%；社会消费品零售总额突破 250 亿元，年均增长 17%；公共财政预算收入突破 80 亿元，税收达到 153.56 亿元；农牧民人均纯收入达到 5645 元，年均增长

15%；城镇居民人均可支配收入达到18056元，年均增长10.2%。2013年全区生产总值828亿元，比上年增长12.1%；全社会固定资产投资910亿元，增长28%；社会消费品零售总额289亿元，增长16%；公共财政预算收入95亿元，增长18.6%；农牧民人均纯收入6520元，增长14%；城镇居民人均可支配收入20192元，增长11%；城镇登记失业率控制在2.5%以内。2014年全区生产总值939亿元、增长10%，全社会固定资产投资1100亿元、增长19.8%，社会消费品零售总额323.6亿元、增长12.9%，公共财政预算收入124亿元、增长30.8%，完成税收收入174.1亿元、增长17.8%，农村居民人均可支配收入7471元、增长14%，城镇居民人均可支配收入22026元、增长8%，城镇登记失业率控制在2.5%以内，居民消费价格涨幅控制在3%以内。2015年，全区生产总值达到1043亿元、增长11%，经济增速位居全国前列，全社会固定资产投资完成1342.16亿元、社会消费品零售总额408.08亿元、

图2-1　西藏大昭圣泉饮用水公司的现代化生产流水线

地方财政收入 176 亿元、城镇居民人均可支配收入 25457 元、农村居民人均可支配收入 8244 元，城镇登记失业率控制在 2.5% 以内。

2016—2020 年，全区经济增长态势强劲。2016 年，全区生产总值达 1173 亿元、增长 10.1%；全社会固定资产投资 1610 亿元、增长 20%；社会消费品零售总额 457 亿元、增长 12%；地方财政收入 206 亿元、增长 17.4%，支出突破 1600 亿元、增长 13.4%；城镇居民人均可支配收入 27875 元、增长 10%，农村居民人均可支配收入 9316 元、增长 13%；居民消费价格指数控制在 2.4% 以内；城镇登记失业率控制在 2.6% 以内。2014 年到 2016 年西藏自治区连续三年经济总量增速名列全国前三位，2015 年西藏自治区地区生产总值突破千亿元大关，2016 年达到 1173 亿元，五年年均增长 11%，人均地区生产总值年均增长 9.1%；五年累计完成固定资产投资 5745.86 亿元，2014 年突破 1000 亿元，2016 年达到 1655.5 亿元，年均增长 24.7%，高出全国 10.4 个百分点；全社会固定资产投资持续大幅增长，成为有效拉动全区经济快速增长的重要引擎。2016 年地方财政收入突破 200 亿元，达到 206.37 亿元，五年年均增长 21.2%；地方财政支出 2016 年达到 1640.98 亿元，五年年均增长 15.1%，有力支持了经济发展；社会消费品零售总额 2013 年迈上 300 亿元台阶，2015 年突破 400 亿元，2016 年达 459.41 亿元，五年年均增长 13.4%，高出全国 1.2 个百分点，对全区经济增长的拉动力逐年增强；2016 年农村居民人均可支配收入达 9094 元，五年年均增长 12.4%，高出全国 0.6 个百分点，增速在全国一直处于前列；城镇居民人均可支配收入达到 27802 元，五年年均增长 10.9%，高出全国平均增速 2.7 个百分点。2017 年全区地区生产总值突破 1300 亿元，增长 10% 左右；2018 年全区地区生产总值突破

1500 亿元，增长 9% 左右；一般公共预算收入达到 230.4 亿元；农村居民人均可支配收入增长 13% 左右；城镇居民人均可支配收入增长 10% 以上；居民消费价格指数控制在 2.0%；城镇登记失业率 2.83%，城镇调查失业率 4.6%，城镇新增就业 5.4 万人。2019 年地区生产总值超过 1600 亿元，增长 8%，2020 年地区生产总值增长到 1902.74 亿元。“十三五”期间 GDP 年均增速达到 9.0%，高出全国 3.3 个百分点，经济增速位居全国前列。西藏地方财力不断增长，2018 年一般公共预算收入首次突破 200 亿元，2020 年地方财政收入占 GDP 比重提高到 11.6%。西藏地区生产总值与增速如图 2-2 所示。

（单位：亿元）

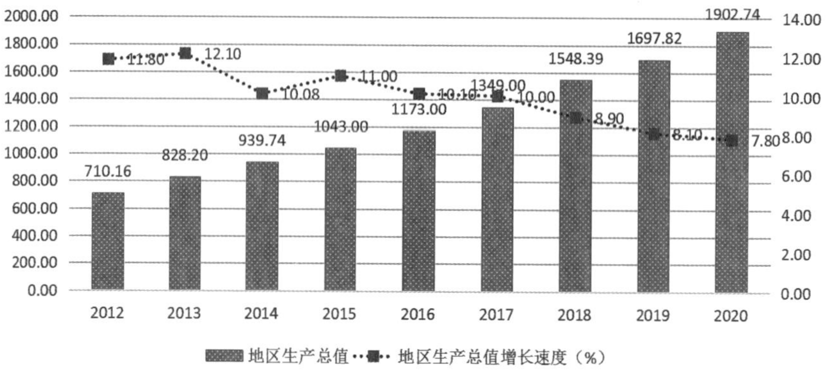

图 2-2　2012—2020 年西藏地区生产总值与增速

人均地区生产总值显著提高。2012—2020 年，全区人均地区生产总值由 22762 元增长为 52345 元，由全国人均国内生产总值的 57.2% 上升到 72.7%，提高了 15.5 个百分点。在全国 31 个省（区、市）中的排位由 2012 年的第 29 位，提升至 2020 年的第 22 位，上升了 7 位。按可比价格计算，2012—2020 年，全区人均地区生产总值增长了81.7%，年均增长7.8%，比全国平均水平高2.0个百分点，增速位居全国第6位，西部地区第3位。人均生产总值与增速如图2-3所示。

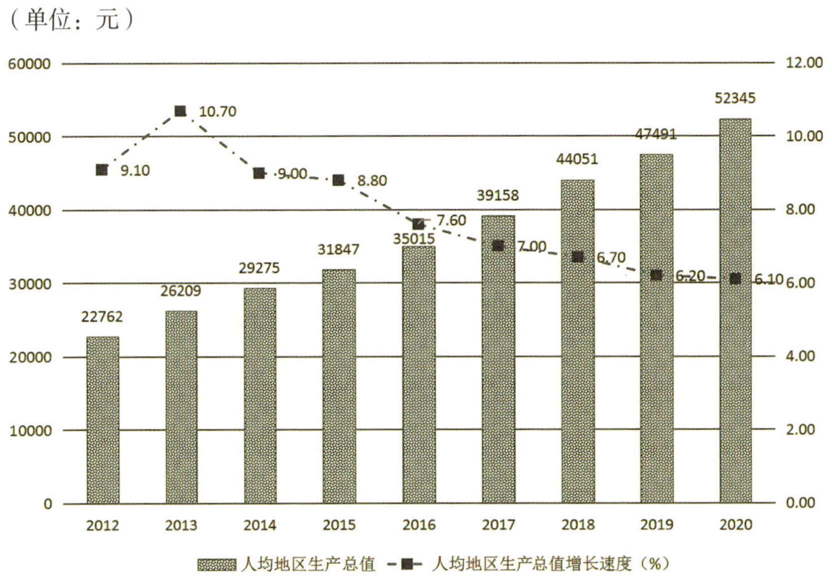

图2-3　2012—2020年西藏人均地区生产总值与增速

就业物价形势稳定。就业是民生之本、稳定之基、和谐之源，是关乎经济发展、边疆稳定、民生保障、社会和谐的重大问题。党的十八大以来，西藏始终坚持“就业第一”的原则，实施就业优先战略和积极的就业政策，通过拓宽就业渠道、增加就业岗位、积极开展培训、改善创业环境等方式，让劳动者自谋职业、自主创业的积极性得到提高，技能素质得到提升，就业观念持续转变，全区就业形势稳中向好。2012—2020年，全区新增就业人数由2012年174万增加至2020年的194万，连续9年保持在170万人以上，全区城镇调查失业率基本稳定在3%左右，乡村从业人员年均增长

1.8%。物价趋势温和，物价指数如表 2-2 所示。2012—2020 年居民消费价格稳定，年均上涨 2.4%，对比全国 7.2% 的年均经济增长速度、2% 的通胀率、5% 左右的调查失业率，西藏这样的运行格局难能可贵，符合经济发展的内在规律，在全国表现突出。

表 2-2 2012—2020 年西藏物价指数

年份	商品零售价格指数	城市	农村	居民消费价格指数	城市	农村
2012	103	103	103	104	104	103
2013	103	103	103	104	104	104
2014	102	102	102	103	103	103
2015	101	101	101	102	102	102
2016	102	102	102	103	103	103
2017	101	102	101	102	102	102
2018	102	101	102	102	101	102
2019	102	102	102	102	102	102
2020	102	102	102	102	102	102

为缓解高校毕业生就业压力，2011 年至 2016 年，西藏自治区党委、政府对加强基层组织建设、增强干部队伍力量提出了更高的要求，增加了公职人员公开考录招考职位数量，吸纳高校毕业生就业，5 年间总体就业率保持在 90% 以上。2017 年是高校毕业生就业的转型期、创业的推进期，自治区党委、政府出台了《关于促进高校毕业生就业创业的若干意见》及 8 个配套文件，明确了 10 个方面 20 条优惠政策，对高校毕业生生活补贴、住房补贴等 18 个方面提供支持。筹集 20 亿元就业创业基金，及时兑现补贴，发挥效力。其中 2017 年全区应届高校毕业生 18161 人，全年实现就业

图 2-4　西藏藏医药大学硕士毕业生欢庆毕业

16348 人，就业率 90.02%。2012—2018 年，全区举办各类招聘会 357 场 / 期次，提供各类就业岗位 23.12 万个，进场求职者达 19.93 万人次，实现就业 12 万人次；开展职业指导 22.66 万人次，职业介绍 22.75 万人次，职业介绍成功 9.23 万人。积极的就业政策不断显效，创业带动就业作用突出，就业形势保持稳定，成为经济运行中的突出亮点。党的十八大以来，就业创业工作以保障民生为宗旨，坚持就业优先战略和积极就业政策，全区实现新增就业 23.56 万人，农牧区劳动者转移就业 313 万人、530.85 万人次，实现劳务收入 117.48 亿元。全区共开办技能培训班 6262 期，职业技能培训 32.26 万人，其中城镇失业人员 4.4 万人，在岗职工 3.53 万人，培训合格率达到 90% 以上。全区城镇登记失业率控制在 3% 以内。2020 年，西藏城镇新增就业 4.8 万人，完成年初目标任务的 120%，城镇登记失业率控制在 4% 以内；转移农牧区富余劳动力 60.1 万人，比上年增长 5.3%。积极的就业政策不断显效，创业带动就业作用突出，就业形势保持稳定，成为经济运行中的突出亮点，全区就业总人数由 2012 年的 174 万人增加到 193 万人，具体如图 2-5 所示。第三产业就业人数稳中有进，如图 2-6 所示。

（单位：万人）

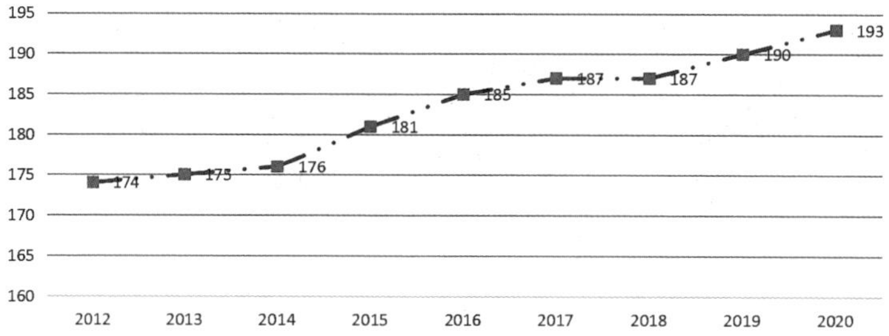

图 2-5　2012—2020 年就业总人数

（单位：万人）

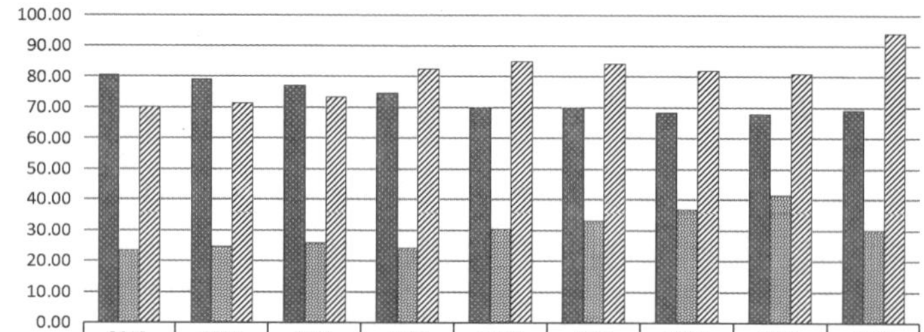

	2012	2013	2014	2015	2016	2017	2018	2019	2020
第一产业	80.56	78.93	76.91	74.57	69.79	69.75	68.31	67.74	69.00
第二产业	23.32	24.68	25.87	24.07	30.38	33.10	36.83	41.30	30.00
第三产业	70.12	71.40	73.22	82.36	84.83	84.15	81.87	80.96	94.00

图 2-6　2012—2022 年按三次产业分的就业人数

——结构调整稳中有进，行业发展齐头并进

党的十八大以来，按照适应把握引领经济发展新常态的要求，西藏自治区大力优化产业结构，加快转变发展方式，通过大力实施“提升一产、壮大二产、做强三产”的经济发展战略，不断优化产业结构，改善需求结构，着力推动供给侧结构性改革，积极推进新型城镇化，着力促进区域协调发展，使全区经济结构调整加快，经

济持续保持了跨越式发展的良好态势，转型升级成效明显，经济发展向中高端水平不断迈进。

产业结构优化升级。服务业持续较快发展，对经济社会发展的支撑带动作用与日俱增，截至2020年底，在全区生产总值中第一、二、三产业增加值所占比重分别为7.9%、42%、50.1%。与上年相比，第一产业比重下降0.3个百分点，第二产业提高4.6个百分点，第三产业下降4.3个百分点，三大产业占全区生产总值比重如表2-3所示。从经济结构来看，2012年以来，第二产业开始发力，比重明显上升，2020年首次超过40%，三大产业占比优化为7.9∶42.0∶50.1，与2012年相比，第二产业占比提高了10.2个百分点，第一、三产业分别下降了2.7个、7.5个百分点，实现了第二、三产业共同发力、齐头并进的发展格局。从协调发展方面来看，生态文明建设以及城乡区域协调发展取得显著成效，污染防治攻坚战考核获得全国“优秀”，重点江河湖泊水质全部达到III类以上标准，地级以上城市空气质量优良天数比率99.4%。

农牧业基础稳固。西藏自治区把优化农牧业结构调整、着力发展农区畜牧业与农牧业特色产业作为加快经济发展方式转变的重要抓手和切入点，制定措施、狠下功夫。在市场拉动及生产能力提高的双重作用推动下，全区农牧业结构有了明显变化：构建了以25个粮食主产县为重点的粮食生产安全基地；蔬菜、水果等经济作物种植面积不断扩大，畜产品产量持续增长，食物供给总量增加、花色品种日趋丰富，初步形成了藏东北牦牛、藏西北绒山羊、藏中奶牛、藏中北绵羊、藏中优质粮油、城郊无公害蔬菜、藏中藏东藏猪藏鸡等7个产业带，农牧业综合生产能力在结构调整中得到明显增强。2012—2020年，农林牧渔业总产值由118.33亿元增加到233.53亿元，增长55%，年均增长 5.6%。粮食产量由 2012 年的 94.9 万吨增加到 102.87 万吨，增长 8.4%，年均增长 1%。蔬菜产量从 65.59 万吨增加到 84.34 万吨，增长 28.6%，年均增长 3.2%。肉奶产量从 60.64 万吨增加到 76.96 万吨，增长 26.9%，年均增长 3%。农林牧渔业总值如图 2-7 所示。

（单位：万元）

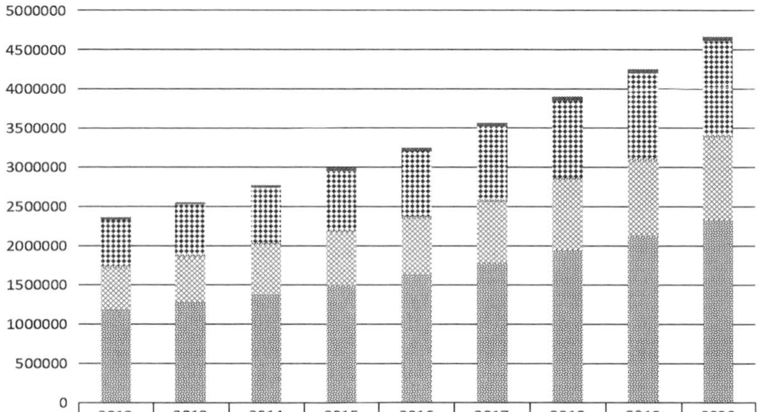

	2012	2013	2014	2015	2016	2017	2018	2019	2020
■农林牧渔服务业	31415	30879	33244	38334	42683	42808	54810	55924	60273
渔业	2220	1762	1676	1774	2449	3271	3471	3630	1454
牧业	590193	641557	693386	752956	827290	921680	983579	1084132	1196891
林业	25577	26534	26371	21087	23926	29475	31975	35381	36795
农业	533863	579235	632559	680481	728270	784369	880846	949006	1039931
总产值	1183267	1279967	1387236	1494633	1624618	1781603	1954681	2128073	2335343

图 2-7　2012—2020 年农林牧渔业总值

工业基础不断壮大。全区已初步形成了以优势矿产业、建材业、民族手工业、藏医药业为支柱的包括电力、农畜产品加工业、饮食品加工制造等工业为主的富有西藏特色的工业生产体系。“十二五”期间，全区工业增加值从 2010 年的 39.73 亿元增长到 2015 年的 69.88 亿元，年均增长 11.96%，工业经济对全区经济发展的贡献稳步提高；天然饮用水、高原特色食（饮）品、藏医药等特色优势产业取得快速发展，主要工业产品质量稳步提升，以 24 家企业为主体的工业企业品牌培育工作取得明显成效。“十三五”期间，水泥熟料产能由 2016 年的 315 万吨提升至 2020 年的 1035 万吨，水泥产量从 2016 年的 607 万吨提升至 2020 年的 1085 万吨，水泥供给保障能力显著增强。2016 年至 2020 年，规模以上工业增加值分别同比增长 12.7%、14.2%、12.5%、3%、9.6%，有四年规上工业增加值增速位居全国第一。市场主体规模壮大，规模以上工业企业 167 家。全区工业生产总值如表 2-3 所示。2012 年全区工业增加值达到 20.64 亿元，同比增长 12.7%。从增速看，上半年，全区工业增速高于全区生产总值增速 1.4 个百分点，高于西部地区工业增速 0.7 个百分点，高于全国工业增速 2.2 个百分点；工业固定资产投资 57.05 亿元，比上年同期增长 62.26%，高于同期全社会固定资产投资增速 37.2 个百分点，工业投资占第二产业投资总额比例达 84.82%。截至 2020 年，全区通信业务总量实现 11.7 亿元，业务收

表 2-3　2012—2020 年全区工业生产总值明细　（单位：万元）

年份	合计	按登记注册类型分			按轻重工业分		按企业规模分	
		国有经济	集体经济	其他经济	轻工业	重工业	大中型企业	小微企业
2012	1059120	369199	30444	659477	406740	652380	454272	604848
2013	1258348	397547	30403	830398	481088	777260	573533	684815
2014	1516709	526160	31481	959068	664133	852576	628491	888218
2015	1791452	667985	15242	1108225	799598	991854	680004	1111448
2016	2101544	797146	15945	1288453	850245	1251299	804374	1297170
2017	2459934	1114865	8386	1336683	846715	1613219	1007668	1452266
2018	2895653	1264948	11716	1618989	807780	2087874	1244561	1651093
2019	3067395	1362705	33275	1671415	763231	2304164	1305002	1762393
2020	3440869	1551790	50051	1839028	807264	2633605	1529691	1911178

入11.47亿元。2012—2020年，工业总产值由105.91亿元增加到344.09亿元，增长1.5倍，年均增长12.0%；水泥产量从286.67万吨增加到1085.04万吨，增长2.8倍，年均增长18.1%；中成药从1657吨增加到3702吨，增长1.2倍，年均增长10.6%；铜、铅、锌金属含量从7.98万吨增加到34.46万吨，增长3.3倍，年均增长20.1%；包装饮用水从9.79万吨增加到50.45万吨，增长4.2倍，年均增长22.8%；发电量从26.22亿千瓦时增加到87.09亿千瓦时，增长2.3倍，年均增长16.2%。

特色优势产业不断发展壮大。高原特色农畜产品加工、高原生物和绿色食（饮）品、民族手工业、藏药业、天然饮用水产业是我区极具特色、具有发展潜力的重要产业。“十二五”期间，加大了对特色产业的技术改造和技术创新支持力度，深挖西藏特色资源的科技含量和产品价值，开发出一系列新产品，市场占有率不断扩

图2-8　西藏特色产业藏香

大；乳制品、啤酒等高原特色食（饮）品业呈现规模化发展势头，红景天、玛卡、天麻等高原生物产品更加丰富，青稞、牦牛肉等农畜深加工产品得到了区内外消费者的青睐，企业质量管理和品牌意识大大加强；初步形成了以西藏冰川（5100）、珠峰冰川、大昭圣泉、高原天然水（中石化卓玛泉）等企业为主体的市场格局，已建成天然饮用水生产线30条以上，设计产能达到300万吨，2015年天然饮用水产量达42.56万吨。“十三五”期间，特色优势产业不断发展壮大、基本破解了有没有的问题，天然饮用水设计产能从“十二五”末的不足350万吨，到2020年突破500万吨；全区中成药产量达到2927吨，年均增速8%，国家医保目录的藏药品种数量增加到50个；青稞、肉制品、乳制品加工设计产能突破53万吨，是“十二五”末的2.6倍，工业产值达到48亿元，年均增速16%。

旅游市场持续升温。坚持旅游与文化、生态相结合，突出“高山、雪域、阳光、藏文化”主题，优化旅游空间布局，完善旅

图2-9　“一带一路”中国拉萨国际攀岩大师赛

游走廊功能，打造精品旅游线路和旅游景区；统筹推进相关产业和服务，形成主题鲜明、特色突出的旅游产品体系、旅游产业体系、旅游市场体系和旅游标准化体系；深度开发文化体验、生态观光、休闲度假、特种旅游等转型旅游产品及冬季旅游产品，丰富发展乡村旅游；坚持市场化、产业化、社会化发展方向，着力改造提升传统服务业，积极发展新兴服务业，加强市场流通体系建设，增加就业量，全面推进服务业结构优化升级等一系列措施，使独具特色的旅游业带动第三产业乃至全区总体经济发展的作用日渐显现。全区接待旅游者人数如图 2-10 所示，2012—2020 年，接待旅游者人数从 1058.39 万人次增加到 3505.01 万人次，增长 2.3 倍，年均增长 16.1%；旅游收入从 126.48 亿元增加到 366.42 亿元，增长 1.9 倍，年均增长 14.2%。

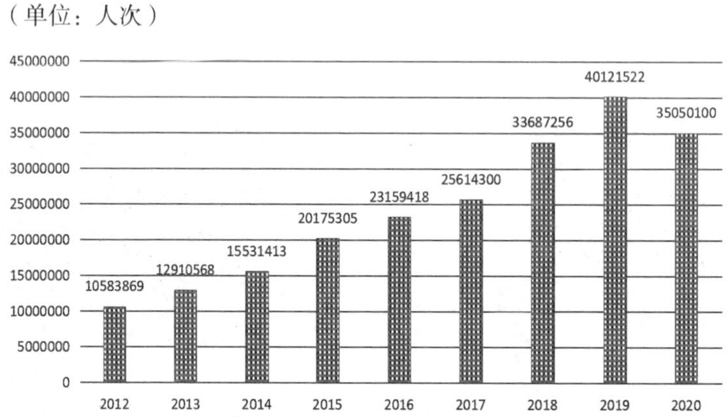

图 2-10　2012—2020 年接待旅游者人数

消费强劲拉动经济增长。在扩大内需政策措施作用下，居民消费潜力有序释放，消费升级势能持续增强，消费的基础性作用不断发挥，消费市场持续繁荣，成为经济增长的主要推动力。2020 年西藏城乡消费市场保持快速增长，全年社会消费品零售总额达到745.78亿元，比2015年增长56.3%，年均增长9.3%。2012—2020年，社会消费品零售总额从318.39亿元增加到745.78亿元，增长1.34倍，年均增长11.2%。城镇消费品零售额从264.81亿元增加到614.92亿元，增长1.32倍，年均增长11.1%；乡村消费品零售额从53.58亿元增加到130.86亿元，增长1.44倍，年均增长11.8%。

新型城镇化扎实推进。城镇化水平不断提高，党的十八大以来，西藏经济年均增速位居全国三甲，农村居民人均可支配收入增速连续多年位居全国第一，城镇化率上升13个百分点。经过坚持不懈的努力，62.8万贫困人口全部脱贫，26.6万人从山高地远的苦寒之地搬迁到河谷城镇安居乐业，西藏与全国一道如期全面建成小康社会。“十三五”初期，西藏城镇化率仅27%，到2020年已提高至32%，全区城镇人口已超107万人。

——创新驱动成效明显，动能转换生机焕发

党的十八大以来，创新驱动发展战略深入人心，各地区各部门坚持走中国特色自主创新道路，培育壮大新动能，加快发展新产业，持续推进大众创业、万众创新，全社会的创新活力和创造潜能得到激发，新的经济增长点不断涌现，新旧动能有序转换。

科技投入产出持续增加。“十二五”期间，全社会研发经费年均增长30.4%，地方财政科技支出占地方财政支出比重提高到0.56%。专利申请及授权量显著增加，每万人发明专利拥有量由0.37件提高至0.94件。获国家科技进步特等奖1项、二等奖2项，何梁何利奖1人。科技进步对经济增长的贡献率达到40%，农牧业科技进步贡献率达到45%。“十三五”时期，科技创新对西藏经

图 2-11 西藏青稞优良品种培育基地的试验田

济社会发展的支撑作用显著增强，西藏科技进步对经济增长贡献率达到 45.6%，对农牧业发展贡献率达到 55%，分别较“十二五”末增长 5.6 个、10 个百分点。

科技专项取得重大突破。组织实施青稞、饲草、藏药、金牦牛、金太阳、生态等 8 个科技重大专项，攻克了一批产业共性关键技术，取得了一批重要成果。“十二五”末“藏青 2000”青稞新品种推广面积达全区青稞播种面积的 42%，亩均增产 25 公斤以上；研制并颁布藏药材地方标准 102 项，数字化藏医药古典文献 1600 余部，研发了曲楂胶囊、罗堆多吉等多个藏药新药；引进国内外优质牧草品种 218 个，筛选出牧草新品系 7 个，建立牧草高产栽培示范基地 2.4 万亩；建立了那曲牦牛科技示范园和藏北高原生态系统恢复重建试验区。“十三五”期间支撑服务第二次青藏高原综合科学考察研究、协同推进川藏铁路技术创新工作取得阶段性成果，累计服务对接区内外科考队员 3900 人次，组织区内外 260 名科研人员、青年学生深度参与科考活动，协同推进国家川藏铁路技术创新中心在前期布局成都、北京双中心的基础上增设西藏中心。围绕农牧业、特色优势产业、生态环境保护、社会民生 4 大领域，部署高原种植业、清洁能源、生态建设、高原医学等 18 个创新方向，启动青稞种质创新与分子育种、特色家畜选育与健康养殖、藏医诊疗技术与藏药研发、科技富民强县稳边等 8 个科技重大专项，实施科技支撑草业、畜牧业三年行动计划。首次绘制青稞全基因组遗传图谱，填补了国际空白；首次绘制牦牛全基因组物理图谱，挖掘与牦牛适应性、生产性能等相关基因 32 个；突破了全变流器型电源供电系统稳定运行的技术屏障，解决了青藏地区 50 多万平方公里的供电难题；建立重要地区地学数据库，填补了地学空白；首次揭示了西藏优质矿泉水具有的“八大特征”，科学回答了西藏好水的优质特征；首次构建高寒隧道结构多物理场耦合理论，攻克了米拉山特长公路隧道建设难题。评选出国家科学技术奖 3 项、西藏科学技术奖 104 项。

平台基地建设明显加快。“十二五”期间认定国家级高新技术企业 23 家，孵化科技型企业 60 家；建成了自治区级重点实验室和工程技术研究中心 33 个、科技基础条件平台 6 个、行业创新平台

图 2-12　拉萨市城关区嘎巴生态牧场挤奶大厅

和技术产业创新联盟 9 个；成功创建了日喀则国家农业科技园区、那曲国家农业科技园区、拉萨国家现代服务业文化旅游创意产业化基地、林芝国家可持续发展实验区；建成西藏自然科学博物馆并试运行，推进拉萨高新技术产业开发区和西藏高原特色生物种质资源库建设。“十三五”期间首家省部共建青稞和牦牛种质资源与牦牛遗传改良国家重点实验室获批建设，林芝国家可持续发展实验区、林芝国家农业科技园区、拉萨国家创新型城市获批创建，日喀则白朗县入选全国首批创新型县(市)，高海拔电磁环境和高寒草地生态入选国家野外科学观测研究站，拉萨高新区、那曲高新区成功进入《中国开发区审核公告目录》，拉萨高新区“以升促建”进展顺利并已呈报国务院审批。截至 2020 年，全区已建成 1 个省部共建国家重点实验室、1 个国家可持续发展实验区、4 个国家农业科技园区、7 个国家野外科学观测研究站，37 家自治区重点实验室和工程技术研究中心、4 家自治区临床医学研究中心、3 个自治区高新技术产业开发区、1 个自治区可持续发展实验区、2 个自治区农业科技园区，初步建成布局合理、定位清晰的科技创新平台体系。2021 年 5 月 23 日，国家川藏铁路技术创新中心获批建设并正式揭牌，这是在西藏落地的第一个国家级技术创新中心。

科技创新队伍不断壮大。“十二五”期间全区拥有各类专业技术人员 6.23 万人，年均增长 10.7%，培育了一批创新团队和学科带头人，全区有 9 个对象入选国家创新人才推进计划，并实现了国家“万人计划”零的突破。国家“三区”人才计划科技专项快速推进。农牧民科技特派员覆盖全部行政村，达到 1.09 万人。“十三五”期间逐步建立了以项目为纽带、平台为依托的科技人才引进、培养、使用模式，在优势学科和特色领域培养了一批学科带头人、创

图 2-13　西藏达孜工业园区青稞酒生产线

新创业人才和创新团队。全区事业单位专业技术人员达到 10 万人，其中研究与试验发展人员 2618 人。14 个对象入选国家创新人才推进计划，12 人入选国家“万人计划”，6 人荣获何梁何利基金科学与技术奖，2 人获“全国最美科技工作者”荣誉称号，建成 3 个院士工作站。深入实施科技特派员制度和“三区”人才计划科技人员专项计划，科技特派员发展至 10519 人，率先在全国实现行政村科技特派员全覆盖，采取“一县一团”与“一产一团”相结合的选派方式，累计选派“三区”科技人才 5300 人次。

科技体制改革稳步推进。科技创新制度建设步伐明显加快，着力推进了科技计划、科研经费、科技报告、科技奖励、职称评定、绩效考核、科技特派员、科技平台等管理制度改革和机制创新。科研院所改革试点有效推进，科技项目管理与监督机制不断健全，制定出台了促进“双创”的若干意见，激励创新创业的政策环境和社会氛围正在形成。按照国家和自治区总体改革部署要求，深化科技领域体制改革和机制创新，重点推进科技成果转化、科技奖励、科技计划、科研经费、科技报告、科研诚信、创新创业、创新基地、创新人才队伍等管理制度改革和机制创新，完成具有“四梁八柱”性质的21项科技体制机制改革事项，全区科技管理部门机构改革顺利完成，符合西藏实际的科技创新体制机制和政策体系逐步健全。

创新创业活力不断增强。科技型企业快速发展，有效期内高新技术企业达87家，2020年实现营业收入248.37亿元，其中收入上亿元企业25家，科技型中小企业211家，资产总额达49.01亿元。“双创”三年行动计划深入实施，建成2个国家“双创”示范基地、2个国家科技企业孵化器，培育各类“双创”载体138家，其中国家级19家、自治区级30家，入驻企业达2691家，吸纳就业2.42万人。科技成果转移转化加速推进，设立3处技术合同认定登记机构，累计完成115例技术合同认定登记，合同金额达1.88亿元。

科学普及深入开展。积极开展“科技下乡”“科技活动周”“科

图2-14　西藏日喀则白朗国家级蔬菜标准化生产示范区

普援藏”等活动，形成跨地区、跨部门、跨行业协同推动西藏科技创新和科学普及的工作机制。西藏自治区科学技术厅连续 7 年荣获全国“科技活动周”优秀组织单位。首次举办了“科技列车西藏行”全国科技活动周重大示范活动。由科技部牵头，国家相关部委、各援藏省市和科普场馆参与的“科普援藏”活动成为深受西藏青少年、人民群众和寺庙僧尼欢迎的品牌活动。西藏自然科学博物馆建成运行，成功入选第六批全国民族团结进步教育基地和第一批全国中小学生研学实践教育基地，成为全区科技创新和科普宣传的重要平台。西藏百万农奴解放纪念馆建成开馆。全区已建成科普示范及教育基地 144 个，科普示范县 13 个，寺庙科普活动站 25 个。

——投资力度不断加大，基础设施快速发展

各地区各部门着力夯实基础产业，加强基础设施建设力度，拓展基础设施建设空间，优化基础设施建设布局，一批关系国计民生的重大工程建成投产，保民生、兜底线、补短板、增后劲的效应逐步显现，基础产业和基础设施保障能力显著提高。党的十八大以来，全区基础设施瓶颈制约得到极大缓解。交通出行更加便利，基本建成以公路、铁路、航空、管道为主的综合交通运输体系；能源保障不断提升，初步形成以水电为主，地热、风能、太阳能等多能互补的新型能源体系；水利设施更加完善，以旁多水利枢纽为标志的一大批水利项目建成并投入使用，大型灌区体系基本形成，基本解决农村饮水安全问题，水利基础设施保障能力显著提升；城镇基础设施建设不断加强，“厕所革命”加快推进。另外，全区高原特色农牧业基础不断得到夯实，农牧业综合生产力不断提高，农牧产品产量持续稳定增长。

农业水利基础进一步巩固。截至2020年，全区农村居民人均可支配收入达14598元，连续18年保持两位数增长，连续6年保持全国增速第一，是1965年有统计数据以来的135倍。“十三五”期间，全区农村居民人均可支配收入年均增速达12.1%，高出全国平均水平3.6个百分点，高出西部12省区平均水平2.8个百分点。农牧民收入稳步提高的同时，全区农业农村工作高质量发展态势持续显现，全区农林牧渔业总产值由2012年的1183267万元增加至2020年的2335343万元，具体如图2-15所示。党的十八大以来，全区立足特色农畜产品资源禀赋和产地环境，大力发展青稞、草业、牦牛、奶业、藏猪、藏羊等农牧业特色产业，研发了青稞系列食品、牦牛肉和藏香猪系列肉制品、高原特色乳制品等，各类特色农牧产品以独特的风味和良好的品质享誉区内外，市场前景广阔，主要农产品产量如图2-16所示。全区粮食产量于2015年突破百万吨大关，连续6年稳定在100万吨以上，2020年产量达103万吨，比1951年增长了5.72倍；蔬菜产量84.34万吨，是1985年有统计数据以来的14倍；肉奶产量76.96万吨，是1978年有统计数据以来的5.48倍，肉奶人均占有量大幅高出全国平均水平。2020年第一产业增加值150.65亿元，比1951年增长了118.56亿元。2020年，全区农牧业科技进步贡献率达到55.9%。青稞良种覆盖率达到90%以上，畜禽良种化率达到35.9%，青稞单产水平、牲畜平均单体产量均达到历史新高。农作物耕种收综合机械率达到65%。累计建成高标准农田超过220万亩。设施蔬菜面积达到5.77万亩，品种超过120种。全区农牧区生态环境得到有效改善，全区天然草原综合植被盖度处于近年来最好水平，农村户用卫生厕所普及率显著提升，农村生活垃圾和污水得到有效治理，农牧民良好卫生生活习惯

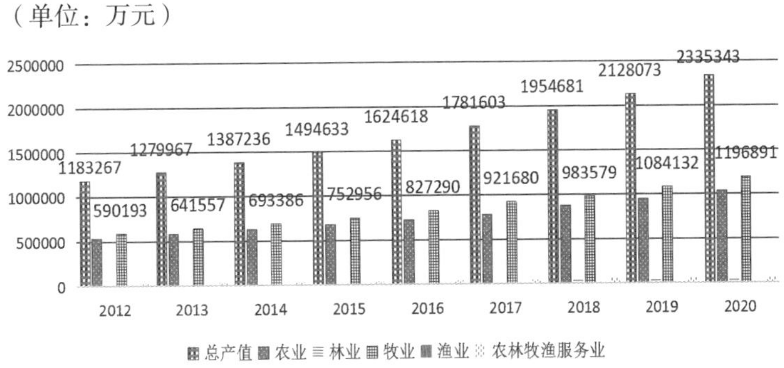

图 2-15　2012—2020 年农林牧渔业总产值

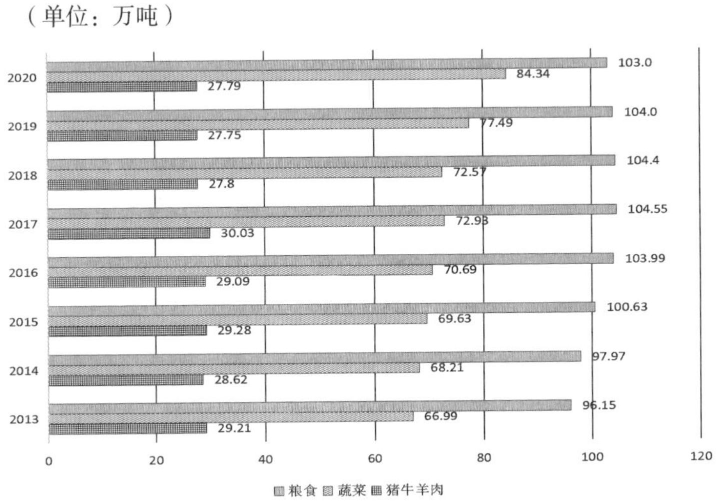

图 2-16　2013—2020 年主要农产品产量

逐步养成。农村土地承包经营权确权登记颁证工作顺利完成，颁证率达 99.62%，得到了群众的拥护和认可。全区累计实施产业扶贫项目 3055 个，落实各类产业扶贫资金 464.5 亿元，产业扶贫成果惠及 85% 以上的建档立卡贫困群众。

交通基础设施建设投资创历史新高。国家及自治区加大对西藏交通的投资力度，基础设施建设投资成倍增长。固定资产投资增长速度如图 2-17 所示，2013—2020 年，固定资产投资增长 2.3 倍，年均增长 16.0%。“十二五”时期，全区累计完成综合交通基础设施建设投资 847 亿元，其中公路完成投资 679.4 亿元，铁路完成投资 160.4 亿元，民航完成投资 7.2 亿元。“十三五”时期，西藏累计完成交通运输固定资产投资 2516 亿元，超计划完成投资 128 亿元，为西藏自治区“十三五”规划目标的 105%，是“十二五”期间 680 亿元的 3.7 倍。开通客运班线 443 条，实现具备条件的乡镇、建制村全部通客车，全区 7 市（地）公交车运营全覆盖，累计完成客运量达 4370 万人次，货运量 13239 万吨。

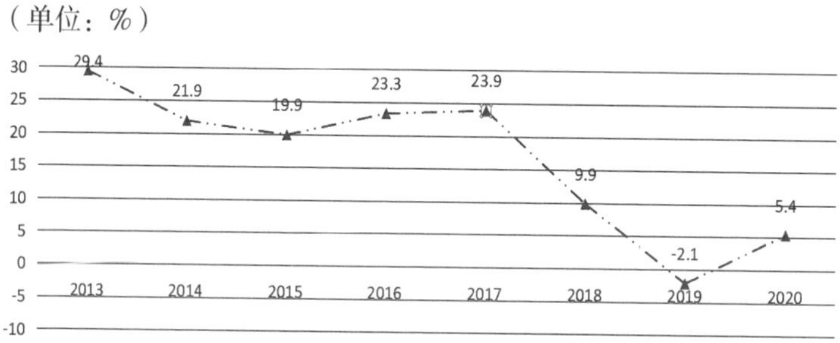

图 2-17　2013—2020 年全社会固定资产投资增长速度

交通运输能力不断增强。西藏大力推进综合交通基础设施建设，初步形成了由铁路、公路、民航、邮政构成的综合交通运输网络。综合交通运输网络初步形成，系统供给能力稳步提升。2012—2020 年，公路通车里程从 6.52 万公里增加到 11.88 万公里，增长 82.3%，年均增长 7.8%。铁路营业里程从 531 公里增加到 786 公里，增长 48.0%，年均增长 5.0%。实现主电网全区覆盖。行政村光纤通达率 99.2%，4G 通达率 98.8%，5G 信号已覆盖 7 市（地）所在地，100 兆以上固定宽带接入用户占比达到 88.6%。“十二五”时期，

图 2-18　拉林高等级公路

建成拉萨至日喀则铁路，开工建设拉萨至林芝铁路，到“十二五”末，西藏境内铁路总里程达 954 公里，路网密度达到 7.93 公里 / 万平方公里，均为国铁 I 级单线内燃铁路，全区公路通车总里程达到 7.8 万公里，较“十一五”末增加 1.7 万公里；次高级以上路面达到 1.1 万公里，占公路总里程的 15.5%，较“十一五”末增加了 3512 公里；等级以上公路达到 5.7 万公里，是“十一五”末的 1.6 倍。实现 690 个乡镇、5408 个建制村通公路，通达率分别为 99.7% 和 99.2%；500 个乡镇和 1811 个建制村实现通畅，通畅率分别为 72.25% 和 33.21%；到“十二五”末，民航共开辟了 63 条航线，较“十一五”末增加了 44 条；通航达 40 个城市，较“十一五”末增加了 24 个，基本覆盖国内主要城市，航线网络更加完善。完成了农牧区“乡乡通邮”工程，实现 692 个乡镇邮政网点全覆盖，行政村通邮率达 90% 以上。“快递下乡”工程快速推进，目前共有 20 家品牌快递企业，经营网点增至 174 个，覆盖全区 7 个地市、15 个县。“十三五”期间新增里程 3.83 万公里，高等级公路总里程由 2015 年底的 37 公里增加到 688 公里，乡镇、建制村通达率分别达 100% 和 99.96%，通畅率分别提升至 94.1% 和 74.8%。

客货运输能力明显提升。在道路货运业发展方面，全区已建成道路运输货运站 13 个，其中一级 1 个、二级 2 个、三级 10 个；全区共有道路货物运输经营业户 35766 户，危险货物运输经营业户 36 户，其中货运车辆 48482 台、危货车辆 1118 台。“十二五”期间全区客运量、旅客周转量、货运量、货物周转量分别达到 1490 万人次、347013 万人公里、1973 万吨、906366 万吨公里，拥有营运车辆 50081 辆，比“十一五”末增长 107.63%，其中客运车辆 5174 辆，货运车辆 44907 辆，分别增长 8.85% 和 131.87%，客运班线从“十一五”末的 340 条发展到 405 条，其中农村班线 189 条，乡镇客运班线覆盖率达到 60.46%，拉萨市基本实现中心城区公共交通站点 500 米覆盖，万人公共交通车辆拥有量达到 12 标台以上，车辆总数达到 480 辆，民航持续加大对新技术、新设备、新管理方式的引进和创新，在空管新技术、信息化水平、机场运营保障等方面均取得了较好的成绩，执飞西藏航线的航空公司有 8 家，开通航线 63 条，通航 40 个城市。2015 年，全区邮政行业业务总量达 2.6 亿元，年寄递包裹 21.94 万件，函件 216 万件，快递 578.2 万件，报纸 10053.5 万份。共有城市投递线路 155 条，乡邮邮路 1704 条，单程总长度近 2 万公里，行政村通邮率 95.5%。“十三五”以来西藏交通运输部门还大力促进道路货运降本增效、健康稳定发展，实行货运车辆“两检合一”、综检联网，开展无车承运人试点工作，实施普货车辆网上年审等，累计完成客运量4483.26万人次，客运周转量 119.02 亿人公里，完成货运量 1.42 亿吨，货运周转量 535.95 亿吨公里。

信息通信水平快速提升。“十二五”期间，自治区电子政务（一期）工程实施，自治区电子商务工程进入全面实施阶段，建设了农村综合信息服务站3000个站点，开发搭建了服务网络平台及手机APP，培训了3000名农村信息员；两化融合管理体系贯标工作稳步推进，西藏华泰龙、高原之宝两家公司国家级两化融合管理体系贯标前期工作完成；大力培育本地电子信息行业企业，共有4家企业获得国家计算机信息系统集成资质，其中一家获得三级资质；1家企业获得信息系统工程监理乙级资质。“十三五”期间，建立“一网一云一中心”全区一体化政务信息化体系，实现上联国家、下通乡镇、横向覆盖各部门的电子政务外网“一张网”；建成自治区电子政务（一期）工程项目，搭建自治区统一基础云平台和大数据运营控制中心，西藏政务数据“云、网、端”大融合取得历史性突破；搭建自治区“互联网＋政务服务”平台，网上政务服务事项可办率实现“9070”目标；与全国同步推进5G网络建设，建成5G基站5173个，实现7地市所在地覆盖5G网络，医疗、旅游、工业、社区等开展试点5G行业应用；积极推进5G试点应用，智慧医疗覆盖全区县级以上医院，数字校园覆盖义务教育阶段学校，“金”字系列工程陆续投入运行，政府治理能力现代化水平显著提升，全区信息化指数从2015年的63.3增长到2020年的75.8，年均增速列全国第一；信息技术与实体经济深度融合，两化融合指数达到42.3，较“十二五”时期增长率达41%；2020年全年邮政业务总量4.99亿元，比上年增长4.1%；全区快递服务企业业务量1138.97万件，增长30.3%。其中快递业务收入3.53亿元，增长22.1%；全年电信业务总量428.8亿元，增长43.0%。建设通信光缆总长度达24.77万公里。截至2020年末，电话用户总数397.66万户。其中，固定电话用户75.74万户，移动电话用户321.92万户。移动电话用户本年新增 0.47 万户，移动电话普及率达 91.62 部 / 百人，全区电话用户数如图 2-19 所示。固定互联网宽带接入用户 96.33 万户，比上年增加 4.92 万户。固定宽带家庭普及率达 85.29 部 / 百户。其中，固定互联网光纤宽带接入用户 93.06 万户，增加 5.86 万户。移动互联网用户 279.11 万户，增加 11.77 万户。全年移动互联网接入流量 56444.15 万 GB，比上年增长 64.2%。农村地区宽带用户 24.75 万户，比上年增加 8.6 万户。全区行政村光纤宽带覆盖率达 99%。

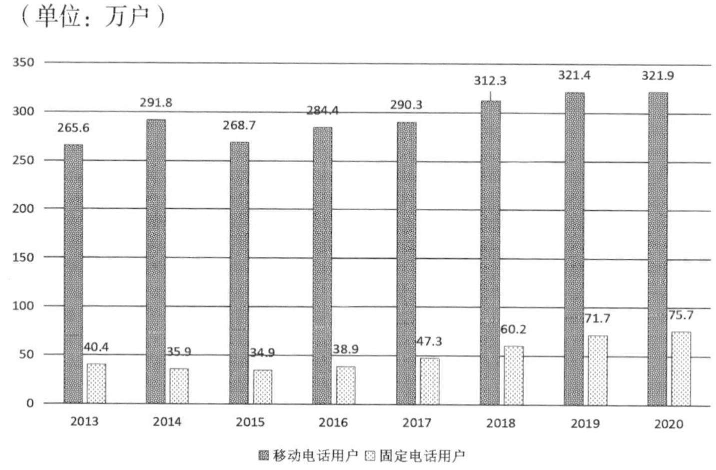

图 2-19　2013—2020 年电话用户数

能源供给能力不断增强。党的十八大以来，西藏自治区以“坚持开发利用当地能源资源和外地输入优质能源并举，形成以水电为主，油、气和可再生能源互补的可持续发展综合能源体系”为主线，加大中央财政投资力度，不断加强能源基础设施建设，持续改善民生用能条件，初步形成了以清洁能源为主的能源生产供给体系。“十二五”期间，自治区能源供需实现阶段性平衡，能源消费保持快速增长，能源供应能力显著增强，能源消费结构逐步优化，2015年商品能源消费总量达到345万吨标煤，较2010年增长75%，年均增长11.8%；全区发电量达到45.8亿千瓦时，年均增长17.4%；全社会用电量48亿千瓦时，年均增长18.5%；一次能源电力占商品能源消费总量的42.6%，提高10.7个百分点；清洁能源消费比重达43.3%，较2010年提高约11.4个百分点。到2015年底，主电网覆盖范围由2010年的32个县（区）扩大到58个县（区），供电人口由163.7万人增加到2016年的218万人，覆盖人口较2010年增长33.2%。2015年末，电网供电乡、村、人口覆盖率分别达77.5%、74.9%和83.8%，分别较2010年提高14.4%、12.8%和17.1%；初步实现用电人口全覆盖。“十二五”时期农村用电量年均增长速度高于全社会用电量增速，2014年农村地区人均居民生活用电达到175千瓦时，较2010年提高2.2倍，“十二五”时期年均增速22%，高于全社会用电量增速10个百分点。截至2020

图2-20　清洁能源风力发电

年底，全区电力总装机容量达423万千瓦，清洁能源已达到发电装机容量的89.09%。2015年至2020年底，西藏累计外送清洁电力65亿千瓦时，在减少二氧化碳排放的同时，正把高原资源优势转化为经济优势。

——居民收入迅速增长，生活质量显著改善

党的十八大以来，在自治区党委、政府的坚强领导下，西藏全区上下深入贯彻落实科学发展观和中央第六次、第七次西藏工作座谈会精神，着力保障和改善民生，继续坚持改革、发展、稳定作为一切工作的出发点和落脚点，使西藏城镇居民收入稳步增长，城乡居民实现了从难得温饱到全面温饱迈向小康生活的历史性跨越，人民生活水平和生活质量发生了翻天覆地的变化，西藏城镇居民收入增速连续6年排名全国第一。2012—2020年，西藏城镇居民人均可支配收入由18363元增加至41156元，累计增加22793元，年均增长10.6%，高于全国2.9个百分点，具体如图2-21所示。城镇居

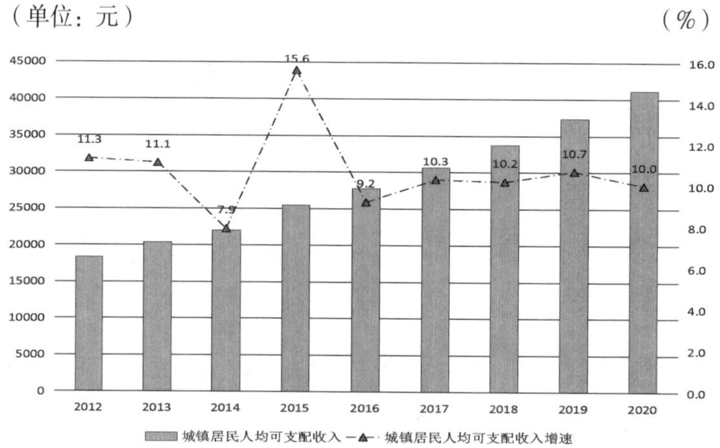

图2-21　2012—2020年城镇居民人均可支配收入与增速

民收入位次快速提升，连续超越 18 个省份，由 2012 年的第 29 位提升至 2020 年的第 11 位。西藏城镇居民人均可支配收入占全国的比重由 2012 年的 76.1% 提高至 2020 年的 93.9%，上升了 17.8 个百分点。2015—2020 年，西藏城镇居民收入增速连续 6 年居全国第一位。

西藏农村居民收入增速连续 6 年排名全国第一。2012—2020 年，西藏农村居民人均可支配收入由 5698 元增加至 14598 元，累计增加 8900 元，年均增长 12.5%，高于全国 3.1 个百分点，具体如图 2-22 所示。农村居民收入位次稳步提升，连续超越 5 个省份，由 2012 年的第 28 位提升至 2020 年的第 23 位。西藏农村居民人均可支配收入占全国的比重由 2012 年的 67.9% 提高至 2020 年的 85.2%，上升 17.3 个百分点。2015—2020 年，西藏农村居民收入增速连续 6 年居全国第一位。

西藏全体居民收入增速连续 6 年排名全国第一。2012—2020 年，西藏全体居民人均可支配收入由 8568 元增加至 21744 元，累计增加 13176 元，年均增长 12.3%，高于全国 3.6 个百分点，具体如图

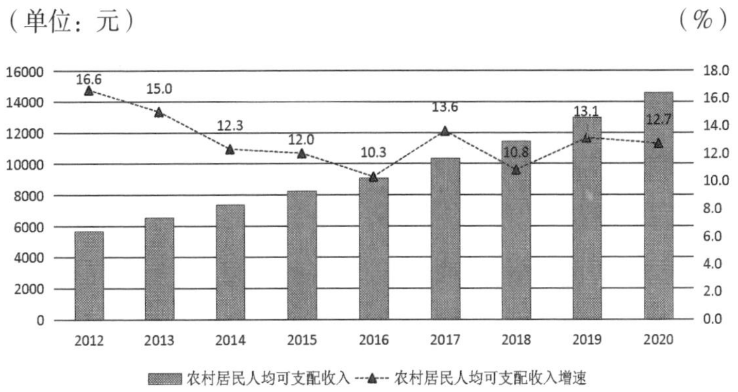

图 2-22　2012—2020 年农村居民人均可支配收入与增速

2-23 所示。西藏全体居民人均可支配收入占全国比重由 2012 年的 51.9% 提高至 2020 年的 67.6%，上升 15.7 个百分点。2015—2020 年，西藏全体居民收入增速连续 6 年居全国第一位。

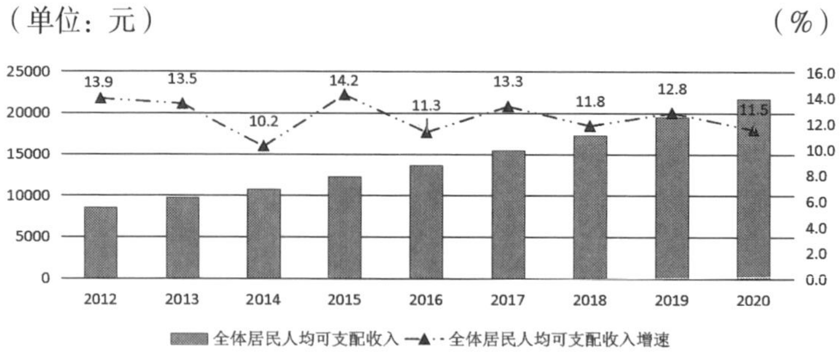

图 2-23　2012—2020 年全体居民人均可支配收入与增速

新冠肺炎疫情发生以来，西藏居民收入增长显著快于全国。2021 年上半年，西藏全体居民人均可支配收入 9639 元，比上年同期增长 12.8%，快于全国 0.2 个百分点。从两年平均增长情况看，上半年西藏全体居民人均可支配收入两年平均增长 11.2%，比全国居民快 4.2 个百分点。

西藏城乡居民收入差距持续缩小。西藏农村居民人均收入由 2012 年的 5697 元增加至 2020 年的 14598 元，城镇居民人均收入由 2012 年的 18362 元增加至 2020 年的 41156 元，如图 2-24 所示。近年来，西藏农村居民人均可支配收入增速持续快于城镇居民，如图 2-25 所示。2012—2020 年，农村居民人均可支配收入年均增长 12.5%，快于城镇居民 1.9 个百分点。2020 年，西藏城乡居民人均可支配收入之比为 2.82，比 2012 年下降了 0.4%。

西藏居民生活质量显著改善。恩格尔系数显著下降。2020 年西藏居民恩格尔系数为 36.2%，比 2013 年下降 7.3 个百分点。分

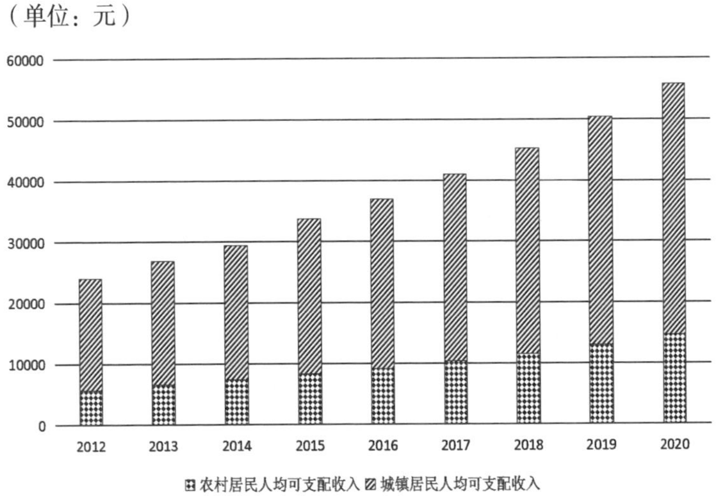

图 2-24　2012—2020 年城镇、农村居民人均可支配收入

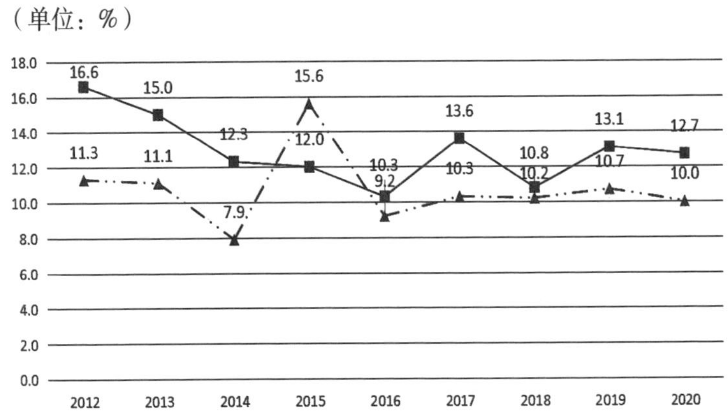

图 2-25　2012—2020 年城镇与农村居民人均可支配收入增速

城乡看，2020 年西藏城镇和农村居民的恩格尔系数分别为 34.7% 和 37.8%，分别比 2013 年下降 4.6 个和 9.8 个百分点。居民生活环境明显改善。2020 年西藏居民居住在钢筋混凝土、砖混材料、砖瓦砖木结构住房的户比重分别为 45.1%、24.4%、23.0%。耐用消费品拥有量明显增加。2020 年西藏居民家用汽车、洗衣机、电冰箱、

移动电话的每百户拥有量分别为 41.7 辆、86.9 台、91.6 台、244.9 部，比 2015 年分别增加 20.2 辆、26.5 台、30.1 台、59.1 部。

——对外开放纵深推进，开放水平不断提高

党的十八大以来，西藏自治区适应经济全球化新形势，实行更加积极主动的开放战略，加快构建开放型经济新体制，加快转变对外贸易和对外投资方式，坚持出口和进口、货物贸易和服务贸易、利用外资和对外投资协调发展，按照中央第六次、第七次西藏工作座谈会指明的方向，在自治区党委、政府的坚强领导下，西藏抓住开放发展的重大机遇，以国家“一带一路”为统领，立足“以口岸互联互通为基础、以开放型产业发展为核心”的总体思路，着力推进面向南亚开放重要通道建设。以拉萨为中心，以日喀则为前沿，务实打造对外面向尼泊尔等南亚国家、融入孟中印缅经济走廊，对内连接陕甘宁青经济带、川渝经济圈等区域发展带的开放开发新格局，对外开放的深度和广度进一步拓展，开放型经济活力日趋增强。

边境陆路口岸基本框架形成。和平解放以来，经过 70 多年的建设发展，西藏初步形成了以樟木、吉隆口岸为主，日屋—陈塘、普兰及亚东乃堆拉边贸通道为辅，通往印度、尼泊尔两国，面向南亚地区的边境陆路口岸基本框架。至 2014 年底，边境口岸贸易额已达 130.25 亿元，占同期全区对外贸易额的 90% 以上。到“十三五”时期，西藏自治区已构建起以边境口岸为主、航空口岸为辅的口岸布局，形成了依托区外、立足本地、面向南亚的口岸发展局面，承担着我国面向南亚开放重要通道的功能。到“十三五”末，西藏自治区共有拉萨航空口岸、樟木口岸、吉隆口岸和普兰口岸 4 个对外开放口岸，里孜口岸、日屋—陈塘和阿里机场口岸 3 个规划中的未

图 2-26　中华人民共和国普兰口岸

开放口岸，以及重要的亚东乃堆拉边贸通道和第一个海关特殊监管区域—拉萨综合保税区。2019 年，国务院批准同意对外开放里孜口岸，待中尼两国分别履行完国内程序并换文后正式开放。与此同时，中方积极加强陈塘、日屋基础设施建设，为开放口岸奠定了坚实的基础。“十三五”时期，西藏自治区口岸贸易额 156.29 亿元，其中出口 118.57 亿元，进口 37.72 亿元。监管进出口货售量 62.59 万吨，其中出口 55.65 万吨，进口 6.94 万吨。2016—2019 年，口岸贸易额由 44.48 亿元增加到 52.02 亿元。同期全区口岸监管进出口货运量由 10.8 万吨增加至 21.98 万吨，其中出口由 10.64 万吨增加至 15.9 万吨，进口由 0.16 万吨增加至 6.08 万吨。出入境人员保持平稳增长，由 2016 年的 25.86 万人次增加至 27.49 万人次。

进出口贸易由量的扩张转向质的提升。以国家“一带一路”为统领，西藏立足“以口岸互联互通为基础、以开放型产业发展为核心”的总体思路，并加强制度研究与顶层设计，通过“政府 + 金融机构 + 智库”合作模式，完成相关规划的研究工作。同时，积极复制推广区外发展经验，推进国家级经济技术开发区、综合保税区、边境经济合作区建设工作，努力打造法治化、便利化营商环境。在国家部委指导帮助下，建立健全多双边对话平台，加强西藏与尼泊尔等南亚国家的政策对接。2016 年，西藏进出口贸易总额为 51.7 亿元人民币，较 2015 年降幅收窄 51 个百分点，呈回稳向好态势。2019 年，全区货物进出口总额 48.76 亿元，比上年增长 2.6%。其中，出口 37.45 亿元，增长 31.1%；进口 11.3 亿元，下降 40.4%。2020 年全区进出口总额 21.32 亿元，其中出口总额 12.94 亿元，进口总额 8.39 亿元。2012—2020 年全区进出口贸易总额如图 2-27 所示。

（单位：万元）

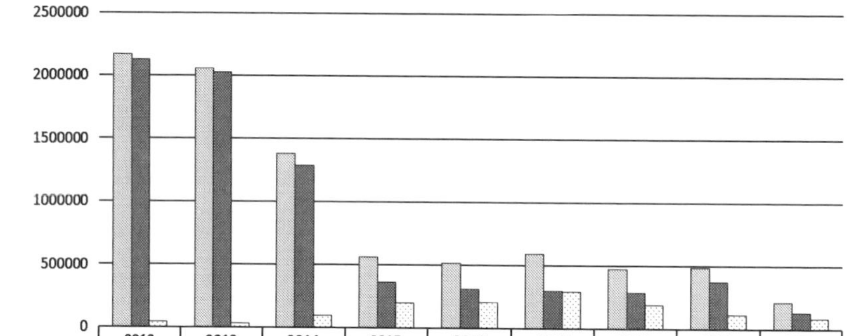

	2012	2013	2014	2015	2016	2017	2018	2019	2020
进出口总额	2167236	2055765	1384815	565535	516742	591919	475188	487558	213286
出口总额	2123587	2024588	1290039	362364	312369	298473	285698	374534	129364
进口总额	43649	31177	94776	203171	204373	293446	189490	113024	83922

图 2-27　2012—2020 年进出口贸易总额

在进出口贸易中，2019 年边境小额贸易 29.33 亿元，比上年增长 21.6%。其中，出口 29.01 亿元，增长 21.6%；进口 0.33 亿元，增长 20%。2020 年，西藏自治区与 65 个国家或地区有贸易往来，前三大贸易伙伴是尼泊尔、美国、俄罗斯。其中，对尼泊尔贸易额 10.61 亿元，比上年下降 66.5%，占全区进出口总额的 49.7%；对美国贸易额 2.54 亿元，增长 44.3%；对俄罗斯贸易额 1.32 亿元，增长 9.66 倍。全年货物贸易进出口总额 21.33 亿元，比上年下降 56.3%。其中，出口 12.94 亿元，下降 65.5%；进口 8.39 亿元，下降 25.7%。一般贸易进出口 11.01 亿元，下降 35.4%。其中，出口 2.87 亿元，下降 62.2%；进口 8.14 亿元，下降 13.9%。边境小额贸易进出口 9.67 亿元，下降 67%。其中，出口 9.65 亿元，下降 66.7%；进口 0.02 亿元，下降 95.1%，具体如图 2-28 所示。

（单位：万元）

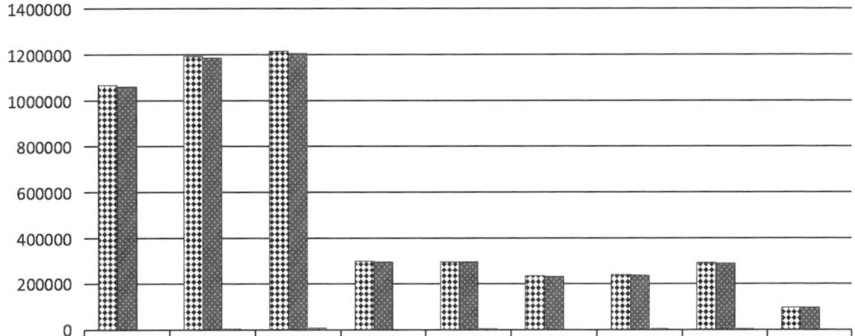

	2012	2013	2014	2015	2016	2017	2018	2019	2020
进出口总额	1067475	1191504	1217439	302351	298644	233806	241206	293321	96677
出口总额	1061721	1185354	1206826	299042	296058	231661	238486	290057	96518
进口总额	5754	6150	10613	3309	2586	2145	2720	3264	159

图 2-28　2012—2020 年边境小额进出口贸易总额

双向投资达到新水平。自 2018 年西藏召开全区第一次招商引资大会以来，西藏各地携手援藏工作队，提升招商引资的力度与速度，及时打通项目落地“最后一公里”。2018 年 9 月，第四届“中国西藏旅游文化国际博览会”（简称“藏博会”）期间，签约招商引资项目 108 个，总投资 540 亿元；2019 年 8 月，拉萨雪顿节招商引资推介会正式签约项目 31 个，总投资 143 亿元；2020 年 9 月，西藏招商引资推介会在四川省成都市举行，签约 12 个项目，总投资

46 亿元；自 2019 年 7 月进藏以来，山东第九批援藏工作队已引进招商引资项目 40 个，实际到位资金 13.8 亿元。2020 年，西藏努力构建“双循环”新发展格局，涉外经济稳步发展，其中，外商对西藏实际投资额 4214 万美元，同比增长近 40%，呈现多点开花、量质齐升的特点，2012—2020 年西藏实际吸收外资数如表 2-4 所示。根据对外商投资企业分类抽样调查显示，外商普遍表示看好中国未来经济发展，对西藏营商环境充满信心。随着改革开放不断深入发展，西藏企业加快了“走出去”战略实施步伐，海外市场占有率不断提高，投资规模和范围日益扩大。西藏对外直接投资导致产业结构优化，为经济健康发展奠定了坚实基础。2012 年，欧债危机影响不断蔓延和扩大，国际市场风险系数陡然升高，在这种复杂经济发展形势下，2014 年，西藏地区企业对外直接投资依然攀升到了历史高位 142.3 亿美元，同比上年增长 18.3% 。2014 年，西藏企业对外直接投资产业新增加科学研究、技术服务和地质勘探，总

表 2-4 2012—2020 年西藏实际吸收外资数

年份	新增企业（个）	实际吸收外资金额（万美元）
2012	4	17392
2013	10	0
2014	5	0
2015	3	0
2016	7	0
2017	11	10066
2018	10	5718
2019	17	2541
2020	6	2879

投资额约 1.8 亿美元；其中建筑工程领域 10.5 亿美元，比上年增长 97%；农、林、牧、渔业 5.6 亿美元，比上年增长 83.1%；金融业 51.4 亿美元，比上年增长 65.8%；互联网技术和信息业 6.2 亿美元，比上年增长 59.8%；零售业 31.1 亿美元，比上年增长 26.5%。

开展国际产能合作。“一带一路”为西藏带来对外经贸发展的机遇，通道建设促进经贸便利化并优化政策环境，将带动西藏对尼泊尔等国的边境贸易，引导和鼓励西藏企业“引进来”“走出去”。西藏积极开展农牧业、制造业、航空运输等领域的国际产能和装备制造合作，推动与尼泊尔等国共同发展、互惠共赢。同时，提升拉萨、昌都等经济技术开发区发展水平，吸收外资带动产业高质量发展。启动“中尼友谊工业园”、“尼泊尔·中国西藏文化产业园”、喜马拉雅航空等一批重点经贸合作项目。

深化西藏与周边国家友谊。“一带一路”建设中，西藏努力促

图 2-29 “2019·中国西藏发展论坛”现场

进民心相通，加快落实我国政府对外宣布的援助举措，扎实推进尼泊尔北部山区学校建设，组织实施援建尼泊尔巴拉维、拉特纳两所中学，为尼学生提供良好的学习环境。同时，为尼泊尔北部地区提供更多生产、生活物资援助，支持当地加快灾后重建进程。在民生领域与尼泊尔等国开展更多务实合作项目，加深双边传统友谊。

加强多双边合作机制建设。提升“西藏国际旅游文化博览会”“中国西藏—尼泊尔经贸洽谈会”等展洽会的国际化程度，邀请尼泊尔等国赴藏参展。2016 年第三届藏博会期间，尼方有 50 多家企业 220 余名商人赴拉萨参展，取得了较好的经济、社会效益。依托中国西藏—尼泊尔经贸协调委员会机制，西藏与尼泊尔就合作建设“一带一路”有关事宜充分沟通，并积极参加国家层面的对外经贸交流与磋商机制。

（二）文化更加繁荣兴盛

党的十八大以来，以习近平同志为核心的党中央励精图治、革故鼎新，带领全党全国各族人民攻坚克难、砥砺奋进，开创了中国特色社会主义新时代，历经沧桑的中华民族前所未有接近实现伟大复兴的梦想，社会主义的中国前所未有走近世界舞台的中央。五千年文脉绵延不绝，一百载奋斗生生不息，气势磅礴的复兴气象，积淀起前所未有的自信自强，化作中华儿女内心更深沉、更持久的力量。西藏作为中华民族大家庭中的一员，在这 120 多万平方公里的高原大地上，高原儿女在与其他民族不断交流和相互吸收与促进中创造和发展了具有特色的灿烂文化。

图 2-30 《文成公主》大型实景剧

“文化兴国运兴，文化强民族强”。在党中央、国务院的高度重视和亲切关怀下，在区党委、政府的坚强领导下，全区各级文化部门和广大文化工作者始终围绕党和政府中心工作、服从服务于全区稳定和发展大局，紧紧围绕社会稳定和长治久安的总目标，坚持马克思主义的指导地位，坚持社会主义先进文化的前进方向，把培育和践行社会主义核心价值观作为根本任务，坚持以人民为中心的工作导向发展文化事业。不断加强对文化工作的领导，开创了西藏文化建设的新局面。围绕“建设重要的中华民族特色文化保护地”的战略目标，从推进西藏跨越式发展和长治久安的战略高度，聚焦“举旗帜、聚民心、育新人、兴文化、展形象”的使命任务，积极构建“六大文化体系”，大力实施“九大文化工程”，坚定文化自信，坚持文化创新，推动文化建设迈出了新步伐，取得了新成效：全区全面推进公共文化服务体系建设，设施不断完善、服务丰富多样；全面强化文化产业发展，特色不断彰显、品牌逐步建立；全面推动文化产品创作生产，精品不断涌现、舞台多姿多彩；全面发展文化工作队伍，总量显著提升、素质不断提高；全面扩大文化交流，影响日益广泛、作用不断凸显；全面加大文化遗产保护，文脉得以传承、利用科学有效。

如今，西藏文化发展同全国同步进入新时代，文化建设迈入了全面繁荣发展的重要历史阶段，为建成重要的中华民族特色文化保护地，实现全区社会主义文化大发展大繁荣，建设文化发展强区奠定了坚实基础。处处散发着自信、开放、极富生机的文化魅力新时代的西藏，正向世界讲述精彩的西藏故事。

——明方向服大局，文化自信新篇章开启

党的十八大以来，习近平总书记高度重视宣传思想文化工作，在全国宣传思想工作会议、文艺工作座谈会、党的新闻舆论工作座谈会等系列重要会议上多次发表相关讲话，对加强思想文化建设提出了一系列新理念新思想新战略，构建了新时代意识形态工作的理论体系。其中，围绕文化自信，习近平总书记作出一系列重要论述，强调坚定中国特色社会主义道路自信、理论自信、制度自信，说到底是要坚定文化自信。文化自信，是更基础、更广泛、更深厚的自信，是更基本、更深沉、更持久的力量。伟大的时代呼唤伟大的精神，伟大的精神推动伟大的事业，越是面对大有可为的历史机遇，越是处于爬坡过坎的关键时期，越需要凝聚广泛的思想共识，熔铸坚实的精神支撑。

突出组织领导，全面提升核心价值体系引领。西藏自治区地理位置特殊，毗邻邻国多，文化上比较多元，西方敌对势力渗透破坏频繁，意识形态领域形势复杂严峻。西藏自治区立足“重要的中华民族特色文化保护地”的战略地位，始终保持清醒头脑，绷紧意识形态斗争这根弦，在原则问题上、大是大非上立场坚定、寸步不让、敢于斗争；坚持党管宣传、党管意识形态、党管媒体，牢牢掌

握意识形态工作的领导权管理权主动权；始终坚决筑牢意识形态的“护城河”“防火墙”，做到守土有责、守土负责、守土尽责，着力守好意识形态安全的“大门”；始终紧扣建设“文化强区”的战略目标，进一步将文化自信置于前所未有的高度，坚定文化自信，增强文化自觉，不断开创全区文化发展新局面，为民族复兴凝聚更基本、更深沉、更持久的力量。全区宣传思想文化战线始终把深入学习宣传贯彻习近平总书记系列重要讲话精神和关于治边稳藏的重要论述作为理论武装的重中之重，用科学理论武装头脑，用共同理想凝聚人心，理论武装步步紧跟、讲求实效，理论宣传春风化雨、润物无声。近年来，全区组织举办系列研讨班、培训班，各类宣传宣讲、研究阐释，推动学习宣传步步深入、全面覆盖；扎实开展“两学一做”“不忘初心、牢记使命”、党史学习教育和政法队伍教育整顿，延伸开展“四讲四爱”“三更”等教育活动；通过专家学者

图 2-31　拉萨市民在宗角禄康公园跳锅庄舞

讲理论、党员干部讲政策、农牧民群众讲身边事的方式，全区立体宣讲体系逐步形成。每年党组理论学习中心组集体学习 15 次以上，系统各级党组织年均开展理论学习超 400 余次。由专家、学者、农牧民组成的各宣讲团累计宣讲 7.8 万余场，受众 1280 万余人次。形成了全方位、多层次、多声部传播党的创新理论的舆论矩阵，让习近平新时代中国特色社会主义思想“天天见”“天天新”“天天深”，让习近平新时代中国特色社会主义思想成为西藏最嘹亮的主旋律、最昂扬的精气神。

强化导向引领，政策机制保障奏凯歌。在全面深化改革的整体战略布局之下，党中央将文化建设纳入“五位一体”总体布局和“四个全面”战略布局进行谋划部署。在党的十八届三中全会上提出“以激发全民族文化创造活力为中心环节”，之后颁发了《关于加快发展对外文化贸易的意见》《关于深入推进文化金融合作的意见》《关于繁荣发展社会主义文艺的意见》等一系列文化建设文件。西藏自治区认真学习贯彻中央和自治区关于文化建设的一系列新部署新要求，制定并执行西藏自治区的文化发展规划。制定《贯彻落实〈中共中央关于深化文化体制改革推动社会主义文化大发展大繁荣若干重大问题的决定〉的实施意见》，统筹协调，攻坚克难，确定了全面实施深化文化体制改革战略任务。编制《西藏自治区“十二五”时期文化发展规划》《西藏自治区“十三五”时期文化产业发展规划》等系列专项；出台《西藏自治区贯彻落实〈关于加快构建现代公共文化服务体系的意见〉的实施意见》《关于做好政府向社会力量购买公共文化服务实施意见》《文化金融合作的实施意见》《西藏自治区文化产业示范基地评选命名管理（暂行）办法》《西藏自治区县级民间艺术团公益性演出场次补贴管理暂行办法》等10余个指导性政策文件。《西藏自治区人民政府办公厅关于大力推进文化与旅游深度融合加快发展特色文化产业的意见》的颁布，更是把文化发展放到全区经济社会发展的总体布局中考虑，提出把文化产业建设成为全区支柱产业的总体目标。这些政策措施为全区文化发展奠定了坚实有力的法制和政策保障，为公共文化服务体系建设提供了重要遵循。

坚持双效统一，突出舆论导向唱响主旋律。意识形态工作平稳向好，主流思想舆论不断壮大。正面宣传高亢有力，广泛集聚起推进西藏长足发展和长治久安的强大正能量。党的十八大以来，新华社、《人民日报》、中央电视台等中央媒体累计刊播正面宣传西藏的各类稿件18万余篇（条、幅、次）。西藏日报社建设形成了“七报一刊一网”的传媒体系，下辖的新兴子媒体多达19个。重大主题报道浓墨重彩、出新出彩，自治区主要媒体策划组织开展“砥砺奋进的五年”等重大主题报道，形成正面舆论强大声势。坚持典型引路，“七一”勋章获得者卓嘎、时代楷模郭毅力等重大典型、“最美人物”系列典型、古桑旦增、珠勤、扎西顿珠、索朗多布杰、次央等一批爱党爱国、创新创业、固边富民优秀典型等引领社会风尚，形成时时见典型、处处见典型的良好舆论环境。站在新的历史起点上，全区思想文化战线将继续坚定文化自信，增强文化担当，以不变的初心记录时代变迁、历史足迹，见证城市前行、社会巨变，讴歌人民奋斗精神、实干气质，开创西藏思想文化事业发展新局面。一个充满文化自信和文化魅力的新西藏，正阔步而来。

——夯基础保民生，公共文化服务体系日臻完善

在各级党委、政府的重视和领导下，文化体制改革进一步深

化，公共财政对文化建设的支持日益增强，公共文化服务体系财政投入力度规模空前，极大解放和发展了文化生产力。自治区各项文化事业从无到有，公共文化服务设施从短缺到完善，覆盖城乡的公共文化服务网络初步建立，公共文化服务能力和均等化水平逐渐提高，公共文化服务体系日臻完善，群众文化生活由单一到丰富。这些无不展现全区基层公共文化服务体系日臻完善，各项文化事业在全面进步，欣欣向荣。

多管齐下，文化体系日臻完善。“文化是公共服务之魂”，文化惠民是保障和改善民生的重要内容，是民生幸福的重要标志。党的十八大以来，西藏自治区始终坚持文化为民思想，以充分保障各族人民群众的文化权益为前提，以为群众提供丰富的精神食粮为出发点，以建立健全公共文化服务体系为着力点，不断完善公共文化服务体系建设，在建设发展好城市公共文化设施的同时，还将资金和项目更多地向农牧区倾斜，加大农牧区公共文化设施建设力度。城乡公共文化服务投入的不断加大，使得群众性文化活动日益丰富，高质量文艺作品不断涌现，现代传媒体系获得长足发展，各类文艺人才队伍日渐壮大，全区现代公共文化服务体系建设迈上了新台阶。在公共文化服务供给模式上大胆创新，政府购买面向基层群众的文化产品和文化服务力度的加大，更使得广大群众的获得感、幸福感、安全感显著增强，也更加坚定了感党恩、听党话、跟党走的信心和决心。自治区成立了以人民政府分管领导为组长，宣传、发改、财政、文化、新闻出版广电、体育等 20 个相关部门负责人为成员的公共文化服务体系建设协调小组，建立了自治区公共文化服务体系建设专家库。同时，加大相关资金投入力度，每年安排免费开放、资源建设、设备配备等专项资金总量超过 1 亿元。

图 2-32　西藏自治区图书馆一瞥

2012 年，全区文化体育与传媒财政支出总计 24.18 亿元，到 2020 年已达 59.43 亿元，为推动公共文化事业发展提供了有力的资金保障。公共文化建设资金得到有力保障，现已建立起了以区市大型公共文化设施为骨干、县乡文化设施为基础、城市社区和村文化设施为依托的自治区、市、县、乡、村五级城乡公共文化服务网络，标志着全区“四级五有”公共文化设施建设全面完成。经过近年的发展，截至 2020 年末，全区共有公共图书馆 81 个、博物馆 8 个、文化馆 74 个、文化站 697 个，人均体育场地面积 1.6 平方米，公共图书馆图书藏量 249.14 万册，建成基层综合文化服务中心 19802 个，覆盖率达 97%，其中国家一级图书馆、文化馆、博物馆的总数均居全国前列。8 个国家级文化保护利用项目相继竣工，74 个县（区）流动文化车、流动图书车和 30 辆流动舞台车全部配发到位。拉萨市、山南市、林芝市国家公共文化服务体系示范区成功创建。11 个地市级图书馆、群艺馆、民族艺术团公共文化设施，810 个村综合性文化服务中心示范工程建设完成。建成文化广场 1600 多个。

补充更新7251个农家书屋和寺庙书屋图书以及1000多个卫星数字书屋，农家书屋与市图书馆搭建设立流动书库，每年选择90家农家书屋进行轮换，开展图书双向流动服务，让图书活起来。西藏自治区彻底实现了“县县有民间艺术团和综合文化活动中心，乡乡有综合文化活动场所，村村有农家书屋、演出队，边境行政村有文化活动室”的建设目标。大力发展公共数字文化，建成了文化信息资源共享工程自治区分中心，7个地市支中心，74个县支中心，692个乡镇基层点，5300多个村基层点及1276个农村数字文化驿站建设项目。地方特色资源和红色文化数字资源达50余部9.33TB，外购资源2950余部20TB，少数民族语言译制数字资源达4169小时。手机可访问资源期刊3600余种，图书60余万册，语音听书资源1000余小时。推送公共数字资源4.6TB（音视频超过4000小时），资源年访问量超200万人次。

夯实根基，文化服务基础设施提升效能。持续推进文化惠民工程，公共文化服务基础设施也日趋完善。2012年全区农牧区移动互联网覆盖率才65%，村村通电话、乡乡通宽带，广播电视人口综合覆盖率分别为93.38%和94.51%，只有41.27万农牧户实现“户户通”、1787座寺庙实现“寺寺通”。截至2020年，全区共有广播电视台76座，广播电视节目综合人口覆盖率均达99%以上，广播、电视综合覆盖率均达100%，藏语卫视在印度、尼泊尔、不丹落地，向世界展现新西藏。通过直播卫星接收设备，农牧区的农牧民能够收听收看到40—70多套数字广播电视节目。以光缆、卫星为主的现代通讯网络体系将西藏带入信息快速路，光纤宽带通达率为99%，全区户均移动互联网接入流量(DOU)超过19G/户/月，居全中国第一。移动电话基站数超过6万个，5G终端用户数达 108 万户。农村电影放映惠民工程成效显著，为广大农村群众送去了丰富的精神食粮。7058 个公共文化设施，1600 余个文化广场，公益文化设施免费开放，所提供的基本服务项目也全部免费，依托这些文化设施，文化服务供给机制明显创新和改进。

——重特色广弘扬，特色文化产业融合发展

全面推进西藏文化产业发展，进一步完善特色文化产业融合发展，做大做强以创意内容为核心的文化服务业，坚持特色化、差异化推动文化高质量发展，培育新型文化业态和文化消费模式，发展各具特色的文化产业，着力构建结构合理、门类齐全、竞争力强的特色文化产业体系，发展壮大文化事业文化产业，以高质量文化供给增强人们的文化获得感、幸福感。促进文化产业与旅游、体育、建筑、民族手工业等融合发展，厚植各类产业产品中的藏文化元素。支持现代科技应用，实施“互联网 + 藏文化”工程，加快推进传统文化产业创新，加强文化产品创意设计和数字制作，创作生产“特”“新”“优”文化产品，培育动漫、游戏、网络文化等新兴文化业态。培育文化市场主体，深化文化体制改革，促进文化企业投资主体多元化，建立健全文化产业行业组织，发展壮大文化龙头企业。扩大和引导文化消费，挖掘节假日和节庆活动文化内涵，精心培育新的文化消费形态。加大文化产业“走出去”力度，建立特色文化产品品牌认证和发布机制，完善特色文化产品营销体系，鼓励区内文化企事业单位与内地大型文化企业开展合作，拓宽全区特色文化产品市场。完善文化产业基础设施，优化文化产业布局，积极推动藏羌彝文化产业走廊建设。

产业融合拓空间，增加文化产业动能。着力推进文化事业发展，

提升产业融合空间，增加文化产业动能。大力弘扬中华优秀传统文化，推动各民族文化传承保护和创新发展，不断提高各族群众科学文化素质。加快实施文化惠民工程，建强基层群众文化阵地。深入推进文化“润边”工程，广泛开展“深入生活、扎根人民”主题实践活动。大力实施群众性精神文明创建，拓展“美丽西藏、可爱家乡”优秀文化产品乡村供给工程内涵。推进文艺创新能力提升工程，年均新创高质量优秀文艺作品1000部以上、开展各类公共文化服务活动10万场次以上。着眼供给侧发力，积极适应经济发展新常态。全区在立足市场的前提下“精耕细作”，统筹谋划文化产业发展思路，相继出台一系列惠及文化产业发展的优惠政策。在文化领域“放管服”“互联网+政务服务”等改革事项全部落地，行政审批“一网通办”可办率达100%。经过不断探索和实践，文化与旅游、科技、互联网、金融等领域的“文化+”融合模式正在全区迸发出强大活

图2-33　羌舞面具制作

力，催生了一批前景好、有特色、有内涵的新型文化业态项目。作为产业融合发展的新形态，“文化＋旅游”融合发展表现十分亮眼。深化文旅融合，培育“旅游＋”新业态，发展文创产业，大力开掘深厚的旅游文化资源，不断优化旅游空间布局。形成了以拉萨国际旅游文化城市和林芝国际生态旅游区为主导的规模化旅游示范，唐蕃古道、茶马古道、中尼和新藏旅游走廊功能进一步完善；打造了精品历史文化旅游线路和旅游景区，形成“吃、住、行、游、购、娱”六大要素的旅游文化产业链，通过影视、演艺、节会等载体，丰富了旅游的文化内涵，以文化带动旅游、旅游促进文化，为西藏文化旅游产业的发展奠定了坚实的基础。积极发展文化创意、影视制作、出版发行、印刷印务、演艺娱乐、文化会展等行业，结合藏民族特色文化优势和文化资源禀赋，打造文化旅游、民族手工艺品、高原极限运动等特色文化产业，逐渐打破文化产业门类的边界，促进不同文化行业之间的不断融合，整合资源，使文化产品和服务更加多样化。以“中国西藏旅游文化国际博览会”为重要抓手，利用互联网技术，搭建对内对外开放大平台，加强与国内知名电商的合作，丰富平台内涵，线上线下相结合，打造“网络藏博会”。加强“藏博会”与雪顿节、珠峰文化节、雅砻文化节等区内各类节庆活动的衔接，在内容展示、人气聚集等方面形成合力，以积极的对外开放政策，不断提高对外开放水平。周边省市（区）合作进一步加强，吸引其他藏族地区特色产品参展，将“藏博会”打造成全国最具影响力的“藏”字头品牌展示平台，将“藏博会”打造成向南亚国家展示国内优秀产品、先进技术的重要平台。融合举办中国西藏发展论坛、藏医药论坛，对接中国西藏—尼泊尔经贸洽谈会、尼泊尔国际贸易博览会等国际经贸展洽会，积极吸引了更多国家、组织机构参与，扩大了“藏博会”国际影响力和区域带动力。完善传统工艺、技艺的认定保护机制，保护文化产品的创意设计和非物质文化遗产的知识产权，打造西藏文化产品的品牌营销推广平台，增加文化产品的附加价值。重点培育了“文创西藏”区域公用品牌，举办了“文创西藏”特色文化产业嘉年华，累计认证460件“文创西藏”区域公用品牌产品，216件已上线文化电商平台运营。启动“文创西藏1+74”特色文化产业培育工程。先后在上海、深圳、长沙、南京和尼泊尔加德满都、塔吉克斯坦杜尚别等6个国内外重点城市设立7家“西藏特色文化产业之窗”。建立了西藏特色文化产业协同创新服务中心，中心下设的西藏自治区小微文化企业创新创业服务基地入驻企业达24家。截至2020年10月底，全区共有国家、自治区、市地、区县四级文化产业示范基地（园区）262家，各类文化市场主体达7500余家，从业人员近7万人，年产值突破60亿元，年均增速保持15%以上。

多措并举齐施策，推动文化队伍建设。各类文艺人才队伍日渐壮大。西藏自治区积极贯彻落实“人才兴文”战略，大力推进基层文化队伍建设，实施“三区”人才支持计划，按照政府宏观管理、单位自主用人、人才自主择业的体制机制培养文艺人才，共落实“三区”人才支持计划文化工作者专项经费9632万元，选派文化工作者4925余名，培养文化工作者635余名，区市县培训行政村文艺演出骨干4031期次。深化人事制度改革，创新分配激励机制，完善人才管理体制和人才培养开发、评价发现、选拔任用、流动配置和激励保障机制。对于有发现、培育一批手工艺传承队伍，组织民族手工艺人积极申报国家工艺美术大师，开展自治区级工艺美术大师评选活动，并取得了显著成效。引进专项人才，委托上海、广东相关院校，以整班委培招生的形式，为自治区招录委培演职人员。全区现共有10个专业文艺团体、76个县民间艺术团，2446支乡村业余文艺队，153支民间藏戏队、藏戏传习点144个、自治区级以上代表性传承人28名，从业者近3000人。各类民间艺术团体已逾2500个，业余演员人数4万多人，县综合文化活动中心、乡镇综合文化站有专职人员5000余人。一批年轻藏族文艺工作者茁壮成长，成为全区文艺事业的生力军，他们创作的优秀文艺作品再现了西藏各族群众在推进长足发展和长治久安进程中的生动画卷，贴近时代，贴近群众，贴近生活，深刻地反映了西藏高原翻天覆地的变化，彰显时代精神、体现西藏特色，集艺术性、观赏性、思想性于一体，群众喜闻乐见，在广大人民群众中产生了良好的广泛影响。

加强交往交流，促进文化发展动力。创新对外文化交流形式，彰显独特文化魅力。西藏拥有独特的自然环境、人文景观和民风民俗，有着悠久灿烂的高原文明和底蕴丰厚的历史文化，养育出这片闻名于世的中华民族重要特色文化保护地，造就了一大批文学家、艺术家，留下了珍贵的精神文化财富。以其丰富的内涵和创新的形态，西藏文化在新时代焕发出了新的生机和活力，深刻地影响着当代西藏人民的生活和西藏现代化的发展，并以其独特的魅力吸引着国内外的目光，丰富着中华民族的多元一体文化，影响着世界文化。通过与兄弟省（区、市）日益密切的文化交流，加强与区外进行文化合作发展。大型歌舞剧《吉祥日喀则》《江孜印迹》赴上海、山东等地巡演。“山南藏源非遗馆”落户湖南长沙。湖北图书馆在山南市设立分馆。拉萨高原牦牛文化展走进南京、杭州，各地重大文化活动与援藏省市联办联展联销模式不断创新，“五个少数民族”自治区群艺馆文化交流实现常态化。部分地市、县区组织艺术团赴

图 2-34　欢快的六弦琴舞

区外进行文化展演交流，如在浙江乌镇戏剧节，一幅幅别具西藏特色的“蓝面具”戏曲在舞台上拉开帷幕。以文化为纽带，推动不同文明相惜相知，开拓了国与国之间交往的新路径。坚持融入并主动服务国家外宣大局，配合完成“外交部西藏全球推介”工作，着力打造了以“中国西藏·扎西德勒”为名的对外文化交流品牌，丰富西藏文化“走出去”“请进来”的内容和形式，积极拓展与海外的交流渠道，支持各级各类院校、社会团体和民间组织对外开展文化、艺术、宗教交流，鼓励藏学研究机构和藏学家积极参与国际藏学领域的交流合作，推动西藏文化产品走向国际市场，先后派出 30 个团（组）160 人次，赴瑞士、德国、尼日利亚、泰国、墨西哥、蒙古等多个国家和地区，邀请 10 个团（组）66 人次到西藏开展文化交流。先后在法国、新西兰、澳大利亚、新加坡举办西藏当代绘画展、唐卡展，并赴加拿大、捷克、波兰、日本等国进行文化交流。日喀则市民族艺术团连续两年应邀赴瑞士、列支敦士登和德国演出。

拍摄完成西藏藏香、西藏歌舞、西藏服饰、藏历新年4部传统文化短视频对外宣传推介西藏文化。

——出精品注活力，文艺创作日益繁荣

新时代西藏文化以铸牢中华民族共同体意识为主线，重点夯实基层文化阵地为方向，在中国特色社会主义文化发展道路上坚持守正创新，切实担负起“兴文化”的使命任务。围绕社会主义核心价值观和中国梦主题，改革和创新文艺创作机制，培养一批高素质文艺人才和文艺领军人物，大力支持国家一流艺术家创作西藏题材文艺作品，加大藏文化为主的舞台艺术、出版物、广播影视节目和数字文化等创作和供给，推出更多具有时代特色、民族特色和地域特色的文艺精品。加大“请进来”和“走出去”力度，积极推介全区优秀文艺作品，运用文艺形式充分展示全区改革开放成就和各族群众幸福生活，促进文化对外交往交流。

扎根人民，文艺创作迈向高峰。“文艺只有植根现实生活、紧跟时代潮流，才能发展繁荣；只有顺应人民意愿、反映人民关切，才能充满活力”。正如习近平总书记所指出的，人民是文艺创作的源头活水，一旦脚踩坚实的大地，艺术的热力将喷薄而出。全区文化文艺工作者坚持以人民为中心的创作导向，在积极探索“送文化下乡”的基础上，实施“种文化”“一乡一品”式的“特色文化资源+”等模式，经过广大文化文艺工作者的不懈努力，从城市到乡村，各具特色的公共文化活动已成常态。“三下乡”“四进社区”“下基层、送温暖，为农牧民拍合家照”“为灾区干部群众送温暖、献爱心”“一村一年一场戏”等一大批文化活动在全区上下如火如荼地开展，遍布城乡的“红色文艺轻骑兵”把文化服务送到了农牧民

的家门口。截至2020年，全区5492个行政村文艺演出队组建完成，各级文艺队赴基层演出15952场，文化惠民演出达8449场，累计覆盖群众约1500万人次。文化为民保障服务能力得到大幅提升，各类文化活动蓬勃开展，制约县区乡村文化惠民“最后一公里”问题得到破解，农牧区文化阵地日益巩固，让各族群众更便利地共享精神文化食粮。充分发挥社会主义文艺在营造浓厚社会氛围上的重要作用，坚持与时代同步伐、坚持以精品奉献人民、坚持用明德引领风尚的创作导向，从西藏人民维护民族团结、建设美丽家园的火热生活中汲取精神营养和创作动力，文学、美术、摄影、音乐、舞蹈、影视、书法、戏剧、曲艺、民间文艺等门类的文艺创作空前发展。在内容、题材和艺术手法上广泛开拓，掀起了以重大爱国主义题材、革命历史题材、现实题材、“中国梦”等为主题的创作热潮，累计创作剧（节）目4000余部。

守正创新，百花芬芳沁润心田。近年来，创作推出了大型主题歌舞晚会《共产党来了苦变甜》、主题晚会《喜迎十九大 哈达献北京》、大型民族歌舞《太阳的女儿》、脱贫攻坚题材藏戏《藏香情》、新编现实题材藏戏《六弦琴缘》、改革开放40周年献礼话剧《八廓街北院》、话剧《解放·解放》、民族团结主题话剧《共同家园》作为十大国家舞台艺术精品创作扶持工程重点扶持剧目之一，先后在区内外巡演38场。影视作品，电影故事片《门巴将军》《雪域丹青》《国旗阿妈》《卓玛美朵》《喜马拉雅天梯》《金珠玛米》《八万里》等，微电影《尼玛和放生羊》《索桥上的村落》《亚吉查姆》等一大批优秀佳品佳作问世。电视纪录片、专题片方面，摄制了《新西藏》《高原五彩路》《放歌西藏》《雪山架彩虹》《当家作主40年》和电视纪录片《壮美天路》《第三极》《寻访古格王国》等，以及系列专题片《阿里行》《寻访古遗迹》《藏北人家》《古格遗址》《青稞麦在歌唱》《雪域的怀念》《历史的丰碑》《藏边深处》《天地间的辉煌》等一大批优秀作品，深受国内外观众和业界的普遍好评。《天缘纳木措》获得国家奖项，边巴的《遥远的景象》被中国美术家协会收藏，自治区美术家协会韩书力、巴玛扎西等美术家的 6 幅美术作品被国家博物馆收藏。长篇小说《昨天的部落》获中国少数民族文学创作“骏马奖”，才旦卓玛获中国文联“终身成就音乐艺术家”称号，摄影作品《冰湖上的转场》获国际民俗摄影大赛金奖。电影电视译制上，每年译制完成电视剧 13000 小时以上、电影 80 部以上。电视剧译制片《回到拉萨》《西藏警察》、电影译制片《先遣连》等多部影视作品，为国内外观众，尤其是基层农牧民群众提供了思想性、艺术性、观赏性俱佳的观赏体验，大大丰富了广大人民群众的文化娱乐生活。西藏自治区将近年来打造的优秀歌舞、话剧、藏戏等制作成光盘，免费发放给基层群众，让群众载歌载舞的幸福场景随处可见。文化艺术事业迈入繁荣发展的历史新阶段。

——促繁荣增实力，文化遗产保护水平稳步提升

“古为今用、推陈出新”。以文化认同铸牢中华民族共同体意识，让活态的民族文化传下去。在习近平总书记关心部署下，《关于实施中华优秀传统文化传承发展工程的意见》颁布，第一次以中央文件形式推动延续中华文脉、传承文化基因。文化遗产从专注保护转向多元活化，坚持创造性转化、创新性发展，让文脉传承弦歌不辍、历久弥新，正是新时代中华文化滚滚向前的强大内驱力。

加强法制保障，文化遗产传承保护。西藏自治区坚持以加强文化遗产保护利用，传承中华文脉、构建精神家园为思想指导，坚持

创造性转化和创新性发展，不断赋予传统文化新的时代内涵，推动非遗、文物、古籍等优秀传统文化活态传承发展。不断加大文物保护工作力度，出台了《西藏自治区实施〈中华人民共和国非物质文化遗产法〉办法》《非物质文化遗产进校园工作的意见》《西藏自治区非物质文化遗产项目代表性传承人认定与管理办法（试行)》《西藏自治区非物质文化遗产传承发展工程实施办法》《西藏自治区传统工艺振兴计划》等多项政策持续推动重点文物维修保护项目全面启动，革命历史文物发掘工程全面推进，全区古籍面上普查工作基本完成，文博单位接待服务能力和水平不断提升，全区文物安全得到进一步加强。非遗保护工作的有力推进，为传承弘扬中华历史文脉，推动区域经济转型升级，农耕文明传承和文化遗产保护，农牧民居住环境改善，促进特色文化发展发挥了重要作用。

建立名录机制，文物保护创新发展。事实证明，具有民族特色的传统文化得到合理的继承、有效的保护和大力的弘扬，面向现代

图 2-35　西藏民间画师

化、面向未来、面向世界的现代文化将随着西藏经济社会的发展在开放中得到迅速、全面的发展。党的十八大以来，西藏全面启动了“西藏非物质文化遗产系列丛书”和音(影)像制品的出版工作。先后出版了《西藏非物质文化遗产名录图典》《藏戏艺术巡礼》《西藏民间歌舞概说》《藏北格萨尔艺人档案图录》《藏药材图谱大全》等普查成果书籍。《经典嘎尔鲁》《天籁之歌—360首格萨尔精品音乐唱腔》《天之骄子—格萨尔精品说唱》等音(影)像制品近百种。完成了西藏传统八大藏戏、西藏舞蹈艺术、格萨尔史诗(藏北篇)以及昌都锅庄、芒康弦子、丁青热巴等项目的数字化建设工作。持续推进非遗传承人抢救性记录工作，结合项目濒危程度，积极开展高龄传承人的抢救性记录，共普查70多个民间藏戏队，采访民间藏戏艺人160名，收集整理较为完整的藏汉文字资料近200万字，影像资料25200分钟，图片资料3000多张，并出版《藏戏之源、艺术天堂—藏戏三大流派精品选集》DVD套集等成果。拍摄专题片《高龄濒危藏戏戏师抢救性专题片》《藏北格萨尔艺人独家说唱》《高龄格萨尔艺人独家说唱》，记录了民间藏戏的说唱技艺、传承情况和历史情况等，通过视频、录音、照片、文字等多种方式，建立了西藏非遗数据库，全面系统地把传承人手上的技艺和脑中的记忆用影视文献的方式尽量完整地保留下来。启动了“西藏农耕文化抢救性记录工程”，对一年四季农区群众的生产生活情况和与之相关的工具摆设、节庆礼仪、劳动歌舞等进行原真记录，累计投入100多万元，完成农耕文化记录和实物征集工作，充实完善普查数据，出版了《西藏传统农耕用具图典》。完成了西藏农耕文化展示厅建设工作并正式对外开放。截至2020年底，全区有各类文物点4277处，各级文物保护单位1985处。其中，世界文化遗产

图 2-36　藏医药唐卡

1 处 3 点、全国重点文物保护单位 70 处。国家历史文化名城 3 座，全国古籍重点保护单位 6 家，国家级生产性保护示范基地 4 个、自治区级示范基地 12 个，古籍普查任务顺利完成，217 部（291 函）古籍入选国家珍贵古籍名录，布达拉宫古籍、贝叶经保护工作得到空前加强，各类古籍登记、修复、研究等工作成果丰硕，古籍资料 50% 的数字化建设，“云共享”珍贵古籍文献正式上线，标志着西藏自治区迈入古籍文献“云阅读”时代。中央、自治区财政分别累计投入非遗保护资金 2.23 亿元和 9592 万元。全区现有联合国人类非物质文化遗产代表作 3 项（格萨〈斯〉尔、藏戏、藏医药浴法），国家级、自治区级、市级、县级代表性项目分别为 89 项、460 项、487 项和 1364 项，代表性传承人分别为 96 人、522 人、254 人、425 人。建成西藏唐卡画院等 113 个传习基地和场所，自治区命名 65 个民间文化艺术之乡，35 个村落列入中国传统村落名录。入选自治区级传统工艺振兴目录项目 30 个、命名自治区非遗特色县乡村 8 个和一系列自治区非遗项目传习基地，优秀文化遗产也在通过活态传承变成有温度、有生命的“教科书”。国家、自治区累计投入近 5000 万元用于民间藏戏保护与传承，投入 2400 万元用于保护利用设施建设。研究、整理和出版《中国戏剧志·西藏卷》《中国民间歌谣集成·西藏卷》《中国少数民族古籍总目提要·门巴族珞巴族卷》；以“非遗进校园”活动为抓手，积极开展藏戏进校园相关活动，观看学生达到 5000 余人次；以传统节为契机，让群众就近就便欣赏精彩的藏戏表演，每年在拉萨罗布林卡、宗角禄康公园等公共场所和剧院分别进行“全区藏戏展演”“全区藏戏大赛”“藏戏唱腔展演”等活动，献演《朗萨雯蚌》等优秀传统八大藏戏剧目，尽享传统藏戏的魅力。藏戏、格萨尔、民间歌舞等传统艺术得到抢救性保护，焕发新风采，全区命名西藏大学等 8 所院校为“西藏非遗进校园示范基地”，昌都锅庄、比如丁嘎热巴、拉孜堆谐、拉孜扎念、达布阿谐等项目成为各地“非遗课间操进校园”新亮点，格萨尔说唱、久棋等陆续走进课堂。唐卡、藏香、藏纸等特色技艺实现活态传承，迸发新活力。拉萨、日喀则吉隆等非遗项目富集地区逐步实现整体性保护。依托非物质文化遗产资源，发展特色文化产业的企业不断增多。这些举措使非遗工作成为既富“脑袋”又富“口袋”工程的重要载体，民族优秀传统文化薪火相传的格局逐步形成。今日西藏文化的保护、繁荣与发展状况是西藏过去任何一个历史时期都无法比拟的，也是任何一个尊重事实的人士都不会否认的。

（三）民生福祉大幅提升

党的十八大以来，在以习近平同志为核心的党中央坚强领导下，西藏自治区党委、政府坚持以习近平新时代中国特色社会主义思想为指导，团结带领全区广大党员干部和各族群众，勇于担当、主动作为，人民生活水平全面提高，民生事业取得显著成就。

——始终坚持教育优先，聚力办好人民满意教育

西藏自治区全面贯彻党的教育方针，用习近平新时代中国特色社会主义思想铸魂育人，坚持立德树人，在学校师生中开展“培养什么人、怎样培养人、为谁培养人”专题教育，坚持教育优先发展，促进教育公平，巩固深化以国家通用语言文字为主的大中小幼一体化教育教学体系，实现教师能力素质、思想政治教育、教学质量、教育资源配置、职业教育水平、全民教育“六个提升”，教育事业取得新成就。

补齐短板，实现适龄青少年有学上。西藏自治区精准安排资金项目，教育资金项目重点向44个深度贫困县倾斜，截至2020年累计投入学校基本建设资金29.86亿元。投入易地扶贫搬迁安置点学校建设资金28.18亿元，极大改善了深度贫困县学校办学条件，易

地搬迁安置点适龄儿童少年接受学前和义务教育得到切实保障。深入实施“全面改薄”和“能力提升”工程，落实“全面改薄”资金63.66亿元，用于912所义务教育学校改扩建、室外运动场地建设和购置生活设施、图书、课桌凳、教学仪器设备等，义务教育学校基本办学条件得到显著改善。截至2020年底，全区有各级各类学校3195所，比2012年增加了1721所。区内共有在校生88.92万人，比2012年增加30.44万人。另外，区外还有各级各类在校生9.26万人。全区学前教育毛入园率87.03%、小学净入学率99.93%、初中毛入学率106.99%、高中阶段毛入学率90.2%、高等教育毛入学率56.14%，比2012年分别提高41.83个、0.53个、8.39个、20个、28.74个百分点，全年龄段学生升学率稳步提升（如图2-37所示）。2020年全区所有县（区）实现县域内义务教育基本均衡。

依法开展控辍保学，把控辍保学作为解决“义务教育有保障”的头等大事，综合运用感情的、经济的、行政的、法律的等多种

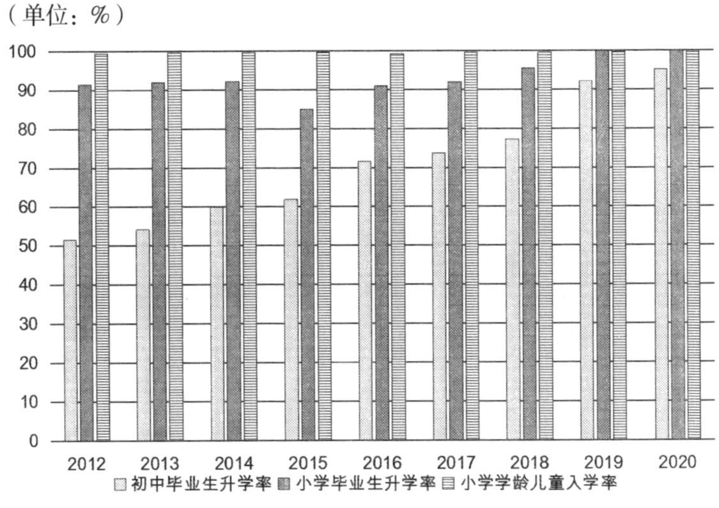

图2-37　2012—2020年西藏自治区初中、小学毕业生升学率，小学学龄儿童入学率

方式合力攻坚，全面做好劝返复学工作，2016—2019年底以来累计劝返失学辍学孩子24536人，包括建档立卡家庭孩子5213人，2019年底全区控辍保学首次实现“清零”目标，2020年实现动态清零，全区义务教育阶段失学辍学现象基本消除。规范送教上门，出台《关于做好义务教育阶段重度残疾儿童少年送教上门服务工作的通知》《关于加强残疾儿童少年义务教育阶段随班就读工作的实施意见》。明确送教对象、送教方式和送教内容，“一人一案”开展送教上门服务。落实教育惠民政策，持续落实好15年免费教育，2016—2020年累计落实资金25.5亿元，覆盖学生332.41万人次。

西藏自治区教育厅在巩固和提高第一期、第二期学前双语教育行动计划成果的基础上，研究制定《西藏自治区第三期学前双语教育行动计划（2017—2020年）》，多渠道扩充学前教育资源，多渠道补充保教人员，加快普及城镇学前三年双语教育，大幅提高乡村和边境一线学前三年毛入园率，进一步提高办园水平和保教质量。2020年，全区幼儿园2199所，比上年增加185所，增长9.2%（如图2-38所示）；“五个100%”目标全面实现。在园幼儿达15.09

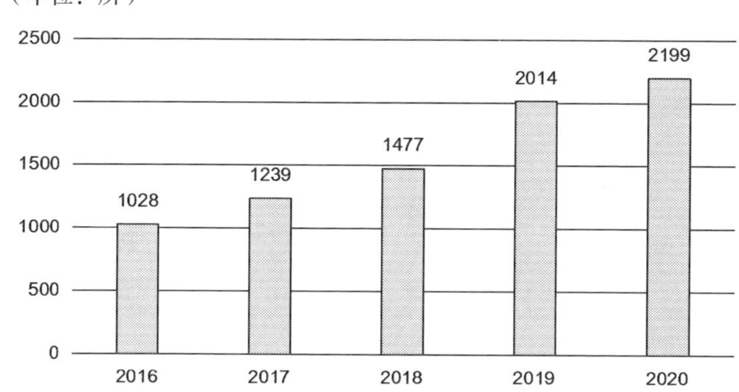

图2-38　2012—2020年西藏自治区幼儿园数量

万人，比上年增加0.92万人，增长6.5%；全区幼儿园在职教职工9159人，较上年增加1540人。

提升质量，确保全体学生上好学。全面实现“五个100%”教育目标，开展“学前学会普通话”行动，义务教育阶段“三科”国家统编教材实现全覆盖，2020年秋季学期高一年级开始使用统编三科教材，广大师生应用国家通用语言文字能力显著提升，学校课堂教学模式发生根本性变化，教学质量显著提升。

深入实施乡村教师支持计划，优化教师资源配置，大力实施“强师德、补数量、提质量、重管理、保待遇”教师“五大工程”，补充义务教育阶段教师近1万人，全区所有县（区）义务教育学校师生比达到国家标准。开展教师思想政治教育培训，实施乡村教师支持计划，强化教师在职培训，提升铸魂育人能力。

截至2019年底，累计培训教师10万人次，自2016年以来落实乡村教师生活补助8.9亿元，9.23万人次受益。加快实施西藏教育珠峰旗云行动计划，实施“互联网+教育”项目，深入推动西藏教育信息化重点工程建设，2020年实现“互联网+教育”中小学校全覆盖。现代教育体系不断完善，高校理工农医类专业达60%以上，高等学校在校生数量连年攀升（如图2-39所示），西藏民族大学、拉萨师范高等专科学校新校区投入使用，西藏藏医药大学新校区开工建设。西藏大学列入“部区合建高校”，生态学进入一流学科建设名单。西藏藏医药大学建设“省部共建协同创新中心”。西藏民族大学、西藏藏医药大学成为博士学位授予单位。西藏职业技术学院进入全国100所示范性高等职业院校行列。民族优秀传统文化和高原科学与技术两大特色学科群建设稳步推进。建设“互联网+教育”国家示范区，38.9%的学校实现智慧教育覆盖。创新开

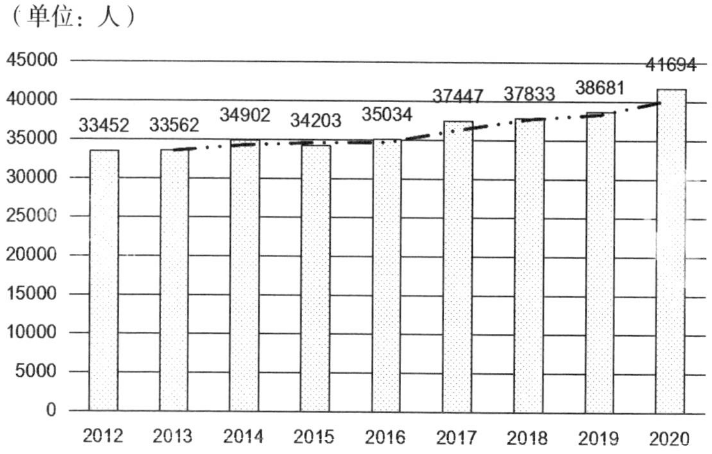

图 2-39　2012—2020 年西藏自治区高等学校在校生数量

展送教下乡、校园“志智双扶”两个方面的教育结对帮扶工作。每年安排“国培计划”西部项目送教下乡 2000 余人次、幼师培训项目安排送教下乡 400 人次，投入资金 1242 万元。深入农牧区开展专题讲座，受益的基层教师 1.5 万余人。

加强保障，确保学生上学无忧虑。主动适应新形势新要求，夯实教育脱贫攻坚基础，出台《西藏自治区乡村教师支持计划(2015—2020 年）实施办法》，加大乡村教师队伍建设力度，激发乡村办学活力。全面保障贫困家庭子女就学，健全各级各类教育资助政策体系，出台《西藏自治区建档立卡贫困家庭子女接受高等教育实施免费教育补助政策管理办法》，实施建档立卡大学生“三免一补”免费教育补助政策。出台《关于做好义务教育控辍保学动态监测的通知》《西藏自治区 2020 年度义务教育控辍保学工作方案》，建立控辍保学长效机制。健全完善的政策体系，为全面打赢教育脱贫攻坚战提供了制度保障。结合农牧民子女学生绝大多数寄宿的实际，在义务教育阶段建立了教师与建档立卡贫困学生之间的结对帮

图 2-40　学生在设施先进的语音室上课

扶关系，覆盖义务教育建档立卡家庭学生 11 万人，为解决扶志扶智提供了有效探索。全区适龄儿童少年无因贫失学现象，贫困家庭无因学致贫的情况，通过发展教育带动 18.9 万贫困群众脱贫。

从学前到高等教育阶段的学生资助体系全面建成，资助政策达到 40 项，实现各学段全覆盖。在学前至高中（含中职）教育阶段实施 15 年免费教育政策，覆盖全部在校生。实施教育“三包”政策，2016—2020 年先后 4 次提高教育“三包”政策标准，达到年生均 4200 元，累计落实资金 104.75 亿元，覆盖学生 298.11 万人次。落实农牧区义务教育学生营养改善计划，年生均达到 800 元，截至 2020 年，累计落实资金 16.33 亿元，覆盖学生 205.9 万人次。全面落实教育惠民政策，确保贫困家庭子女基础教育阶段上学零负担。在高等教育阶段建立“奖、贷、勤、助、补、免”六位一体的家庭经济困难学生资助体系，实施家庭经济困难新生入学资助项目、“绿色通道”、国家奖助学金、国家助学贷款、师范及农牧林水地矿专业免费教育补助、建档立卡大学生“三免一补”教育补助、学费补偿、国家助学贷款代偿、学费减免、勤工助学等政策，确保对家庭经济困难学生入学前、入学时、入学后以及毕业后的全程有效资助。2016—2020 年，全区累计落实资助资金 131.46 亿元，受助学生 708 万人次。

统筹兼顾，推动教育提上新水平。西藏自治区人民政府与教育部签署了高中阶段普及攻坚计划备忘录，制定了《西藏自治区高中阶段教育普及攻坚计划实施方案（2017—2020 年)》并上报教育部。围绕高中攻坚招收进校，继续扩大中高职招生规模、应收尽收，全面整合综合高中、职业高中、普通高中、地市职教中心等各种办学类型，全面保障学生进校学知识学技能。提高高中阶段教育质量，推动特色化发展，切实提高职业教育的吸引力，调整职普比例，加大中职学校招生比例（如图 2-41 所示），出台《西藏自治区现代

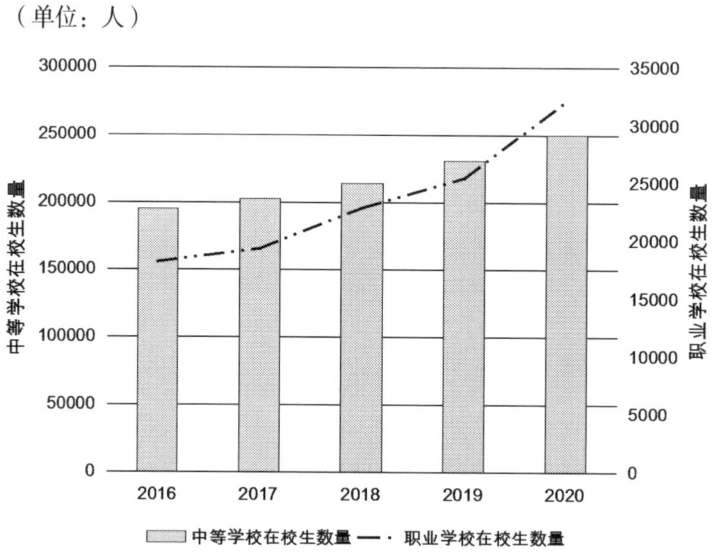

图 2-41　2012—2020 年中等、职业学校在校生数量

职业教育体系建设规划（2016—2020年）》，实施现代职业教育质量提升计划，投入12.9亿元完善职业学校基础能力和实验实训基地。优化职业教育学科专业结构，中等职业教育专业大类覆盖率达到84%。建设校企合作实习实训场所254个，校企合作单位达到304家，专业覆盖率达到86.5%。推进高等职业教育“双高”发展行动计划和“1+X”职业技能等级证书试点，中职学生就业率上升到88%。评估认定12所自治区示范高中学校，支持每个地市办好一所标准化特色中职学校，2019年底高中阶段教育毛入学率达到86.62%。普及高中阶段教育，满足了适龄青少年接受高中阶段教育的需求。

制定《西藏自治区推普脱贫攻坚行动计划（2018—2020年）实施方案》，安排培训资金600万元，用于44个深度贫困县开展农牧民普通话培训，确保贫困家庭新增劳动力人口具有国家通用语言文字沟通交流和应用能力，为提升“造血”能力打好语言基础。开展少数民族双语教师普通话培训，开展推普周宣传活动，举办自治区级普通话水平测试培训班，区内高校农牧民子女普通话免补测试经费累计受益农牧民子女达11832人。开展学校语言文字达标建设工作，373所学校完成达标验收。开展语言文字规范化示范校创建，80所学校评为自治区级示范校、12所学校评为国家级示范校。扎实推进体育卫生劳动教育。严格执行学生体质健康标准，开展《国家学生体质健康标准》抽查复核，2020年全区学生体质健康测试优秀率达11.24%、合格率达84.56%。广泛开展“阳光体育活动”，全区中小学校体育课开课率达到100%。截至2020年，四级管理体制和校园足球竞赛体系基本建立，创建114所全国校园足球特色校、17所全国足球特色幼儿园、3个校园足球试点县（区）、

2个“满天星”训练营。创建65所校园篮球特色校和8所校园排球特色校。加强儿童青少年近视防控工作，青少年学生近视率降低到36.91%。实施美育提升行动，严格落实音乐、美术、书法等课程，开展“传承的力量”成果展示、高雅艺术进校园、非遗进校园等校园艺术活动。加强学生生活实践、劳动技术和职业体验教育，努力培养学生热爱劳动的良好习惯。

2016年启动教育人才“组团式”援藏工作以来，截至2020年，17个对口支援省市和部属高校附属中小学先后选派1695名教师进藏支教。同时，全区每年选派200名骨干教师和管理人员到对口支援省市接受为期一年的跟岗培训。实施“万名教师支教计划”，从2018年起由援藏省市累计派出538名教师赴西藏支教，充分发挥援藏教师传帮带作用，助推受援学校教育教学管理水平有效提升。实施东中部协作计划，截至2020年，东中部7个职教集团、13所民办本科院校与区内11所职业学校建立稳固的对口支援关系，累计培训学生近2000人。内外高校派出援藏干部教师312人次对口支援西藏高校，接收区内高校420余人次挂职锻炼，定向招收区内126名硕博士骨干教师。逐步扩大内外西藏班初、高中招生规模，分别达到1720人、3550人，在校生达到2.02万人。教育援藏已经成为西藏教育发展的重要支撑。截至2020年末，15年公费教育全面实施，义务教育巩固率95.03%，“五个100%”全面实现，教育水平实现显著提升。

——持续发展卫生事业，保障民众身心健康

党的十八大以来，在党中央、国务院的亲切关怀，国家卫生健康委的正确指导，全国对口支援省市的大力支持和西藏自治区党委、

政府的正确领导下，西藏卫生健康事业发生了翻天覆地的变化，取得了举世瞩目的辉煌成就。

没有全民健康，就没有全面小康。西藏自治区党委、政府始终坚持以人为本、健康至上，立足区情，将促进健康的理念融入公共政策制定实施的全过程，形成有利于健康的生活方式、生态环境和经济社会发展模式。坚持政府主导、社会参与，不断强化政府在制度、规划、筹资、服务、监管等方面的职责，紧紧围绕保基本、强基层、建机制，落实医疗、医保、医药“三医”联动，深入推进医疗卫生体制机制改革，发挥科技创新和信息化的引领支撑作用，创新健康促进和健康产业发展,为各族人民提供更高水平的健康服务。坚持转变方式、科学发展，把握健康领域发展规律，坚持预防为主、防治结合、中西医并重，转变服务模式，构建整合型医疗卫生服务体系，坚持均等服务、公平公正，以农牧区为重点，推动健康领域基本公共服务均等化，维护基本医疗卫生服务的公益性，逐步缩小城乡、地区、人群间基本健康服务和健康水平的差异，实现全民健康覆盖，促进社会公平。

加强投入，医疗卫生基础设施得到改善。大力开展基层医疗卫生服务体系建设，2016—2018 年仅三年间累计落实资金 8.36 亿元，改扩建 29 个县级医院、32 个乡镇卫生院和 53 个县疾病预防控制中心，新建 35 个县级藏医院和 67 个妇幼保健站。其中，2018 年落实中央预算内支持西藏基层农牧区建设资金 2.1 亿元，包括改扩建 8 个县人民医院，新建 4 个县藏医院，17 个县妇保站，1 个县疾控中心。同时，争取资金，为各级医疗卫生机构配备便携式彩色多普勒超声诊断仪、超吸刀、氪气刀等一系列大型医疗设备、实验室检验设备，协调中华思源工程扶贫基金会为西藏 22 家藏医院、198

家中心乡镇卫生院捐赠救护车220辆。自治区妇产儿童医院投入试运营。截至2020年，西藏三级甲等医院增加到11家，400多种较大疾病区内能治疗。

全区医疗卫生服务网络基本建立，整体服务功能全面增强，诊疗服务能力不断提升，“三不出”“四覆盖”逐步实现，广大农牧民群众的健康水平显著提高。2020年全区医疗卫生机构总数达到了1661个，医疗卫生机构床位数18942张，每千人医疗卫生机构床位数为5.19张（如图2-42、2-43所示）。

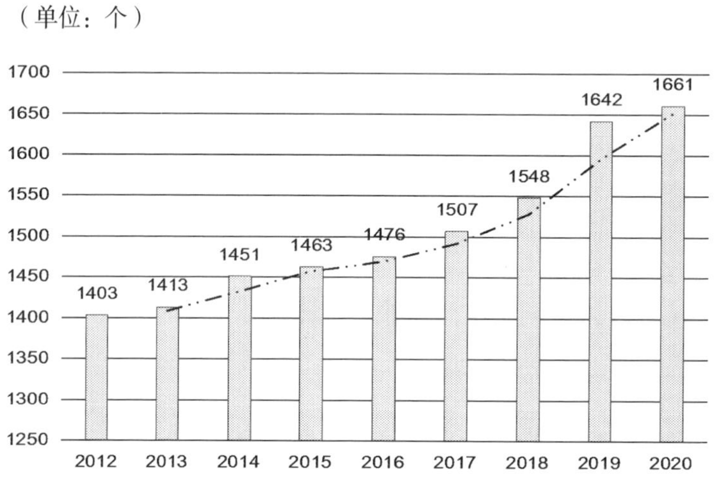

图2-42　2012—2020年全区医疗卫生机构数

以人为本，医疗卫生队伍建设得到加强。加强医疗卫生人才队伍建设，支持薄弱学科和重点临床专科建设，加大全科医师、住院医师培养力度，每年选派医生到对口援藏省市三甲医院跟班学习。提升乡村医生整体综合素质，逐步具备乡村全科执业（助理）医师资格。通过公开招录、专项招录、专项引进等方式，已为全区补充医疗卫生人员1100余名。西藏自治区卫生健康委还多次与组织和

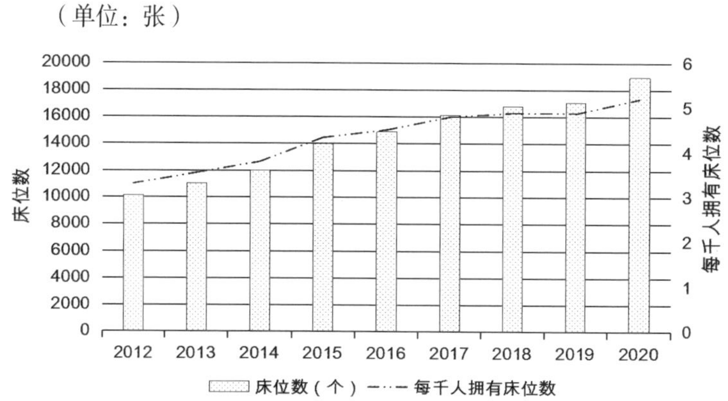

图 2-43　2012—2020 年全区拥有床位数及每千人拥有床位数

人社部门沟通协调，在向深度贫困地区招录卫生专业技术人员时降低学历的标准。同时，开展全科医生转岗培训、助理全科医生培训、住院医师规范化培养、县级医院骨干医师培训、学历升级教育、农村订单定向免费医学生培养；以及自治区城市医院对口帮扶高海拔边远贫困地区乡镇卫生院、全国三级医院对口帮扶、“1+7”医院柔性人才引进办法等一系列措施来加强基层卫生人才队伍（如图 2-44 所示）。截至 2020 年，西藏自治区卫生人员总数 28335 人，卫生技术人员 22629 人，每千人口卫生技术人员 6.2 人，每千人口执业（助理）医师 2.57 人，每千人口注册护士 1.87 人，卫生技术人员比“十二五”末增长 48.2%。

多措并举，基层医疗卫生水平得到提升。着力加强健康西藏建设，大力实施健康西藏保障工程，加快国家医学中心和区域医疗中心建设，改革完善疾病预防控制体系，建立村居公共卫生委员会。建设医联体、县域医共体，支持成办医院建设中国一流高原病医院，构建覆盖全区的智慧医疗体系。推进优质医疗资源扩容下沉、均衡布局，推动医疗人才组团式援藏工作向重点县拓展。近年

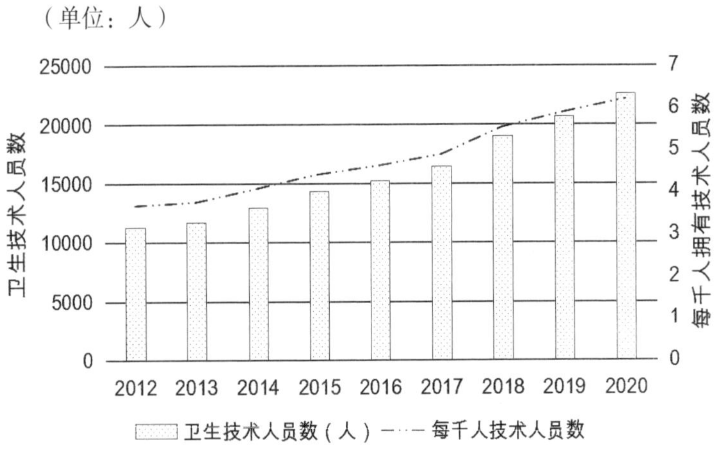

图 2-44　2012—2020 年全区拥有卫生技术人员数及每千人拥有技术人员数

来，在医疗援藏背景下，逐渐成熟的远程医疗开始在西藏展开应用。2013 年，广东援藏巡回医疗队在西藏实现首次远程会诊，拉开了各省市远程医疗援藏的序幕。从 2013 年开始，广东、上海、天津、吉林等诸多援藏省市开始大力支持西藏自治区远程医疗的发展。“十三五”期间将西藏自治区远程医疗服务平台建设项目列为中央预算内投资项目，自治区发改委批复概算投资 18168.75 万元，覆盖自治区、市、县、乡 4 级、共 800 余家医疗卫生机构。2019 年，远程医疗开始规划走进西藏边境村，2020 年 5 月，西藏自治区首个 5G 智慧医疗联合实验室在拉萨市人民医院成立，揭开了西藏智慧医疗的新篇章。截至 2021 年底，已完成远程医疗数据中心以及包括远程会诊、远程预约、远程影像诊断、远程心电诊断、远程病理诊断、远程手术示教、远程重症监护等业务子系统的远程医疗服务平台搭建工作，完成了 109 家县级以上医疗机构、686 家乡镇卫生院和社区卫生服务中心远程医疗软硬件部署实施及系统使用培训，正在加快自治区统建远程医疗平台与各地、各医疗机构已建远程医疗软硬件系统对接，尽快投入试运行、发挥效益。

启动县域综合医改，推进县乡一体化建设，公立医院综合改革进一步深化。基层巡回诊疗工作范围扩大至全区所有乡镇，医疗人才“组团式”援藏带动医疗服务质量提升。截至 2020 年，“互联网 + 医疗健康”覆盖 20% 以上医院，重大疾病联防联控机制进一步健全。完成 9 万人次妇女“两癌”筛查。孕产妇死亡率由解放初期的 5000/10 万下降到 50/10 万，婴儿死亡率由解放初期的 43‰下降到 8‰，结核、肝炎等疾病筛查防治全面落实。

西藏是全国地方病流行较为严重的省区之一，病情重、病种多，7 个地（市）均不同程度地存在地方病危害，主要有碘缺乏病、大骨节病、地氟病。全区 74 个县（区）不同程度的流行碘缺乏病。饮水型地氟病涉及 3 个市、7 个县、20 个乡、36 个村；饮茶型地氟病覆盖 74 个县（区）。大骨节病分布于全区 7 个地（市），涉

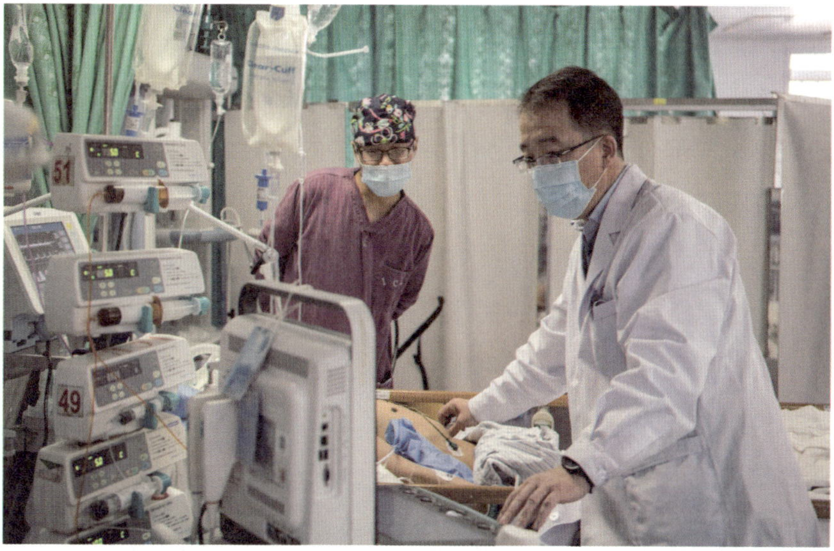

图 2-45　北京援藏医生在西藏自治区人民医院为危重病人做重症超声评估

及 54 个县、168 个乡（镇）、491 个村。西藏通过制定出台《西藏自治区重点地方病防治攻坚行动实施方案 (2019—2020 年)》，进一步明确了各级政府责任，确保全区消除和控制危害人民健康的重点地方病。包虫病综合防治三年目标任务圆满完成，兑现了决不把包虫病带入全面小康社会的庄严承诺。经国家验收，包虫病、大骨节病、先天性心脏病、白内障等肆虐西藏的地方病得到历史性消除和防治。

公共卫生服务水平明显增强。2019 年全区法定传染病报告发病率下降至 378.53/10 万、总报告死亡率下降至 0.93/10 万，连续多年呈现下降态势。基本公共卫生服务补助经费从 2016 年的人均 55 元提高到 2019 年的人均 86.2 元，基本公共卫生服务项目从 2016 年的 14 项扩展到 2019 年的 31 项。截至 2020 年，全区人均期望寿命由和平解放初期的 35.5 岁提高至 71.1 岁，比和平解放初期（即 1951 年）翻了一番。西藏的农牧民基本医疗保障制度日趋成熟、完善，为保障农牧民群众健康发挥了重要作用。

继古开今，藏医药事业取得长足性发展。作为中国传统医药学的重要组成部分，藏医药已有 2000 多年的历史。在封建农奴制度下，藏医药的服务对象主要是贵族、领主和上层喇嘛，发展受到诸多限制。旧西藏藏医机构只有 3 个，人员不足百人，连一张病床都没有，更无研究机构和专门学校。

实行民主改革后，党和政府高度重视藏医药的发展。截至 2020 年，国家和地方先后拨款数十亿元，在藏族聚居区和北京等地建起 47 所藏医院（如图 2-46 所示），开设病床 2895 张，从业人员 3000 多名，同时还培养了数千名乡村藏医，常年活跃在农牧区。

藏医药现代化教育从无到有，不断发展壮大。出台《西藏自治

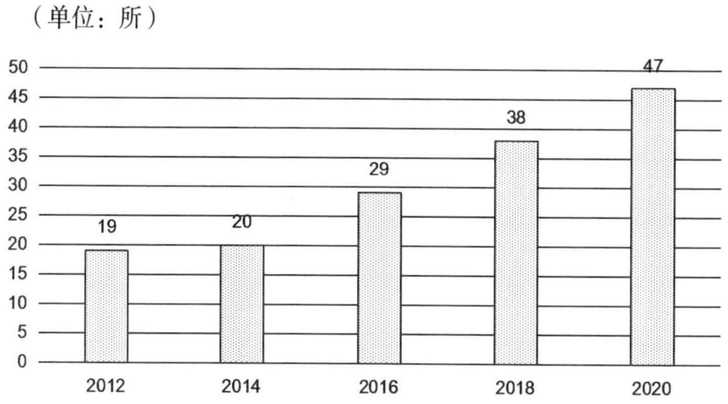

图 2-46　2012—2020 年全区民族医院数

区人民政府关于中医药发展战略规划纲要（2016—2030 年）的实施意见》，西藏自治区藏医院挂牌国家民族医临床研究基地，西藏自治区藏医院和山南市藏医院列入国家中医药传承创新工程建设项目，建有 5 个国家级临床重点专科、7 个国家中医药管理局重点专科和 10 个国家中医药管理局重点专科培育项目，2 个国医大师传承工作室、58 个国家和自治区名老专家传承工作室，入选国医大师 2 人、全国名中医 3 人、国家中医药岐黄学者 1 人、全国中医药杰出贡献奖 2 人、全国中医药教学名师 1 人。目前，西藏、青海、甘肃、四川等省区均开办了藏医药专科学校或藏医药系（班），一个以正规学历教育和在职进修培训为主、民间师徒传承为辅的藏医药教育格局初步形成。

推进国家藏医医学中心建设，协同推进国家藏医药研究中心、一流藏医药科研平台建设推进藏药标准三年行动计划，传承创新发展藏医药事业。成立西藏自治区藏医药标准化技术委员会，完成 42 个藏医药标准化研究，藏医药科研捷报频传，藏医药理论长期停滞不前的局面得到改观。在国家和社会各界的大力支持下，各级各类藏医医疗和科研机构广泛开展了藏医药学研究工作，联合4个涉藏工作重点省区编制《藏医药名词术语（藏文版)》，筛选32首《藏医药古代经典名方》，先后整理出版200多部藏医药古籍文献，收集珍贵古籍文本600多卷，出版《中国藏医药影印古籍珍本》60卷，搜集、整理了《四部医典》《藏医新剂学》《藏医诊断学》等近百部藏医学文献、专著，其中《四部医典挂图全集》用藏、汉、英、日4种文字出版。藏医巨著《四部医典》等藏文古籍选入第一批国家珍贵古籍名录。收集整理10万份名老藏医处方，共完成近200项研究项目和课题研究。与全国同步实施第四次全国中药资源普查项目，先后安排全区53个县藏药资源普查工作，进一步摸清我区藏药资源现状。藏药企业也已发展到几十家。这些企业借助先进的制药工艺，使传统的藏药以全新的剂型、品种走出雪域高原，走向海内外，仅西藏自治区藏药厂就能够生产360多个藏药品种，有的还被选入国家基本用药目录。

同时西藏采取“企业＋科研＋合作社＋农户”的模式，重点

图 2-47　西藏自治区藏医院

支持大花红景天、藏木香等常用藏药材和濒危野生藏药材的繁育种植，努力建设民族医药工业发展示范区，使医药工业成为重要的支撑产业。目前，一个以藏医医疗机构为主体、藏医药教育和科研为基础、藏药产业为依托的藏医药医疗保健服务体系已经形成，并辐射到国内许多省份和地区，影响波及海外。

——全面强化稳岗就业，促进居民稳定增收

党的十八大以来，以习近平同志为核心的党中央坚持以人民为中心的发展思想，把增进人民福祉、促进人的全面发展作为发展的出发点和落脚点，对人力资源工作作出了一系列重大决策部署。西藏自治区党委、政府深入学习贯彻习近平总书记系列重要讲话精神和治国理政新理念新思想新战略，扎实推进各项工作，把就业工作作为经济持续健康发展、民生和谐改善的优先目标，深入实施就业优先战略和更加积极的就业政策，不断丰富完善促进就业创业的政策措施。先后出台关于进一步做好新形势下就业创业工作的意见、“十三五”促进就业规划、关于做好当前和今后一段时期就业创业工作的意见等政策文件，不断加大政策扶持力度，突出创业与就业的有机结合，经济发展与扩大就业的协同，明确了促进新就业形态发展的措施。各地区各部门结合实际，多措并举，细化实化政策措施，有效发挥了就业创业政策的效力，就业工作取得新突破。

完善机制，保障困难群众就业。西藏自治区党委、政府始终将困难群众就业摆在重要位置，先后出台了2016—2020年人社脱贫攻坚规划、“十三五”转移就业脱贫攻坚工作规划、2018—2020年人社扶贫攻坚方案、2018—2020年贫困劳动力劳务协作方案等政策制度，以及贫困人口稳岗就业、应对新冠肺炎疫情全力做好就业

扶贫工作等配套文件，形成了覆盖所有贫困劳动力、涵盖就业全过程、涉及就业扶持全方位的政策体系，为顺利推进就业扶贫工作奠定了坚实的政策支撑。

制定出台了加强当前和今后一段时期就业创业工作的实施意见《2019—2020年农牧民培训和转移就业行动方案》《职业技能提升行动实施方案》等政策措施，实现了农牧民转移就业在综合就业政策、就业市场化方向发展、就业技能培训上的改革突破。注重精准施策，通过劳务协作试点、技能脱贫、创建就业“扶贫车间”等多种形式，促进农村贫困劳动力转移就业，将促进就业纳入全区经济社会发展目标，建立就业目标责任体系。高位推动农牧民转移就业工作，那曲市、阿里地区成立了主要领导亲自挂帅的转移就业领导小组。

在经济增速换挡、劳动年龄人口总量依然庞大的大背景下，全区就业人员总量保持平稳增长，自治区就业规模持续扩大。就业人员从2012年末的174万人增加到2020年末的193万人，年均增加2.4万人。城镇登记失业率保持在4%以下的较低水平，2020年末为4%。就业岗位供大于求，就业市场整体活跃，人力资源供求关系基本平衡。

观念引导，提升就业内生动力。创业带动就业成效显现。随着大众创业、万众创新蓬勃发展，市场主体大量涌现，创业成为带动就业增长的重要源泉。自治区政府落实和完善各项创业优惠政策，加强创业服务和创业培训，推进创业孵化示范基地建设，大力支持大学生、农民工、科研人员等群体创业，大众创业、万众创新的社会氛围日益浓厚，创业带动就业的倍增效应不断显现。

实行“公共课扶志”和“专业课扶智”，不断提升困难群众主动参加培训和务工就业的积极性、主动性。加强就业观念引导性培训，将简易藏汉双语、效益观念、职业道德、安全意识以及相关法律法规、就业指导等纳入培训内容，贯穿于培训全过程，在按规定兑现相应工种培训补贴的基础上，再按照每人450元给予引导性培训补贴，着力引导贫困群众转变观念。加大政策宣传力度，深化“五进一送”活动，引导企业和群众了解政策、享受政策。制播《就业启航伴你同行》等一批典型宣传片，挖掘“扎囊氆氇工匠”“后藏庄园唐卡师”等一批劳务品牌以及“面之缘”西洛、种养殖基地负责人旺吉等一批群众身边的就业脱贫典型。在区内外各级各类网络媒体广泛宣传报道，用新变化、新典型带动树立新风气、新观念，深度扭转“靠天吃饭、安于贫困”的陈旧观念，越来越多的贫困劳动力积极主动就业。

精准培训，提高民众就业质量。推进公共就业服务体系建设，实施“互联网 + 公共服务”，整合人力资源市场，加快发展人力资

图 2-48　西藏玉麦乡搬迁群众在学习烹饪技术

源服务业，提升公共就业服务能力，劳动力市场供需匹配效率进一步提高，就业服务和就业质量不断提升。实施职业培训行动计划，开展企业新型学徒制培训试点，完善政策保障和就业服务。提升组织化规模化程度，2019 年实现农牧民转移就业 57.1 万人，劳务收入 34.8 亿元，城镇零就业家庭持续动态清零。“订单定向式”职业技能培训积极开展，培训各类技能人才 4.6 万人。自主创业成功 554 人。城镇登记失业率 3% 以内，城镇调查失业率 4% 左右，城镇新增就业 5.2 万人，超额完成年度目标。就业结构不断优化。从产业分布看，服务业成为吸纳就业的主体，第三产业就业人数不断增加，占比从 2012 年的 40.3% 升至 2020 年的 48.7%，就业结构呈现良好变化趋势，三次产业的就业结构与产值结构的协调性明显提高。从城乡分布看，城镇就业人员比重不断提高（如图 2-49 所示）。2012—2020 年，全区就业人员净增加 19 万人，第二、第三产业就业人数稳步提高。

深入实施终身职业培训、职业技能提升计划、全区 2019—

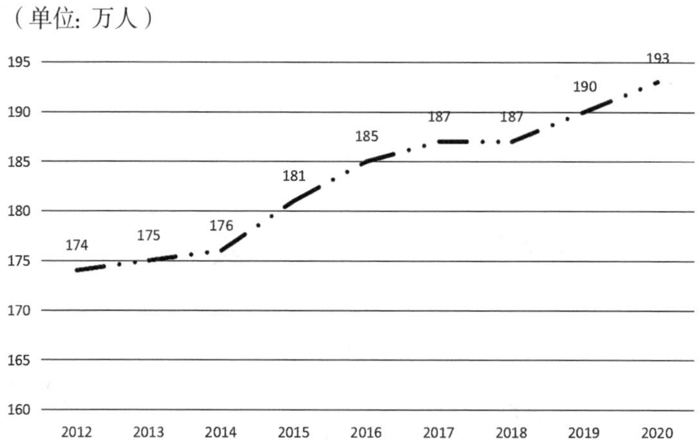

图 2-49　2012—2020 年全区就业人数

2020年农牧民培训和转移就业行动方案，对有培训意愿的建档立卡贫困劳动力全部纳入培训范围，精准锁定培训对象，优先支持、优先保障搬迁群众、有培训意愿的贫困群众等接受培训。严格落实培训补贴政策，建立地（市）培训补贴指导目录，注重培训工种与市场需求的精准对接。制定转移就业技能培训“以奖代补”实施细则，建立以培训后的就业率为主要参考依据的培训考核评价体系，严格审核培训工种、标准、时间、方向等，强化实际操作技能训练和劳动者素质培养。加强西藏技师学院与山东蓝翔技师学院在技能人才培养方面的合作，加大与川藏铁路等重大项目用工需求对接。突出企业在培训中的作用，大力推进“以工代训”，组织贫困劳动力到各类企业、园区、厂房、项目工地开展边培训边务工，实现培训即就业。2016—2020年，贫困群众累计参加技能培训17.63万人次，占到贫困劳动力总数的55.83%。贫困群众主动参加培训人数占比达到80%以上，培训后的就业率已达到79.99%，培训效益不断提升。

结对帮扶，确保实现充分就业。重点群体就业保持稳定。把高校毕业生就业摆在就业工作首位，以就业促进、创业引领、基层成长为着力点，促进供需对接和精准帮扶，实现了高校毕业生就业水平总体稳定。2019年开发高校毕业生就业岗位6万多个，实现就业2.3万人。2016—2019年底，连续四年实现就业创业人数“双增长”。高校毕业生总体就业率保持在95%以上，累计转移农牧区富余劳动力283.9万人次。

开展易地扶贫搬迁就业帮扶专项行动，建立从地市到人社部的联系机制以及3000人以上安置点联络人机制，全面摸清掌握搬迁群众劳动力和就业意愿等情况。优先保障搬迁群众培训和就业需求，加强就业岗位推送和对接工作，开展有针对性的就业帮扶，通过项目、各类园区、中小企业以及扶贫车间等吸纳搬迁群众就业，截至2020年累计帮助10.5万搬迁群众就业脱贫。

——不断改善居住条件，确保居民住有所安

和平解放前，西藏90%以上的人没有自己的住房，过着衣不蔽体、食不果腹的生活。目前，西藏各族人民生活已迈进全面小康。党和政府千方百计解决居民住房难的问题，城乡居民人均住房面积大幅提高，居住质量极大改善。

易地搬迁，让百姓挪穷窝住新居。自治区聚焦深度贫困地区和贫困人口，聚焦精准扶贫目标任务，以易地扶贫搬迁等牵头任务为重点，凝神聚力、精准施策，加快补齐深度贫困地区发展短板，全面改善贫困群众生存条件，促进贫困地区的发展。一是扎实推进易地扶贫搬迁建设，确保搬迁任务“大头落地”。建立健全制度。制定出台了关于加快推进易地扶贫搬迁工作指导意见、易地扶贫搬迁投资项目管理暂行办法、进一步加大易地扶贫搬迁后续扶持实施意见、严格控制建档立卡贫困人口易地扶贫搬迁住房建设标准等制度文件，为开展易地扶贫搬迁工作提供政策依据。截至2019年12月，累计完成26.3万建档立卡贫困人口搬迁建设和搬迁入住任务，国家核定全区建档立卡贫困人口易地扶贫搬迁规模为26.6万人，比“十二五”规划计划的26.3万人新增3000人。全区965个易地扶贫搬迁安置点已全部完成项目建设，已搬迁入住26.4万人，剩余搬迁群众正在陆续搬迁入住。加强问题整改工作，针对中央第三巡视组脱贫攻坚专项巡视反馈意见提出的有关问题，主动对标对表，制定问题清单和台账，落实整改责任、整改时限，建立和完善长效

图 2-50　四季吉祥村易地扶贫搬迁点

机制，进行专项调研和督查，提出改进措施和工作建议，及时有效整改。提升公共服务水平，2019 年安排中央预算内投资 3146 万元，专项用于拉萨市、日喀则市和昌都市易地扶贫搬迁大型安置点配套基本公共设施补短板项目建设，强化后续扶持。

不漏一户，着力保障困难群众住房。党的十八大以来，西藏自治区住房保障体系不断健全，人民群众住房条件得到进一步改善，城镇特困人员、新市民、青年人特别是从事基本公共服务人员的住房问题进一步得到解决，并持续推进城镇老旧小区、棚户区改造，实施保障性安居工程。加强安全生产工作，做好防灾减灾救灾，确保人民生命财产安全。

加快推进灾后恢复重建。根据自治区安排部署，进一步加强对“4・25”地震灾区恢复重建项目建设的督促检查力度，把灾区恢复重建与建设面向南亚开放重要通道、推进新型城镇化、脱贫攻坚等目标任务相结合。加快灾区居民住房恢复重建，实施交通、通讯、电力及商贸等基础设施重建工程，提升灾区基本公共服务水平，恢复发展特色优势产业，修复受损自然生态。截至2020年，灾后恢复重建项目已累计完成投资111.4亿元，占规划总投资113.1亿元的98%。积极参与自治区减灾委组织的各类灾害调研和评估工作，加快编制灾后恢复重建规划，2019年10月10日、2020年4月分别印发林芝加拉村雅鲁藏布江堰塞湖灾后恢复重建总体规划和昌都江达山体滑坡灾后恢复重建总体规划，同时落实资金，加大灾后恢复重建投入力度，并按照《西藏自治区人民政府关于抗震抢险救灾和支持灾后恢复重建若干政策的通知》和《西藏自治区自然灾害生活救助资金管理暂行办法》积极筹措资金，2017—2020年从自治区地方预算内基本建设投资计划中共计安排受灾地（市）因灾民房倒塌严重受损的5606户补助资金2803万元。

建立了残疾儿童康复救助制度。贫困老年人、残疾人、儿童等特殊群体实现“应保尽保、应救尽救”。启动困难群众价格临时补贴机制。建设保障性住房3.9万套，改造农村危房4.4万户。人民群众获得感进一步增强。持续推进农牧民安居工程、民房危房改造、抗震加固、农村人居环境改善、扶贫搬迁、小康村建设、城镇棚户区改造和保障房建设，全区城乡群众普遍住上安全适用房屋。

多管齐下，实现居民住房高品质。通过实施农牧民安居、城乡保障房建设等系列工程项目，2020年西藏农牧民人均自有住房面积达41.46平方米，城镇居民人均自有住房面积达33.4平方米，幸福指数大幅提升。2011年至2020年，安排中央补助资金172.8亿元，支持西藏城镇保障性住房开工35.19万套。2019年以来，安排中央补助资金2.3亿元，支持西藏改造城镇老旧小区约8900户。推进农牧区水、电、路、气、讯、邮政、广播电视、优化环境为主的综合整治工程，乡村面貌发生彻底变化。2019年，西藏城镇化率达到31.5%。截至2020年，西藏自治区实施各类城镇保障性住房23万套，完成棚户区改造及设施配套13万套。城市建成区绿地面积大幅增加，绿地率达35.3%。新增供暖面积1100万平方米，又有14个县城供上了暖气。积极推进能源结构改善，拉萨、那曲、阿里、林芝等4地市所在地，9个县城建成了集中供暖工程并陆续投入使用。越来越多的人过上了暖冬。全区乡乡通光缆、乡乡通宽带，行政村通宽带率达到85%，行政村移动信号实现全覆盖。

——织密社会保障安全网，托底民众幸福生活

党的十八大以来，西藏自治区社会保障事业取得突破性进展。坚持全覆盖、保基本、多层次、可持续方针，从增强公平性、适应流动性、保证可持续性出发，不断深化社会保障制度改革。全面推进机关事业单位养老保险制度改革，实现机关事业单位和企业的养老保险制度并轨。建立统一的城乡居民基本养老保险制度，打通职工和居民两大基本养老保险制度的衔接通道。制定基本养老保险基金投资管理办法，在确保安全的前提下努力实现基金保值增值。整合城乡居民基本医疗保险制度，维护城乡居民公平享有基本医疗保障的权益。推进医疗保险支付方式改革，医保在深化医药卫生体制改革中的基础性作用进一步增强。完善社会保险关系转移接续制度，维护流动就业人员的社会保障权益。先后降低养老、失业、工伤、生育保险费率，减轻企业缴费压力。以居家为基础、社区为依托、机构为补充的多层次养老服务体系稳步建立，儿童福利和未成年人保护体系不断健全，养老育幼服务业

健康发展有序推进。在社会救助体系建设，完善救助标准和救助对象动态调整机制，促进专业社会工作和慈善事业发展，提升残疾人保障水平等方面不断取得新成绩。

严密制度，规范最低生活保障工作。西藏自治区采取多项举措不断完善社会保障兜底脱贫政策体系。一是为深入贯彻落实《国务院办公厅转发民政部等部门〈关于做好农村最低生活保障制度与扶贫开发政策有效衔接的指导意见〉的通知》精神，2016 年制定了《关于加强农村最低生活保障制度与扶贫开发政策有效衔接的实施方案》。二是及时向各市（地）转发《民政部国务院扶贫办关于进一步加强农村低保最低生活保障制度与扶贫开发政策有效衔接的通知》，要求各地从正确认识建档立卡贫困人口和农村低保对象重合问题，妥善处理贫困发生率和农村低保覆盖面的关系等方面进一步加强两项政策衔接。三是制定印发了《西藏自治区人民政府关于全面建立临时救助制度的意见》，为进一步健全完善临时救助制度，全面建立“救急难”工作长效机制，在全区推开“救急难”工作，建立健全主动发现机制，全面建立临时救助备用金制度，增强救助时效性，下发了《西藏自治区民政厅财政厅关于进一步加强和改进临时救助工作暨全面推开“救急难”工作的通知》。四是根据《国务院关于进一步健全特困人员救助供养制度的意见》精神，制定出台了《西藏自治区特困人员救助供养办法（试行）》，为进一步做好特困人员救助供养工作提供了政策依据。五是制定了《西藏自治区城乡最低生活保障实施办法（试行）》，明确统筹城乡低保制度，调整农村低保保障方式，将现行的“分类保障”调整为“差额补助”；将刚性支出作为综合评估家庭贫困程度的因素，突破“单人户”保障，将“生活困难，依靠家庭供养且无法单独立户的成年无业的一级、二级重度残疾人”按照单人户纳入低保范围，保障了困难残疾人的基本生活。六是为做好城乡医疗救助与城乡居民大病保险衔接工作，制定出台了《医疗救助与城乡居民大病保险有效衔接工作方案》。七是出台了《西藏自治区人民政府关于加强农村留守儿童关爱保护工作的实施意见》，通过强化家庭保护、属地保护、救助保护、医疗保护，强化保障留守儿童按时入学作为控辍保学工作的重要内容，强化建立未成年人司法保护协作机制，强化从源头治理农村留守儿童存在问题，强化让符合条件的外来务工人员随行未成年子女逐步享受与同城居民同等待遇等一系列的关爱保护措施，加强农村留守儿童关爱保护工作，确保农村留守儿童得到妥善监护照料和更好关爱保护。

在各项制度的有力保障下，西藏自治区政府对最低生活保障工作进行严格规范落实。2016 年 7 月，民政厅召集社会救助联席会议成员单位，组织召开了全区民政系统践行“两学一做”规范最低生活保障政策落实工作电视电话会议，全面安排部署了全区规范低保工作，在适时组织全区民政系统业务能力建设培训的基础上，对全区农村低保对象进行全面核查。根据各地（市）落实工作进展情况，同年 10 月召开了规范工作“回头看”会议，各地（市）对规范工作中存在的问题和审计发现的问题进行自查整改。通过践行“两学一做”规范最低生活保障政策落实工作，全区核查共清退城市低保对象 11105 人、农村低保对象 92371 人，经核查新增城市低保对象 2220 人、农村低保对象 27930 人，做到了动态管理下的“应保尽保，应退尽退”。2018 年 5 月，按照民政部要求，从 2018 年 5 开始开展了城乡最低生活保障专项整治工作，坚决查处低保工作中的腐败和作风问题，提高最低生活保障工作群众满意度和社会公信

图 2-51　农牧民医疗保险

度。制定了《2019 年农村低保专项治理工作要点》，抓好“关系保、漏保、错保”等专项治理工作，当年累计清退不符合条件农村低保对象 16711 人，新增低保对象 8827 人。截至 2020 年，民政厅没有接到低保领域腐败现象和“关系保、漏保、错保”举报电话和问题线索。

落实兜底，保障困难群众基本生活。为有效保障困难群众的基本生活，农村低保标准从 2016 年的每人每年 2250 元提高 2020 年的每人每年 4713 元，城市低保标准从 2016 年的每人每月 640 元提高至 2020 年的每人每月 847 元；对集中供养和城市分散供养的特困人员救助供养标准调整为每人每年 13213 元，农村分散供养标准调整为每人每年 7070 元。自治区出台《西藏自治区民政厅、西藏自治区财政厅关于提高我区孤儿基本生活保障标准的通知》，从

2020 年 1 月 1 日起，集中收养孤儿基本生活保障金二类区由 1000 元 / 人 / 月调整为 1059 元 / 人 / 月，三类区由 1200 元 / 人 / 月调整为 1271 元 / 人 / 月，四类区由 1350 元 / 人 / 月调整为 1430 元 / 人 / 月。2016 年以来自治区共下拨社会救助资金 59.2 亿元。足额兑现寿星老年人健康补贴 4460 余万元，惠及 89213 位老年人，发放困难高龄失能老人补贴 3015.36 万元，惠及 50256 名老年人。累计下拨受灾群众冬春生活救助资金 9870 万元，用于受灾群众冬春生活救助；2016 年下拨昌都市、日喀则市、那曲市汛期洪涝灾害恢复重建资金 1.08 亿元，2017 年下拨林芝市米林县“11・18”震灾救助资金 892.06 万元，保障了受灾群众应急救助、灾民生活及灾后重建，有效预防了受灾群众因灾致贫返贫，因灾倒损民房恢复重建工作作为亮点工作。

全面覆盖，社会福利事业有力推进。强化孤儿生活、医疗、教育等全方位救助保护工作，加强农村留守儿童关爱保护，健全完善农村留守老年人信息台账和定期探访制度，动态更新农村留守儿童和困境儿童信息。加快建设为老年人、残疾人精神障碍患者等特殊群体提供服务的设施，推进“福康工程”等残疾人康复服务项目，加大福利彩票公益金助力脱贫攻坚。2016—2020 年落实残疾人“两项补贴”资金 7.45 亿元，其中，享受困难残疾人生活补贴 44.5 万人次，享受重度残疾人护理补贴 15.5 万人次。加大孤弃儿童、困境儿童、农村留守儿童兜底保障和兜底监护职责。全区共有 80 个养老机构（含老年护理院、特困人员集中供养中心、社会福利院等）和 11 个儿童福利机构。2015 年底，全区实现了有意愿五保对象集中供养率 100% 和孤儿集中收养率达 100% 的目标。截至 2020 年，全区供养特困人员救助供养对象 13791 名，有意愿集中供养的

7419名特困人员全部实现集中供养；全区共有5192名孤儿实现地市以上儿童福利院集中收养，事实无人抚养儿童769人。2013年以来，累计投入31.12亿元，规划建设了80个特困人员集中供养服务中心和10个儿童福利院，配置了供暖等各类设备，实施了消防设施提升改造和阳光棚、洗衣房等附属设施建设项目。

印发《西藏自治区人民政府办公厅关于切实做好自治区五保集中供养和孤儿集中收养有关工作的通知》，明确了“双集中”机构的机构设置、人员编制、经费保障等。西藏各地（市）、县（区）认真落实文件精神，配齐配强管理人员、专技人员和护理人员，按供养抚养人员每人每月150元的标准落实了管理运行经费，确保了“双集中”机构的顺利运行。为提升服务质量，在财政、市场监管等部门的大力支持下，在2018年试点的基础上，投入456万元启动制定西藏自治区养老服务18条地方标准和20条儿童福利机构地方标准制定工作，主要包含标准体系、服务管理、安全运行、绩效考评等内容，2020年已发布。为“双集中”机构管理服务规范化、科学化、精细化奠定了坚实基础。开展了养老机构服务质量建设专项行动，2017—2020年连续下发了开展养老机构服务质量建设专项行动的实施方案，制定了115项指标，从消防安全、医养结合、质量建设和标准化等方面入手，进一步细化工作任务，推进养老服务质量明显提升。

2019年制定出台《西藏自治区加强农村留守老年人关爱服务工作实施意见》，落实了赡养义务人主体责任，强化村（居）委会的基础性作用，动员社会力量开展关爱服务，建立和完善农村留守老年人关爱服务体系。依托社会组织，投入本级彩票公益金49万元。在日喀则市为410名老人开展扶贫公益项目。出台《西藏自治区人民政府关于印发西藏自治区建立经济困难的高龄失能等老年人补贴制度实施意见的通知》，按照高龄老年人、失能老年人每人每月 50 元标准。“十三五”期间，落实孤儿基本生活保障金 2.75 亿元。积极推进“孤儿医疗康复明天计划”工作，帮助全区孤残儿童及时进行手术治疗康复，成立了民政厅“明天计划”办公室。在民政部的大力支持和关心下，2018 年 6 月 6 日，民政部“明天计划”办公室带领陆军总医院附属八一儿童医院、北京中医药大学东直门医院在内的 6 名医疗专家组成的筛查团队，在全区 3 个市（地）儿童福利机构集中筛查了 150 名孤残儿童，专家诊断测定了 9 个儿童福利机构 23 名孤残儿童赴北京定点医院手术治疗，成功治疗康复了 19 名儿童，对其余 4 名儿童提出了下一步手术和临床治疗方案，同时，在西藏拉萨举办了西藏 2018 年“明天计划”项目启动仪式，2018—2019 年共支出资金 245.3 万元。

应保尽保，扎牢扎实社会保障安全网。社会保障取得新进展。全民参保深入实施，推进城乡医保统筹，各类社会保险参保达到 658 万人次。社会保障覆盖范围持续扩大，加快实施全民参保计划，积极开展扩面征缴工作，建立起了世界上覆盖人群最多的社会保障制度。截至 2020 年底，基本养老、失业、工伤、生育保险参保人数分别达到 221 万人、26.7 万人、40.2 万人、37.3 万人，相比于 2012 年末 13.3 万人、10.6 万人、14.2 万人、18.2 万人，分别增加 207.7 万人、16.1 万人、26 万人、19.1 万人（如图 2-52 所示）。基本医疗保险覆盖人数超过 340 万人，全民医保基本实现。

全面落实各项民生提标政策。截至 2020 年，城乡居民基本养老保险基础养老金标准提高至 185 元。企业退休人员养老金标准位居全国前列。完成城乡居民基本医疗保险制度整合，年人均补助标

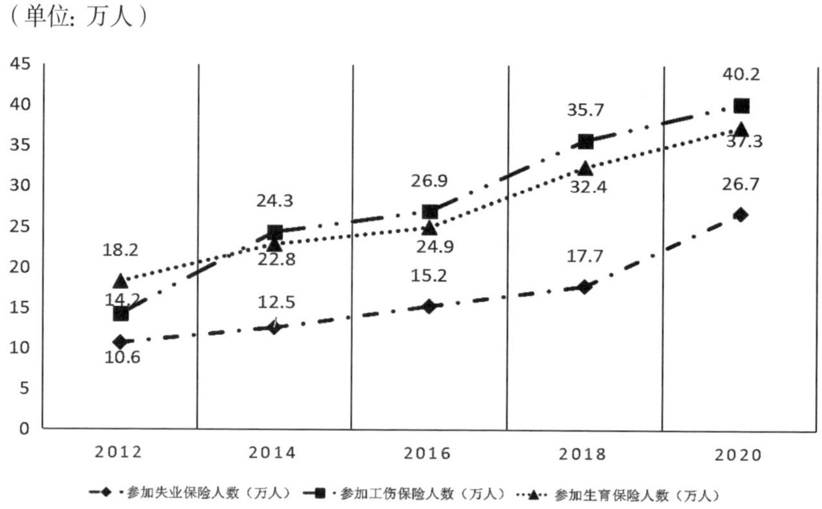

图 2-52　2012—2020 年全区参加失业、工伤、生育保险人数

准由 420 元提高至 585 元，城镇居民大病保险、农牧民大病保险保费分别提高到人均 72 元和 33 元。实现先诊疗后结算、保障人口全覆盖、保险基金收支平衡。养老服务和儿童福利事业持续加强，困难残疾人生活、重度残疾人护理补贴标准动态增长。食品药品安全、退役军人服务保障、气象、群团等工作深入推进。城乡居民最低生活保障应保尽保，标准分别提高至每人每年 10164 元和 4713 元。各族人民享受了最全面、最特殊的社会保障体系。

经办服务水平进一步提升。深入推进“多证合一”登记制度改革，推动社保经办业务与“互联网 +”技术深度融合。从中央到地方的五级社会保障管理组织体系和服务网络初步形成。社会保险转移接续更加顺畅。截至 2020 年，已实现 90% 以上的地市接入国家异地就医结算系统平台，实现西南片区跨省门诊费用直接结算。部分群众已享受到直接结算带来的便利。社会保障卡持卡发行量突破 300 万张，全国 102 项社会保障卡应用目录平均开通率超过 80%，

“12333”电话咨询服务实现了地市覆盖，人民群众享受到了更加方便、快捷、高效的服务。

（四）生态安全屏障日益坚实

党的十八大以来，以习近平同志为核心的党中央，视建设生态文明为中华民族永续发展的根本大计，将生态文明建设与经济、政治、文化与社会建设一起纳入中国特色社会主义事业“五位一体”总体布局。习近平总书记指出，环境就是民生，青山就是美丽，蓝天也是幸福。青藏高原被誉为“世界屋脊”“地球第三极”“亚洲水塔”，是珍稀野生动物的天然栖息地和高原物种基因库，是中国乃至亚洲重要的生态安全屏障，是中国生态文明建设的重点地区之一。西藏是青藏高原的主体，对保障我国生态安全、维护南亚及周边国家生态平衡、气候系统稳定具有重要屏障作用。国家高度重视西藏生态文明建设，持续推进制度创新、筑牢科技文化支撑、加大生态建设投入，推动构建人与自然生命共同体。近年来，在西藏自治区党委、政府的坚强领导下，在各地市各部门的大力支持下，全区生态环境系统深入贯彻党的十九大和十九届二中、三中、四中、五中全会以及中央第七次西藏工作座谈会精神，忠实践行习近平生态文明思想，全面贯彻习近平总书记关于西藏工作的重要论述和新时代党的治藏方略，坚决有力落实党中央、国务院和区党委、区人民政府决策部署，攻坚克难，聚力攻坚，污染防治攻坚战取得阶段性胜利，生态保护与建设取得突破性进展，生态环境质量实现持续性良好，人民群众环境获得感幸福感显著提升，为决胜全面建成小康社会、开启建设团结富裕文明和谐美丽的社会主义现代化新西藏新征程奠定了坚实的生态环境基础。

——扎实落实，生态文明建设统筹推进

西藏自治区党委、政府在认真贯彻落实党中央关于生态文明建设的决策部署的同时，按照依法治藏的要求，不断完善生态文明建设相关规章制度，就西藏生态文明建设作出了一系列制度化安排，以优化的顶层设计为西藏生态文明建设指明了方向，并通过多年的生态示范区创建工作，深入推进美丽西藏建设，为全面建设美丽西藏打下了坚实基础。

西藏自治区党委生态文明建设领导小组全面统领生态文明建设和生态环境保护工作，多次召开专题会议对打赢打好污染防治攻坚战和中央生态环境保护督察反馈问题整改工作进行研究部署。西藏自治区党委、政府出台关于创建国家生态文明建设示范区加快建设美丽西藏的决定及实施意见，以开展“六大行动”、实施“十八项工程”为支撑，推进全区全域生态文明示范创建。各地市委同步成立了以主要领导同志为组长的生态文明建设领导小组，昌都市委印发《关于创建国家生态文明建设示范区实施方案》，提出“1+5+10”目标，生态文明建设不断深化。生态文明建设全局定位更加突出。全区上下深入贯彻中央第七次西藏工作座谈会精神，把生态作为“四件大事”之一进行统筹谋划，把生态文明建设主动融入全局工作进行部署考量。25 项生态文明体制改革措施全面落实，5 大污染防治标志性战役取得全面胜利，2019 年度污染防治攻坚战成效考核荣获全国优秀等次。各地市各部门把生态文明建设纳入重要议事日程，作为做决策、定政策、抓项目、做工作的前提和基

础，重点规划和重点项目环评执行率达 100%，“三高”项目保持零引进。

生态文明建设制度逐步健全。党的十八大以来，是西藏生态文明制度建设的丰富期。2013 年，党的十八届三中全会提出要“紧紧围绕建设美丽中国深化生态文明体制改革”；2014 年，党的十八届四中全会提出“全面依法治国”的总目标，明确提出了坚持走中国特色社会主义法治道路，建设中国特色社会主义法治体系；2015 年，党的十八届五中全会提出了创新、协调、绿色、开放、共享五大发展理念，其中绿色发展就是生态文明建设的发展目标；同年，出台了《生态文明体制改革总体方案》，这是一份统率我国生态文明体制改革的纲领性文件；党的十九大报告中提出“加快生态文明体制改革，建设美丽中国”伟大构想；2018 年，全国两会将建设“美丽中国”和“生态文明”写入宪法；习近平总书记在第八次全国生态环境保护大会上强调：“用最严格制度最严密法治保护生态环境。”2019 年，党的十九届四中全会明确提出，将生态文明制度作为中国特色社会主义制度的有机组成部分。

2014 年，西藏自治区编制实施《西藏自治区智慧环保总体规划(2015—2020)》；先后出台《西藏自治区“十三五”节能减排规划暨实施方案》《西藏自治区循环经济发展规划 (2013—2020 年)》；2018 年，出台《关于进一步加强党的建设打造西藏生态环境保护铁军的意见》《西藏自治区大气污染防治条例》，修订《西藏自治区环境保护条例》，出台《西藏自治区环境保护监督管理责任规定》《西藏自治区环境保护违法违纪行为处分办法》《自治区“十三五”环保规划》《全国环保系统“十三五”对口援藏规划》等规划，并纳入自治区经济社会发展“十三五”规划，修编《西藏自治区自然保护区发展规划(2018—2030年)》等。更加明确了生态保护红线、环境质量底线和生态资源利用的上线。2020年，西藏建立《西藏自治区（中）直有关部门和单位生态环境保护责任清单》，明确地方党政部门主体责任和48家部门行业责任。启动《西藏自治区国家生态文明高地建设规划》编制工作，出台《西藏自治区生态环境保护督察工作实施细则》《西藏自治区医疗废物管理办法》，印发《西藏自治区农用地土壤环境管理办法》等，生态环境保护法规制度体系进一步健全完善。西藏自治区党委、政府不断加强生态文明建设顶层设计，完善组织和法治保障，西藏环境保护与生态文明建设事业在法制化的轨道上不断发展，形成了比较系统的地方性环境保护法规体系。

生态文明体制改革扎实推进。“十三五”以来，西藏自治区不断完善生态环境准入管理体系。简政放权、放管结合、优化服务，通过了一系列改革措施。完成了66个规划环评审查以及4万余份环评登记表备案。修订了《西藏自治区环境保护条例》《西藏自治区实施中华人民共和国草原法细则》《西藏自治区实施〈中华人民共和国野生动物保护法〉办法》以及《西藏自治区人民政府实施〈国务院关于落实科学发展观加强环境保护的决定〉的意见》，出台了《西藏自治区生态环境保护监督管理办法》，制定了《关于着力构筑国家生态安全屏障加快推进生态文明建设的实施意见》《关于建设美丽西藏的意见》等一系列法律法规、政策、措施，为西藏生态环境保护架构了环境法治体系，对改善环境质量，推动绿色发展，发挥了强有力的推动作用。近年来，西藏自治区成立区党委生态文明建设领导小组，印发《中共西藏自治区委员会 西藏自治区人民政府关于全面加强生态环境保护坚决打好污染防治攻坚战的实施意见》，制订《西藏自治区生态文明建设目标评价考核工作方案》

图 2-53　国家一级保护动物黑颈鹤

《西藏自治区生态环境损害赔偿制度改革实施方案》，修订《西藏自治区生态环境保护考核办法》。扎实推进生态环境损害赔偿制度改革，组建了环境损害司法鉴定机构登记评审专家库，启动了全区首例生态环境损害赔偿案件查办。

截至 2020 年，完成了全区生态环境机构和自治区级以下生态环境机构监测监察执法垂直管理制度改革，建立了“纵向到底、横向到边”的环境监管体系，制订《西藏自治区深化环境保护综合行政执法改革的实施方案》《西藏自治区贯彻落实监督执法正面清单工作方案》，推行监督执法正面清单，建立职责明确、边界清晰、行为规范、保障有力、运转高效的生态环境保护综合行政执法体制。深化“放管服”改革与“互联网 + 政务服务”管理，完成 18 个规划环评审查、1067 份环评报告书（表）审批和 9269 份环评登记表备案，登记备案率占环评文件分类管理 90% 以上，企业和群众跑腿次数、办理时间缩减 60% 以上。推进排污许可制度改革，核发排污许可证 487 张、登记管理 5414 家，实现固定污染源排污许可全覆盖。山南、林芝、昌都市和阿里地区完成监测机构改革，新增8个片区监测机构，增加人员编制30名。昌都市新设环境应急处置中心和环境信息中心，阿里地区新设环境宣传与信息中心。生态环境领域改革活力释放。

生态文明示范创建工作持续推进。2014年6月，经国家发改委、财政部、国土资源部、水利部、农业部、林业局批复，西藏林芝地区成为首批全国生态文明先行示范区之一，西藏林芝地区以生态保护与建设、新型城乡发展、特色产业建设、清洁能源、科技支撑等八项工程为支撑，全面实现林芝地区经济发展质量、资源能源节约利用、生态建设与环境保护、生态文化培育和体制机制建设等5个方面51个指标的生态文明先行示范区建设目标，到2020年，林芝县、米林县、朗县、工布江达县、波密县、墨脱县、察隅县80%以上的乡镇建成国家级生态文明乡镇，并成为国家级生态文明县，八一镇通过国家生态保护模范城市考核。国家通过直接财政支持、生态补偿等经济政策，促进西藏的经济、社会和环境协调发展。

为大力推进美丽西藏建设，西藏自治区紧紧围绕建设美丽西藏目标，全面启动生态村、生态乡镇、生态县、生态市（地）等美丽西藏生态示范区创建工作。截至2020年，拉萨市、山南市、林芝市、昌都市和阿里地区获得第四批国家级生态文明建设示范市称号，巴宜区、亚东县和当雄县获国家生态文明建设示范县称号，隆子县获“绿水青山就是金山银山”实践创新基地称号。到2020年，累计命名自治区级生态县17个、生态乡镇213个、生态村2373个。通过多年的生态示范区创建工作，西藏农牧区环境综合整治初见成效，生态环境保护力度显著增强，社会各界生态文明观念逐步树立，为全面建设美丽西藏打下了坚实基础。

——紧扣主题，生态服务能力开拓创新

2020年，西藏统筹推进疫情防控和经济社会发展，严格坚持贯彻落实新发展理念，积极落实高质量发展要求，坚持稳中求进、进中求好、补齐短板工作总基调，扎实做好“六稳”工作，全面落实“六保”任务，加快推进复工复产复商复市，经济运行平稳向好。服务经济发展能力不断提升，服务绿色转型作用逐渐显现，特色优势产业“逆势”发展。

服务疫情防控工作保障有力。面对突如其来的新冠肺炎疫情，坚持人民至上、生命至上，迅速开赴疫情防控一线，坚持“两个紧盯”，实现医疗机构设施环境监管服务100%全覆盖、医疗废物废水及时有效收集转运处置100%全落实，确保生态环境安全。积极服务“六稳”“六保”，全面统筹常态化疫情防控、经济社会发展和生态环境保护，建立环评审批和监督执法“正面清单”，303个项目实行环评告知承诺制，579家企业纳入监督执法正面清单名录，全面助力复工复产。拉萨市在疫情防控关键时期，冲锋一线、坚守一线，全程监督涉疫医疗废物安全处置，为确保首府拉萨疫情防控生态环境安全贡献积极力量。

服务经济发展能力不断提升。建立经济社会发展和生态文明建设协调联动机制，召开重点项目环评推进会，全力服务川藏铁路、机场“3+1”、盐湖资源开发、雅江水电开发和脱贫攻坚、强边固边等项目建设。稳步推进环评分类改革试点，对177个涉边项目简化环评手续，32个项目纳入环评豁免试点管理。优化调整畜禽养殖禁养区，全力保障生猪养殖等民生项目落地。以守护绿水青山助力脱贫攻坚，高质量完成行业扶贫任务，持续开展定点扶贫工作。

建立国家安全环境风险防控协调机制，全面防范化解生态环境领域社会风险。林芝、昌都市加快建立川藏铁路生态环境监管机制，全力支持绿色工程建设。

服务绿色转型作用逐渐显现。统筹落实主体功能区规划，完成区域空间生态环境评价暨“三线一单”编制，发布实施《西藏自治区“三线一单”生态环境分区管控方案》，进一步优化国土空间和产业布局。积极应对气候变化，严格控制主要污染物和温室气体排放，倒逼绿色转型高质量发展，特色优势农牧业、生态文化旅游业、清洁能源产业等绿色生态产业发展势头良好。扎实开展塑料污染治理专项行动，积极倡导绿色生活。日喀则、山南、林芝市和阿里地区在“三线一单”编制过程中，全面统筹稳定发展生态强边四件大事，为兴边富民、乡村振兴等预留充足空间。

——齐抓共管，生态安全屏障日益筑牢

在中国共产党的坚强领导下，西藏自治区党委带领各族干部群众突出生态文明建设工作的地位，全面贯彻落实“必须坚持生态保护第一”的理念，在自然保护区建设、生态保育、生态系统治理、污染防治攻坚战等各个方面取得了卓有成效的成绩，切实守护了西藏的生灵草木、万水千山，筑牢了国家生态安全屏障，西藏仍然是世界上生态环境最好的地区之一。

生态保护区面积不断扩大。自 1988 年建立第一个珠峰自然保护区以来，以自然保护区为主体，国家湿地公园、国家森林公园等多种类型的自然资源保护体系逐步形成，全区 80%以上的珍稀濒危野生动植物物种和典型生态系统得到有效保护。截至 2020 年底，西藏全区已建立各类自然保护区 61 处，其中国家级自然保护区 11

个，保护区总面积 41.22 万平方公里，面积居全国第一；建立了 22 个生态功能保护区（国家级 1 个），纳入国家重点生态功能保护区转移支付县达 36 个；建立了 4 个国家级风景名胜区、9 个国家森林公园、22 处国家湿地公园以及 3 个国家级地质公园。国家持续加大投入，对生态保护成本和发展机会成本实施生态补偿。2001 年至 2019 年，累计兑现森林、草原、湿地、重点生态功能区等各类生态效益补偿资金 316 亿元。西藏坚持将搬迁工作与生态保护修复同规划、同实施，在迁出地实施生态保护修复工程，对老旧、阻碍野生动物迁徙通道和部分村界建设的网围栏全部拆除。2018 年至 2020 年，西藏自治区财政已累计投入资金近 40 亿元支持极高海拔地区生态搬迁。已完成拉萨市堆龙德庆区古荣乡安置点、山南市贡嘎县森布日安置点一期建设项目，那曲市尼玛县荣玛乡、双湖县嘎措乡、雅曲乡、措折羌玛乡和安多县色务乡 1219 户 5160 人搬迁入住。迁出地腾退草场694.29万亩，均划为自然保护区。2020年8月，经全区各级各部门和专家历时 4 个多月的共同努力，西藏自然保护地整合优化外业调查和评估工作完成，形成了《西藏自治区自然保护地整合优化预案（审查稿）》，首次实现了对西藏自然保护地范围和功能区界线的系统调查评估和建档立卡，通过整合优化基本实现了“优化总体布局、提升保护效能、解决矛盾冲突”的目标，为推动自然保护地科学保护、系统管理奠定了坚实基础。“十三五”以来，西藏生态空间不断优化，全面划定生态保护红线、环境质量底线、资源利用上线，生态红线面积 53.9 万平方公里，占全区国土面积的 45%。

生态保育取得显著成效。“十三五”以来，西藏自治区围绕生态林业和民生林业两条主线，投入林草生态保护与建设资金 201.79

亿元，重点加强森林防火及林业有害生物防治、防护林、防沙治沙、重要湿地保护与恢复等十大林草重点工程项目建设。以实施西藏生态安全屏障保护与建设防护林体系、退耕还林、防沙治沙等重点工程为依托，西藏大力推进国土绿化行动，完成营造林 596.48 万亩，拉萨河流、雅江中游等地防护林体系初具规模。实施退牧还草 4020 万亩，落实新一轮退耕还草 15.01 万亩，开展退化草原生态修复治理 35.37 万亩，治理鼠虫毒草害 2200 万亩。截至 2020 年，累计投入 121.5 亿元深入实施《西藏生态安全屏障保护与建设规划（2008—2030 年）》，大力实施以“神圣国土守护者、幸福家园建设者”为主题的乡村振兴战略。持续开展国土绿化行动，完成 1079 个“无树村”和 10.5 万“无树户”消除任务，全区森林覆盖率提高至 12.31%，森林面积 1602.42 万公顷（包括有林地、灌木林地、其他林地），森林蓄积量 22.83 亿立方米，居全国第一位。全区天然草原综合植被盖度提高到 47%，天然草原面积 8893.33 万公顷，其中，可利用天然草地面积 7526.67 万公顷。全区现有湿地面积达到 652.9 万公顷，与全国第一次湿地资源调查结果相比，全区湿地资源增加 52.42 万公顷，增加 8%。全区共有国际重要湿地 4 处、国家湿地公园 22 处、湿地类型的自然保护区 15 处，受保护湿地面积达 448.87 万公顷。截至 2020 年，西藏累计投入生态环境领域的资金达 814 亿元。统筹山水林田湖草系统治理，大力实施《西藏生态安全屏障保护与建设规划（2008—2030 年）》和“两江四河”（雅鲁藏布江、怒江、拉萨河、年楚河、雅砻河、狮泉河）流域造林绿化工程。加强水土保持工作，加大水土流失综合治理力度，全面推进河湖长制，设立区、市、县、乡、村五级河湖长 1.48 万名，实现河湖“清四乱”常态化制度化。2020 年，噶尔县因河湖长制工作成效明显，被国务院办公厅列入激励名单。截至 2020 年，国家累计投入 121.5 亿元深入实施《西藏生态安全屏障保护与建设规划(2008—2030 年)》，建立 1 个防沙治沙综合示范区、5 个沙化土地封禁保护区，封禁面积达到 4.8 万公顷。

生物多样性得到有效保护。“十三五”以来，西藏全面实施山水林田湖草系统治理，加强生物多样性保护，新发现珍稀野生动物 5 种，目前陆生野生动物种类达 1072 种，国家重点保护的野生动物有 219 种。其中国家一级重点保护动物 67 种，国家二级重点保护动物 152 种。2020 年，西藏已记录的野生植物 9600 多种，含苔藓植物 700 余种，维管束植物 7489 种，西藏特有植物 1075 种，各类珍稀濒危保护野生植物 383 种。其中，国家重点保护珍稀植物 38 种，自治区重点保护野生植物 40 种。有 214 种珍稀濒危野生植物列入《濒危野生动植物种国际贸易公约》附录。西藏动物种类极为丰富。截至 2020 年底，全国第二次陆生野生动物资源调查发现 5 个新物种（白颊猕猴、陈塘湍蛙、喜山原矛头蝮、察隅湍蛙、林芝湍蛙）、中国新纪录物种 5 个（东歌林莺、简氏红鞭蛇、棕额啄木鸟、戴帽叶猴、波普拟蟾），绝大多数保护物种种群数量恢复性增长明显，藏羚羊种群数量上升到 30 万只左右，藏野驴数量增加至 9 万头左右，野牦牛数量增加到 1 万余头左右，黑颈鹤数量增加到 8000 余只左右。生物物种数量不断增加，生物多样性得到有效保护，雪豹、盘羊、岩羊等野生动物恢复性增长明显，野生植物生存环境、野生动物栖息地基本保持原生自然状态。如今的西藏，冰川草地溪流纯净如初，飞禽走兽游鱼欢快怡然，仍然是世界上生态环境最好的地区之一。

污染防治攻坚战成效明显。近年来，自治区紧盯污染防治攻坚战，生态环境质量实现新改善。截至2020年，蓝天保卫战取得决定性胜利。巩固拓展打赢蓝天保卫战三年行动成果，持续优化调整产业、能源、运输和用地结构，推进防风固沙绿化、扬尘污染防治、工业达标排放等治理，持续加强煨桑环境管理，排查整治散乱污企业242家。深入实施柴油车污染防治攻坚战，全面划定高排放非道路移动机械禁行区，登记非道路移动机械6402台。累计完成249个加油站、9座储油库油气回收改造任务，淘汰燃煤锅炉463台、老旧车26459辆。建设机动车管理信息平台和环境空气质量预报预警平台。2020年地级以上城市环境空气优良天数比率达99.4%。林芝、昌都市空气环境质量优良天数达到100%；碧水保卫战取得阶段性成效。持续落实水污染防治行动计划工作方案，扎实落实饮用水水源地保护攻坚战，全面划定141个县级以上城市和1个万人千吨农村集中式饮用水水源地保护区。开展入河排污口专项排查调研行动，摸清建立664个入河排污口台账。落实1.84亿元实施雅砻河、年楚河等重点流域水生态保护工程。推进27个农村污水处理试点工程建设。完成1491个地下储油罐防渗改造。全区主要江河湖泊及饮用水水源地水质达标率100%。昌都市举办澜沧江、金沙江、怒江“三江”上游藏川滇青邻省五市州生态环境系统跨流域生态环境联席会议，共谋流域生态环境大保护；净土保卫战取得突破性成果。全面实施土壤污染防治行动计划，完成农用地和重点行业企业用地土壤污染状况调查，完成65个县耕地土壤环境质量类别划分。建立土壤污染风险目录，实施分级管控，受污染耕地安全利用率达91%，受污染建设用地安全利用率达100%。开展地下水环境状况调查，优化调整地下水环境质量监测点位。深入实施“白色污染”治理攻坚战，开展美丽西藏“三整治三提升”、危险废物整治三年行动和环境大整治行动，持续加强固体废物监管。深入实施农业农村污染治理攻坚战，全面划定畜禽养殖禁养区，化肥农药使用量实现负增长。日喀则、山南市率先开展土壤污染治理和修复试点，积极探索工业用地和农用地土壤修复技术经验。“十三五”规划纲要确定的生态环境 9 项约束性指标和污染防治攻坚战核心阶段性目标圆满完成。雪域高原的天更蓝、水更清、地更绿，生态安全屏障日益坚实。

生态保护监管水平全面加强。全面落实生态环境监管责任，深入开展“绿盾 2020”自然保护地强化监督工作，健全协调联动机制，有效遏制涉自然保护地违法违规问题。开展 2015—2020 年生态状况变化遥感调查评估和藏北草地保护与建设工程成效评估。汇总全区 1 个中心 10 个子站生态遥感监测成果。探索推进生物多样性保护与评估研究工作。日喀则市持续开展珠峰清洁行动，坚决守护珠峰区域环境安全。那曲市、阿里地区狠抓羌塘自然保护区建设管理，有力维护藏西北区域生态功能。

环境督察考核力度持续加大。扎实推进中央生态环境保护督察反馈问题整改，40 项整改任务完成销号，5 项整改工作持续深入推进。出台《西藏自治区生态环境保护督察工作实施细则》，实现本级督察全覆盖。连续 7 年开展生态环境保护考核，累计兑现考核奖励资金 5.55 亿元。严格建设项目环评管理，召开 2019 年度自治区重点项目环评工作推进会。推行“互联网 + 政务服务”“互联网 + 监管”环评审批，推行网上受理和不见面审批。启动了“三线一单”编制工作，初步制定了西藏自治区生态环境管控单元。严格辐射环境和固体废物管理，严格生态环境执法，全年累计出动执法人员 1.7 万余人次，检查企业项目 5823 家次，查处环境违法案件 235

件，罚款1352万元。严厉打击了各类环境违法行为，保持了铁腕治污的高压态势。健全西藏自治区本级环保督察制度体系，实施3批次跟踪督察，本级督察整改完成率达到90%。开展2020年度生态环境保护考核工作，累计兑现考核奖励资金4.63亿元。坚决禁止生态环境保护“一刀切”行为，积极抓好生态环境领域扫黑除恶工作。阿里地区中央环保督察整改工作专班常设地区行署，地区主要领导亲自督办，整改态度积极，措施有力有效，从严从实抓好督察整改各项工作。

环境监测执法体系不断健全。2020年，西藏自治区环境监测中心站、辐射环境监督站、监察执法总队基本达到了标准化建设标准，地市级监测、监察硬件设施装备进一步完善，实现了县区级环境监管能力从无到有。地（市）行署（政府）所在地空气自动监测子站均完成升级改造，增加了$PM_{2.5}$监测能力。申扎生态监测站建成投运，山南、林芝、昌都生态监测站启动建设。编制生态环境监测网络建设规划，加快生态环境监测网络建设。开展格拉丹东长江源、珠峰绒布河及周边、川藏铁路林芝至波密段生态环境状况调查与监测，自主完成56个国控和192个区控地表水等环境质量监测任务。2020年全年累计获取各类监测数据9.2万个。开展全区环境信息与统计能力建设，初步实现了上联国家、下联地市环保部门。建成“西藏环境”政府门户网站，拓宽环境信息公开渠道。创办《西藏环境》刊物，提升环境宣传教育工作水平。联合西藏电视台每日发布空气环境质量信息。深入打好执法大练兵活动翻身仗，开展打击危险废物违法犯罪专项行动。累计出动执法人员10929人次，检查企业4327家次，查处违法企业282家次，罚款1564.86万元。组建突发环境事件应急指挥部，开展环境安全隐患排查，加强环保项目“邻避”问题防范。开展首次“平安西藏”辐射环境应急演练。办结环境信访举报 525 件，办结率 100%。未发生重大环境污染事故。辐射环境监测能力首次通过生态环境部评估，日喀则市、阿里地区完成生态环境监测实验室计量认证，实现全区监测能力全覆盖大提升；昌都、那曲市强化执法现场练兵、实战练兵，共评查优良执法案件 77 件，全区占比达 67%。

——生态优先，绿色发展格局初步形成

党的十八大以来，西藏自治区积极贯彻落实习近平总书记“绿水青山就是金山银山”“冰天雪地也是金山银山”的理念，坚持生态保护第一的同时不断推进西藏经济高质量发展，依托高原生态资源优势，大力发展农牧产品生产加工、绿色能源生产和全域生态旅游等特色产业，逐步建立一批西藏特色的现代生态经济产业体系。近年来，西藏的生态“颜值”不断提升，生态价值持续增加，绿色发展格局初步形成。

绿色清洁能源产业快速发展。青藏高原拥有丰富的水能、太阳能、地热能等绿色能源。近年来，青藏高原各省区基本构建了以水电、太阳能等为主体的可再生能源产业体系，保障了区域经济发展与环境保护的协调推进。青藏高原多条大江大河流经高山峡谷，蕴藏着丰富的水能资源。西藏水能资源技术可开发量为 1.74 亿千瓦，位居全国第一，近年来建成了多布、金河、直孔等中型水电站，至 2017 年底，全区水电装机容量达到 177 万千瓦，占全区总装机容量的 56.54%。青藏高原是世界上太阳能最丰富的地区之一，年太阳总辐射量高达 5400—8000 兆焦 / 平方米，比同纬度低海拔地区高 50%—100%。2014 年，西藏被国家列为不受光伏发电建设规模

图 2-54　高原生态绿洲

限制的地区，优先支持西藏开发光伏发电项目。到 2017 年底，西藏光伏发电装机容量达 79 万千瓦。

尊重自然、顺应自然、保护自然，自觉推动绿色发展、低碳发展，如今在西藏蔚然成风。被动式太阳房是西藏太阳能利用较早的技术之一，20 世纪 80 年代开始在阿里、那曲、拉萨等地市推广应用。太阳房能基本满足冬季采暖要求，改善了生活环境，提高了生活质量。房屋节能环保程度已成为农牧民建房时的重要决策因素。截至 2017 年底，以水能、太阳能、沼气为主的清洁能源已达到西藏自治区电力总装机容量的 87%，推广太阳灶 40 多万台，太阳能热水器 45 万平方米，被动式太阳房约 42 万平方米，降低了农牧民对传统燃料的依赖。在新能源产业方面，西藏积极发展风能、太阳能、地热能、水能电力开发技术，目前可开发电量达 10. 6 亿千瓦，电力总装机容量达 423 万千瓦，其中清洁能源占比接近 90% 。西藏将建设成为国家清洁能源接续基地。截至 2020 年，清洁能源已达到发电装机容量的89.09%。用好风水光，“绿电”滚滚来。截至2020年底，西藏清洁能源发电装机占比接近九成，从2015年到2020年已累计外送清洁电力65亿千瓦时。

绿色生态产业发展势头良好。改革开放以来，西藏结合本地区自然生态资源优势，始终坚持保护优先、绿色发展的理念，调整区域流域产业布局，培育壮大节能环保产业，推进资源节约和循环利用，走可持续绿色发展道路。特别是党的十八大以来，制定了《西藏自治区循环经济发展规划（2013—2020年)》，大力发展绿色低碳经济。在特色优势产业发展方面，积极发展生态旅游、生态农牧和天然饮用水等产业，实现人民群众增收致富。2017年，西藏自治区共接待游客2561.4万人次，旅游收入达379.4亿元，占当年全区国内生产总值的28.95%；2019年全区实现旅游收入559. 28亿元，增长14.1%，接待游客4012.15万人次，比上年增长19.1%，旅游业已成为名副其实的支柱产业。

2004年至2018年，国家累计投入30余亿元，在西藏实施青稞、牦牛、藏药材等10多类450多个农牧业特色产业项目，培育龙头企业100多家，实现农牧民增收11.82亿元，使175.4万人受益。2020年，西藏共有农牧业产业化龙头企业162家，农畜产品加工业总产值达到57亿元，比2015年末翻了一番。西藏自治区推动地理标志产品认证，培育特色品牌，加快特色农牧产业发展。目前已有帕里牦牛、岗巴羊、隆子黑青稞、察隅猕猴桃、波密天麻等10多个农牧地理标志保护产品获得国家有关部门认证。农牧业特色产业从小到大、快速发展，建成了一大批优质粮油生产、无公害蔬菜种植、标准化奶牛规模养殖、绒山羊养殖等特色产业基地。截至2020年，积极进行生态农牧产业绿色生产基地和无公害绿色产品认证，已完成认证的绿色无公害生产基地达22家，通过认证的地理标志产品、绿色产品、有机产品共计40种，认证无公害绿色产品105个，同时积极扩展产品产业链和附加值，将绿色有机生态优势转化为经济效益，有效促进特色农产品专业化、品牌化运营。

绿色生活方式成为社会风尚。西藏倡导绿色生活方式，推进绿色消费，引导城乡居民广泛使用节能节水节材产品和可再生产品，购买新能源汽车、高能效家电、节水型器具等节能环保低碳产品，减少一次性用品的使用。实行全民节约行动计划，推动全民在衣、食、住、行、游等方面加快向勤俭节约、绿色低碳、文明健康的方式转变。全区各级党政机关、国有企业带头厉行勤俭节约，推进绿色采购，推行无纸化和绿色节能办公。深入开展反食品浪费行动、反过度消费行动。大力推行绿色建筑。通过多种宣传载体加大生态环境保护宣传教育，组织城乡居民开展环保教育培训、利用“世界环境日”开展低碳日宣传活动、开展年度节能宣传周环保活动等，提升民众参与度，在学校、社区、单位表彰环保先进人员等活动，逐步在全社会普及生态文明理念。“绿水青山是金山银山”“冰天雪地也是金山银山”的新观念渐渐取代“靠山吃山、靠水吃水”的旧观念，尊重自然、顺应自然、保护自然的理念逐渐融入西藏人民群众的日常生产生活中。

随着西藏生态文明建设的不断推进，可持续发展的理念逐步被人们所理解接受，建设资源节约型、环境友好型城市交通的理念也逐步深入人心。在交通建设项目中，严格执行交通规划和建设项目环境影响评价、环境保护“三同时”制度。仅2016年，拉萨就淘汰黄标车916辆、老旧车辆596辆，投放包括纯电动、气电混合在内的新能源汽车192辆。2017年，共享单车进入西藏拉萨，迅速成为老百姓出行的选择，形成了美丽的城市风景线；出租车、公交车“油改气”工作得到大力推广，拉萨等高原城市新能源汽车数量稳步提升，珠穆朗玛峰、纳帕海等自然保护区核心区已实现新能源汽车运营服务。绿色交通、文明旅游成为新的出行方式。近年来，西藏持续开展“爱粮节约”活动和“光盘行动”，城乡居民节约用水用电意识显著增强，新能源电动汽车数量快速增长，自然、健康、低碳、生态的生活方式成为各族群众的自觉追求，绿色生活成为新时尚。

——用心守护，生态环境权益有力保障

随着西藏经济社会的不断发展，西藏各族人民对良好生态环境的要求越来越迫切，对绿色发展理念的自觉性和主动性显著增加，生态文明教育逐步形成常态，新发展理念不断厚植于心、笃定于行。得益于西藏生态文明建设力度的不断加大，各族群众在参与生态文明建设过程中共享生态文明建设的成果，吃上了“生态饭”，在美丽西藏的建设中获得感、幸福感、安全感不断增强。

生态文明理念深入人心。一直以来，西藏坚持以提升效果为目标，多途径开展生态文明宣传，不断强化环保宣传舆论引导力，抓紧世界环境日、世界水日和全国节能宣传周等主题宣传活动，充分发挥新闻舆论引导和监督作用，开展多层次、多形式的生态文明建设宣传教育活动，营造人人关心生态、人人支持生态、人人爱护生态的浓厚氛围。紧扣公众关注的环境热点难点问题，西藏加强环境舆情监测、收集，科学评估舆论态势，紧紧抓住每年的世界环境日等公众关注度高的时期，向公众发布生态环境质量公报，切实增强舆论引导工作的主动性和主导性。

在环境宣传工作中，自治区坚持传统宣传手段，创新“互联网

+”宣传。在国民教育中加入生态文明意识教育内容，在全区各级党校设立生态文明课程，利用党校（行政学院）组织开展各类环保相关培训，通过自治区生态环境厅门户网站、微信、微博推送生态环境信息。在世界环境日等关键节点，通过悬挂横幅，发放宣传手册、宣传单、环保购物袋、围裙及雨伞等，推送环保短信、回答群众环保相关问题等系列方式，不断提高群众的环保意识。现在，大家都知道保护环境的重要性，不再乱扔垃圾、乱砍树木，家家户户都争当文明家庭。“绿水青山就是金山银山”“冰天雪地也是金山银山”的理念不断增强。各族群众在恶劣的生存环境中与大自然息息相存，培育了人与自然和谐相处的优良传统，尊重自然、顺应自然、保护自然已成为西藏各族人民的自觉行动，生态文明理念深入人心。

生态富民措施有效落实。国家在青藏高原建立了重点生态功能区转移支付、森林生态效益补偿、草原生态保护补助奖励、湿地生态效益补偿等生态补偿机制。西藏自治区正确处理保护生态与富民利民的关系，持续完善重点生态功能区转移支付和各类生态补偿政策，积极探索建立生态综合补偿机制。一是严格落实重点生态功能区转移支付资金。西藏纳入国家重点生态功能区转移支付范围由2008年的7个县增至36个县。截至2020年，累计下达转移支付资金146.66亿元。二是提高草原生态保护补偿标准。“十三五”期间，中央财政不断加大西藏草原生态保护补助支持力度，累计安排禁牧补助、草畜平衡奖励144.10亿元，大力支持西藏草原生态保护及脱贫攻坚工作，累计安排草原生态修复治理补助5.28亿元，用于退化草原生态修复、草种繁育、草原有害生物防治等方面，政策成效显著。2019年，西藏草原植被综合覆盖度达到46.71%。三是全面加强森林资源管理。“十三五”期间，中央财政不断加大森林生态效益补偿力度，已累计安排资金85.89亿元。中央财政森林生态效益补偿政策已覆盖西藏65个县区，纳入的公益林面积达1.65亿亩，实际控制线内实现森林面积全覆盖。“十三五”期间，中央财政按照10元/亩的标准，累计安排9.89亿元，对1915万亩天然林实行长期管护。四是不断完善湿地生态效益补偿。2015年，西藏制定了《西藏自治区重要湿地生态效益补偿试点项目总体方案》，在申扎、定结、浪卡子3个县启动重要湿地生态效益补偿试点工作，先后在雅鲁藏布江中游河谷、玛旁雍措、珠穆朗玛峰、羌塘、色林措5处国家级自然保护区开展湿地生态效益补偿试点建设，通过湿地生态补偿、湿地管护、湿地保护与恢复、湿地监测与宣传等生态补偿和保护措施，全面提升试点区域湿地生态系统健康水平。“十三五”期间，中央和自治区财政累计投入3.26亿元，强化湿地资源保护和管理。2015年至2018年，西藏自治区探索建立野生动物肇事补偿机制，投入8500万元帮助牧民减轻因野生动物肇事带来的损失。建立起了覆盖草原、森林、湿地、野生动物肇事等领域的生态保护补偿机制。2019年，西藏落实生态岗位66万多个，落实重点生态功能区转移支付等各类奖补资金97.7亿元，通过参与造林绿化、防沙治沙等生态工程建设，每年有10多万农牧民群众人均增收3000多元，越来越多的农牧民吃上了“生态饭”。“十三五”期间，中央和西藏自治区财政累计落实各类生态补偿资金380.84亿元（含重点生态功能区转移支付资金），脱贫攻坚生态岗位补助标准提高到每人每年3500元。日喀则市定日县等5个县纳入国家生态综合补偿试点。通过严格落实重点生态功能区转移支付资金、提高草原生态保护补偿标准、加强森林资源管理、完善湿地生态效益补偿、探索开展流域上下游横向生态保护补偿机制等方式，让西藏各族群众在参与生态文明建设过程中共享生态文明建设的成果，让各族群众吃上了“生态饭”。2019 年至 2020 年，累计安排生态护林员补助资金 2.74 亿元，支持选聘生态护林员 7.82 万名，安排森林生态效益补偿补助 31.82 亿元，生态富民措施有效落实。如今，越来越多的普通老百姓成为生态卫士，成为生态建设的“主力军”，真正实现了生态环境保护与脱贫攻坚的共赢。

生态宜居水平不断提升。截至 2020 年，西藏自治区累计落实 5.8 亿元，实施 4992 个行政村环境综合整治。推进巩固提升脱贫攻坚成果同乡村振兴有效衔接，以生态振兴服务乡村振兴。持续实施了流域综合治理、农村与城镇人居环境改善、工矿污染防控等系列环境保护工程，组织实施江河湖库水系连通综合治理，积极开展那曲市水生态文明城市试点建设，有效保护了西藏的碧水蓝天。西藏全面落实河长制、湖长制，强化入河排污口监督管理。

图 2-55　良田万顷

在全国率先建设了江河源生态功能保护区，开展了对纳木措、羊卓雍措等重点湖泊流域的环境治理和生态修复。相继实施薪柴替代、“厕所革命”、环境整治、乡村绿化等项目，聚力美丽乡村建设、助力高原乡村振兴。逐步建立健全农村生活垃圾收运处置体系。2010 年至 2019 年，共安排资金 60.35 亿元，开展 6223 个村人居环境建设和环境综合整治工作，不断加强城乡社区绿化美化，着力解决垃圾分类处理、噪音污染处理、污水排水、秸秆焚烧等问题。“十三五”期间，西藏城市污水处理率从 50.19% 大幅提高到 96.28%，县级以上城镇生活垃圾无害化处理率达到 97.34%，环境质量得到极大改善。

在国家支持下，西藏不断推进美丽宜居城镇建设，进一步加快城镇生活垃圾、污水基础设施建设。截至 2018 年底，全区共建成 106 座城镇生活垃圾填埋场、89 座生活垃圾转运设施，生活垃圾处理能力达到 2241.9 吨 / 日，转运垃圾 471.3 吨 / 日；城镇污水处理厂 16 座，污水处理能力达到 37.4 万吨 / 日，配套污水管网长度达 903.42 公里，县城及以上城镇生活垃圾无害化集中处理率达 91.38%，县城及以上城镇污水集中处理率达 61.17%。“十三五”时期，西藏累计落实投资 28.23 亿元。共建成投入运行 32 座污水处理厂，日污水处理能力达到 31.16 万吨，配套收集管网长度达 954 公里；全区设区城市、县级以上城镇污水集中处理率分别达到 96.28% 和 78.06%，相比“十二五”末，分别提高了 46.28% 和 32.58%。生活垃圾无害化处理设施建设有力推进，“十三五”时期，累计落实资金 13.27 亿元。共建成 107 座生活垃圾填埋场，89 座转运站、1 座垃圾焚烧发电厂、1 座餐厨垃圾处理设施；全区设区城市、县级以上城镇生活垃圾无害化处理率分别达到 99.63% 和 97.34%，相比“十二五”末，分别提高了 8.3% 和 17.34%。城市建成区绿地面积达到 6289.92 公顷，绿地率为 35.93%。相比“十二五”末，建成区绿地面积增加了 309.92 公顷，城市绿色生态宜居水平不断提升。

——强化支撑，环境基础能力不断提升

近年来，西藏不断加强环境监测、监察、辐射、宣教等基础能力建设，加大经费、仪器设备投入力度，着力完善水、气、土壤环境质量监测网络，搭建起数字化、立体化、智能化和全覆盖的生态环境保护监管网络平台，加强专项技能培训，取得良好成效，使全区环境监测能力和技术水平不断提升，为环境保护提供了重要技术支撑。西藏自治区坚持规划先行，扎实推进重要基础工作，环境基础能力实现新提升。

重大规划研究取得突破。坚持规划先行，启动《西藏自治区国家生态文明高地建设规划》编制工作。开展“十三五”生态环境保护和全国生态环境系统对口援藏规划自评估，加快编制“十四五”生态环境保护规划及专项规划。完成《生态环境监测网络建设规划》，编制了《西藏自治区“十四五”危险废物集中处置与监管能力建设规划》。开展《重点流域水生态环境保护“十四五”规划》《“十四五”空气质量改善规划》编制工作。

重点环境科研支撑有力。积极参与第二次青藏高原综合科学考察，选派 4 人参与“生态安全屏障优化体系”课题研究。取得碳汇经济发展研究、生态资产评估—生态系统服务价值核算等科研成果。完成 2016—2019 年全区生态环境统计数据更新。推进“高原寒区实验室”建设，联合组建“西藏生态文明研究中心”，西藏自

然科学博物馆成功入选国家生态环境科普基地。完成自治区第二次全国污染源普查，顺利通过国家验收，拉萨市生态环境局、山南市普查办等 32 个集体、161 人受到国家表彰。

重要基础工作扎实推进。建成生态保护红线监管平台和机动车信息管理平台，建设重点企业污染源在线自动监控（监测）平台和环境涉税信息共享平台，环境管理逐步趋于信息化。持续深入开展“美丽西藏、我是行动者”宣传教育活动，七地市 29 家四类环保设施向公众开放比例达到 100%，政府信息公开实现标准化规范化。“七五”普法顺利通过验收。《西藏自治区志・环保志》完成修编出版。拉萨市率先实现 46 家重点污染源企业监控（监测）数据信息联网线上监管。

三、精准施策奔小康

“贫困之冰，非一日之寒；破冰之功，非一春之暖”。西藏是我国“三区三州”唯一省级集中连片特困地区，也是脱贫攻坚之初全国贫困发生率最高、贫困程度最深、扶贫成本最高、脱贫难度最大的区域。西藏贫困是历史、自然等多种因素长期积累的结果，反贫困绝非一朝一夕就能一蹴而就。西藏开展大规模扶贫始于西藏和平解放，在中国共产党的领导下，兑现了“消除绝对贫困、全面建成小康社会”的承诺，体现了中国共产党抓铁有痕、踏石留印、久久为功的丰功伟业和中国特色社会主义制度的优越性。截至2019年底，全区62.8万建档立卡贫困人口已全部脱贫，74个贫困县区全部摘帽，历史性彻底消除了绝对贫困问题。全区国民生产总值（GDP）由2013年的807.67亿元增长到2020年的2080.17亿元，增长257.55%。全区农村居民人均可支配收入由2013年的9740.43元提高到2020年的16935元，增长173.86%。

“中华大地起苍黄，举国人民奔小康”。全面建成小康社会，实现第一个百年奋斗目标，在中国共产党奋斗史、新中国发展史、中华民族文明史上都具有里程碑的意义。2020年西藏同全国一道全面建成小康社会的史实证明，新西藏农牧区反贫困、全面建成小

图 3-1　林芝城市公园

康社会的历史就是西藏各族人民同贫困不懈斗争、西藏经济社会“跨越式”发展的史诗。毋庸置疑，民主改革使西藏社会制度一步跨千年，脱贫攻坚让西藏各族人民生活方式一步跨千年。绝对贫困彻底消除、兴边富民大力推进、乡村振兴有序实施、区域协调全面发展的铿锵步伐和伟大成就证明，西藏阔步迈入小康社会是社会主义制度优越性的呈现、是中国共产党先进性的佐证、是筑牢中华民族共同体意识的基石，也是新时代新西藏长治久安和高质量发展的历史必然。

（一）绝对贫困彻底消除

西藏位于我国西南边陲和青藏高原主体区域，平均海拔在4000米以上，地形地貌复杂多样，灾害频发，贫困呈现“大集中大分布”的基本特征，是我国典型的贫中之贫、困中之困、坚中之坚的深度贫困地区，位列我国“三区三州”深度贫困区域之首。西藏经济总量小、发展水平低、农牧业生产相对粗放，生态环境相对脆弱，基础设施建设相对滞后，公共服务水平较低，农牧民“宁可临潭羡鱼，不去退而结网”的思想较为严重，贫困原因相互交织，经济社会总体发展水平与周边省份不能同日而语，与我国东南沿海地区存在明显差距，西藏经济社会发展实现由贫穷落后向文明进步的伟大跨越任务艰巨。

“为有牺牲多壮志，敢教日月换新天”。党的十八大以来，特别是决战决胜脱贫攻坚战打响以来，西藏自治区党委、政府以习近平新时代中国特色社会主义思想为统领，牢固树立“四个意识”，坚定“四个自信”，做到“两个维护”，深入贯彻落实习近平总书记关于扶贫工作的一系列重要论述精神，深入贯彻落实党的十九大和十九届二中、三中、四中、五中全会精神，深入贯彻落实中央第六次、第七次西藏工作座谈会精神，聚焦全区全面建成小康社会总目标，以脱贫攻坚统揽全区经济社会发展全局，把脱贫攻坚作为一项重要政治任务和第一民生工程，紧紧围绕贫困群众稳定实现“两不愁、三保障”总目标和“三率一度”达标要求。加强组织领导，狠抓责任落实，强化党政一把手负总责，五级书记抓扶贫的精准扶贫工作责任制，科学分析形势，积极应对挑战，明确扶持谁、谁来扶、怎么扶、如何退“四个问题”，按照“六个精准”脱贫要求，深入落实“五个一批”脱贫措施，加快补齐基础设施建设短板和全力提升公共服务水平，全方位推进精准扶贫精准脱贫。通过全体西藏儿女“缺氧不缺精神，艰苦不怕吃苦，海拔高境界更高”的真抓实干，西藏贫困治理的伟大实践实现了弯道超车和直线加速，农牧业生产条件得到极大改善，农牧区社会面貌焕然一新，农牧民感党恩、听党话、跟党走的步伐更加铿锵有力。

实践证明，习近平总书记的掌舵领航，党中央、国务院的关心关怀，区党委、区人民政府的正确领导，全区各族干部群众撸起袖子加油干，结合西藏贫困实际重点干，与时俱进创新思路干、领导干部以上率下干、依靠群众一起干，是西藏自治区决战决胜脱贫攻坚制胜法宝。腾江越海、登高致远、振臂高呼，西藏全体中华儿女的辛勤劳作、自强不息，不懈追求小康生活的夙愿业已实现。“地崩山摧壮士死，然后天梯石栈相勾连”的感人画面久久回荡在雪域高原，西藏各族人民用今天的小康生活告慰前辈先烈：此时此刻，此情此景，如您所愿！

——聚焦贫困，精准识别贫困区域和贫困人口

按照生产方式分类，西藏贫困区域主要分为高寒牧区贫困区、藏东深山峡谷贫困区和农牧林结合贫困区。这三大贫困区域自然地理、气候环境、产业基础、文化习俗、致贫原因等既面临自然条件恶劣、经济社会发展普遍滞后等共性问题和困难，又各具特点，给精准识别贫困区域和贫困人口工作带来较大困难。

一是高寒牧区贫困区。该区域包括阿里地区、那曲市、山南市、日喀则市、拉萨市等5个市（地）、22个县（区）、17.78万贫困人口。具体为阿里地区的改则县、革吉县、措勤县、日土县、普兰县、札达县、噶尔县等7个县，那曲市的尼玛县、双湖县、申扎县、班戈县、安多县、聂荣县、色尼区、巴青县等8个县区，山南市的浪卡子县、措美县等2个县，日喀则市的仲巴县、康马县、岗巴县、萨嘎县等4个县和拉萨市的当雄县。贫困县区占全区74个县区数的29.73%，贫困人口占全区贫困人口的22.33%、占全区总

图 3-2　天堑变通途

人口的 6.01%。该区域的贫困特征是自然条件差，以畜牧业生产为主，生态环境脆弱，贫困人口居住分散，劳动力技能缺乏，生产方式落后，公共服务水平低。其扶贫开发的有利条件是特色牧业资源、太阳能资源丰富，雪山、草原、湖泊等生态旅游资源丰富。

二是藏东深山峡谷贫困区。该区域包括昌都市、林芝市、那曲市 3 个市、20 个县（区）、27.85 万贫困人口。具体为昌都市的察雅县、芒康县、贡觉县、边坝县、左贡县、洛隆县、卡若区、江达县、类乌齐县、丁青县、八宿县等 11 个县区，林芝市的巴宜区、波密县、墨脱县、米林县、察隅县、朗县等 6 个县区，那曲市的比如县、索县、嘉黎县等 3 个县。贫困县区占全区 74 个县区的 27.03%，贫困人口占全区贫困人口的 34.99%、占全区总人口的 9.42%。该区域的贫困特征是产业发展滞后，交通闭塞，信息不畅，人口居住集中，基础设施落后，生存条件恶劣，自然灾害频发，地方病高发，生态建设任务艰巨。其扶贫开发的有利条件是水能、矿产资源丰富，工业经济发展潜力巨大；地形地貌多样，森林、峡谷、草地等生态旅游资源丰富，尤其是康巴历史文化厚重，服务业提升发展的动力强劲。

三是农牧林结合贫困区。该区域包括拉萨市、山南市、日喀则市、林芝市等4市、32个县区、33.97万贫困人口。具体为拉萨市的堆龙德庆区、尼木县、曲水县、达孜区、林周县、墨竹工卡县、城关区等县区，山南市的隆子县、贡嘎县、扎囊县、洛扎县、乃东区、错那县、桑日县、曲松县、加查县、琼结县等10个县区，林芝市的工布江达县，日喀则市的南木林县、定日县、昂仁县、拉孜县、仁布县、萨迦县、定结县、谢通门县、江孜县、白朗县、桑珠孜区、聂拉木县、吉隆县、亚东县等14个县区。贫困县占全区总县数的43.24%，贫困人口占全区贫困人口的42.68%、占全区总人口的11.49%。该区域的贫困特征是处于多地形、多市（地）的结合部，是"一江三河"中部主要流域所在地、西藏农牧业发展的核心区，资源丰富但产业关联性差，区域发展不平衡，城镇化建设滞后，人力资源开发不足，相对贫困问题突出。其扶贫开发的有利条件是区位条件较好，交通相对便利，地势相对平坦，自然资源组合优势较为突出，人力资源较为丰富，产业基础较好，是西藏相对发达的区域，区域发展与扶贫攻坚的难度较小。

根据以上贫困实际，自1994年开始实施有计划、有组织、有规模、有目标的扶贫开发以来，根据国家西部省份扶贫标准和西藏实际，西藏相继动态调整了四次扶贫标准：一是1994年《西藏自治区扶贫攻坚计划》制定了农区600元、牧区700元、半农半牧区650元的扶贫标准，对应的农牧区贫困对象为48万人；二是2001年西藏制定了农牧民人均纯收入1300元的扶贫标准，对应的扶贫对象为农牧区贫困人口148万人；三是2006年扶贫标准调高到 1700 元，对应的农牧区贫困人口为 96.4 万人；四是 2012 年按照国家扶贫标准将农牧民人均纯收入 2300 元（2010 年不变价）作为新的扶贫标准，对应的农牧区贫困人口为 83.3 万人，占农牧区总人口的 34.42%。

按照农牧民年人均纯收入不低于 2300 元（2010 年不变价）国家西部省份扶贫标准，统筹考虑“两不愁三保障”因素，按照“农户自愿申请，村民代表大会民主评议，村委会核实，乡镇政府审核，县扶贫办复审”核定程序，针对贫困人口底数不清、情况不明、针对性不强、扶贫资金和项目靶向不准等问题，2014—2015 年间西藏自治区集中开展贫困人口精准识别工作。贫困村识别严格按照“一高一低一没有”标准，识别程序是“村委会自愿申请，乡镇政府审核，县扶贫领导小组审定”，要求“一公示一公告”。

精准识别是脱贫攻坚的“开场战”。西藏自治区把精准识别作为实现精准施策的重大基础性工程，开发建设全区精准扶贫信息管理平台，实行与行业部门对接，做到人有名、户有卡、村有册、乡有簿、县有电子档案、地市有平台、自治区有数据库，形成了部门互通、上下联动、资源共享的大扶贫数据。严把建档立卡贫困人口识别关，组织动员 5543 个驻村工作队、第一支部书记等各方力量近 5 万人进家入户核查，开展了贫困群众建档立卡数据摸底排查，全面准确掌握了贫困状况。

2014 年，西藏建档立卡工作按照全国统一要求，收集全区贫困户、行政村、县（区）及全区基本信息，并在此基础上进一步研究确定扶贫工作重点县、重点乡镇、重点村。2015 年，通过进一步核实并动态调整，全区最终确定建档立卡贫困户 148695 户 588711 人。其次，西藏坚持因地制宜，因人因户施策，因致贫因素施策，组织开展贫困群众“病源”分析，逐批逐项逐人找出致贫“病因”，实行一户一本台账、一户一个脱贫计划、一户一套帮扶措施，为贫困群众量身制定帮扶措施，使帮扶措施与贫困群众需求精准对接。另外，西藏强化动态管理。坚持有进有出、动态管理，开展建档立卡基础信息对比、自查自纠，对符合条件和返贫人口及时纳入建档立卡，对识别不准的及时清退，做到了应进则进、应退则退、应扶则扶。

截至2015年底，西藏共识别出贫困建档立卡人口148695户588711人，其中拉萨市44162人，贫困发生率14.83%；日喀则市169608人，贫困发生率25.83%；山南市57844人，贫困发生率19.35%；昌都市170473人，贫困发生率26.48%；林芝市22803人，贫困发生率16.65%；那曲市102402人，贫困发生率23.06%；阿里地区21419人，贫困发生率25.54%（具体情详见表3-1）。贫困人口主要集中在日喀则、昌都和那曲三市，其贫困人口数占全区贫

表3-1　2015年底西藏扶贫建档立卡人口统计表

地市名称	农牧区人口（人）	贫困户总户数（户）	贫困总人数（人）	贫困发生率（%）
拉萨市	297784	11235	44162	14.83
日喀则市	656645	42362	169608	25.83
山南市	298944	18980	57844	19.35
昌都市	643740	36277	170473	26.48
林芝市	136995	6631	22803	16.65
那曲市	443977	2671	102402	23.06
阿里地区	83859	6492	21419	25.54
合计	2561944	148695	588711	22.98

困人口总数的75.16%，2015年日喀则、昌都和那曲三市被西藏自治区确定为西藏脱贫攻坚的三大重点区域。

通过对建档立卡扶贫对象的识别，打破贫困需求和扶贫力量之间的“信息鸿沟”，实现扶贫对象和帮扶政策、资源整合的有效对接。通过扶贫对象识别和建档立卡，建立健全全区扶贫开发信息系统，不仅为扶贫和民政部门的工作提供依据，也为发改、住建、教育、卫生、农业、水利、林业、交通、电力和社会保障等相关部门工作提供了一个共享平台，为开展贫困监测和精准帮扶提供了有力支撑。通过调查，准确掌握扶贫对象家庭成员住房、交通、饮水、教育、社保、产业、技能等详细情况，纳入扶贫对象信息系统综合分析，形成的相关数据资料，既能对各乡镇、村扶贫开发工作成效进行客观评估，也能对全区贫困状况进行科学研判，增强了扶贫工作的前瞻性。

2018年，在综合考虑贫困人口、贫困发生率等因素的基础上，西藏自治区党委、政府根据西藏特殊区情，按照国家贫困县申报标准，将全区74个县区中的44个县区确定为国家级深度贫困县，将这44个县的315个乡镇确定为深度贫困乡镇、2440个行政村确定为深度贫困村。44个深度贫困县分别是：日喀则市的桑珠孜区、南木林县、江孜县、定日县、萨嘎县、拉孜县、昂仁县、谢通门县、仁布县、仲巴县、萨迦县、岗巴县。那曲市的色尼区、聂荣县、嘉黎县、安多县、申扎县、索县、班戈县、巴青县、尼玛县、双湖县。昌都市的江达县、贡觉县、察雅县、八宿县、左贡县、芒康县、洛隆县、边坝县。阿里地区的普兰县、札达县、日土县、革吉县、改则县、措勤县。山南市的扎囊县、贡嘎县、措美县、隆子县、浪卡子县。林芝市的墨脱县、察隅县、朗县。其中贫困人口较多的县主要分布在雅鲁藏布江流域宽谷地带的日喀则市、藏北高海拔区域的那曲市、藏东高山峡谷区域的昌都市。从贫困深度分析，全区贫困程度较深的人口主要分布在日喀则市、那曲市和昌都市，阿里地区虽然贫困程度较深、贫困发生率高，但贫困人口占全区总贫困人口的占比较小，仅为

（单位：人）

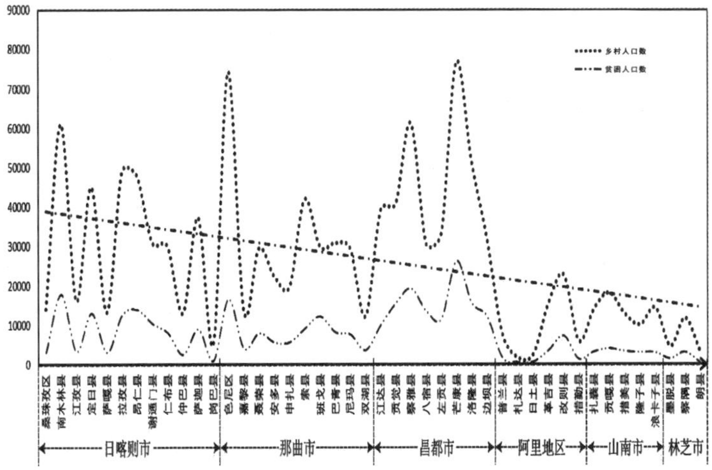

图 3-3　西藏自治区 44 个深度贫困县贫困人口分布状况

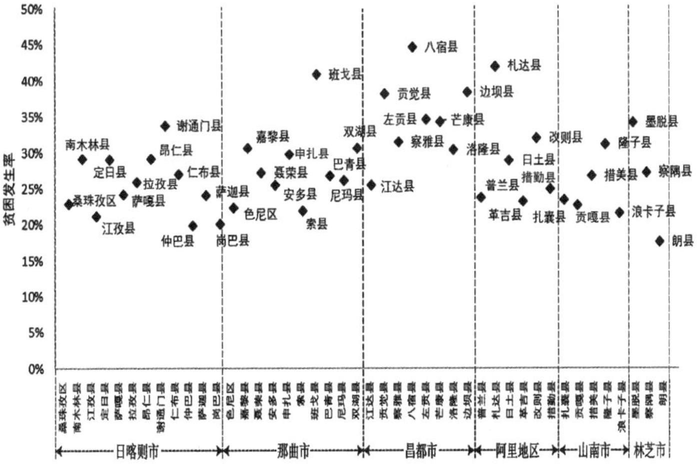

图 3-4　西藏自治区 44 个深度贫困县贫困发生率

10%。贫困发生率较高的市县有八宿县、班戈县、札达县、贡觉县、边坝县。其中八宿县的贫困发生率高达44.63%，札达县42.02%，班戈县40.85%，边坝县38.38%，贡觉县38.17%。

针对全区44个深度贫困县的致贫原因、贫困特征，西藏自治区对居住在“一方水土养不起一方人”的地方的建档立卡贫困人口，将推进易地扶贫搬迁作为脱贫攻坚的重要举措，结合624个边境小康村建设，将边境区域贫困人口以小集中为原则就近就地安置；全面启动昌都“三岩”片区2县7个乡镇贫困人口的跨市整体易地搬迁。从需搬迁人口分布来看，昌都市103361人，占总规模的39.3%；日喀则市71905人，占总规模的27.4%；那曲市50335人，占总规模的19.1%，这三市易地扶贫搬迁占全区建档立卡贫困人口易地扶贫搬迁总规模的90%左右。其中，昌都市始终将三岩搬迁作为重中之重，按照《西藏自治区人民政府转发自治区脱贫攻坚指挥部三岩片区跨市整体易地扶贫搬迁实施方案的通知》，先后组织由市、县领导带队的工作组以及40余名贡觉县三岩籍干部职工，深入三岩片区走村入户讲政策、解疑惑、消顾虑和开展回乡劝亲属工作。日喀则市始终把易地扶贫搬迁作为脱贫攻坚的“头号工程”和“标志性工程”，加强统筹谋划、精准安排部署，将易地扶贫搬迁与边境建设、特色小城镇建设、产业园区发展、极高海拔生态搬迁等深度融合。同时，日喀则市统筹衔接脱贫攻坚与乡村振兴，制定《日喀则市关于大力推进以“神圣国土守护者、幸福家园建设者”为主题的乡村振兴战略总体实施方案（2018—2022年）》等六个专项实施方案，坚决做到相关支持政策继续向发展能力脆弱的县区倾斜、向扶贫领域聚拢，加快补齐基础设施短板，加快提升基本公共服务水平，不断增强摘帽县区发展后劲、发展能力。那曲市主要聚焦极高海拔易地扶贫搬迁，对居住在生存环境恶劣、海拔超过4500米，不具备基本生产和发展条件的高寒牧区、灾害频发区、地方病多发区的建档立卡贫困户，按照“三靠、四托、五便捷、四避开”原则实施易地扶贫搬迁。

为确保坚决打赢脱贫攻坚战，西藏自治区制定出台《西藏自治区深度贫困地区脱贫攻坚实施方案（2018—2020年）》和《西藏自治区打赢深度贫困地区脱贫攻坚战三年行动计划》，将区（中）直单位驻村点全部调整到那曲、日喀则、昌都和阿里4市（地）深度贫困村，19家区（中）直单位由地厅级干部担任队长，负责55个脱贫难度最大的贫困村脱贫攻坚工作；对口援藏坚持将80%资金向贫困地区倾斜。要求做到新增资金、项目、举措向重点区域倾斜，累计资金投入占全区总投入的72%。按照“三个新增”要求，对全区深度贫困县实行差异化扶持政策，鼓励拉萨、山南、林芝等条件较好的市（地），依靠自己的力量在做好脱贫攻坚工作的基础上，继续将95%以上的新增扶贫资金和项目，向深度贫困地区贫困县、乡、村倾斜，并正确处理好扶贫搬迁向城镇聚焦和生产资料富裕、基础设施相对完善地区聚集的关系，充分尊重群众意愿，积极稳妥、有序推进、减少存量，切实做到挪穷窝、拔穷根，确保深度贫困地区基本公共服务水平主要指标接近全国平均水平。

——强化引领，精准制定脱贫机制和脱贫措施

党的十八大以来，为确保到2020年西藏贫困人口如期脱贫，与全国一道实现全面建成小康社会的宏伟目标，西藏自治区党委、政府深入贯彻习近平总书记关于扶贫开发的一系列新观点、新论断、新要求，紧紧围绕“六个精准”“五个一批”，科学绘制了全

区脱贫攻坚宏伟蓝图，建立健全体制机制，强化举措，组织精兵强将，在深入调研，层层征求意见的基础上，提出坚持“六个精准”；实施“五个一批”工程；做到“八个到位”，加快全面建成小康社会步伐；搞好“六个结合”；实施“十项提升工程”，实施整体脱贫攻坚行动，着力解决区域性整体贫困问题；巩固完善“五位一体”大扶贫格局；确保了拉萨市、林芝市、山南市到2018年率先脱贫，阿里地区、日喀则市、昌都市、那曲市到2019年各县（区）梯次摘帽、有序退出和全域脱贫。到2020年，全区62.8万贫困人口稳定实现“两不愁三保障”，享有稳定的“吃、穿、住、行、学、医、养”等保障，享有更加和谐的安居乐业环境，享有更加均衡的基础设施条件和基本公共服务，享有更加完善的社会保障，享有更高的获得感和幸福指数。为确保全区脱贫攻坚工作多措并举、多管

图 3-5　达东旅游扶贫

齐下、高质量实现全域脱贫摘帽，历史性彻底消除绝对贫困，到2020年与全国一道全面建成小康社会，西藏自治区党委、政府在决战决胜脱贫攻坚的实践中建立健全各种体制机制，全力保障脱贫攻坚工作有序推进。

一是加强组织领导，健全脱贫攻坚指挥体系。为统筹领导全区脱贫攻坚工作，2016年4月，西藏自治区党委、政府及时充实、调整和加强了扶贫开发工作领导小组，由区党委书记任组长，区人大常委会主任、区政府主席任常务副组长，区政府副主席、区直各单位主要负责人任成员。该小组下设西藏自治区脱贫攻坚指挥部，其主要职责是全面贯彻落实中央打赢脱贫攻坚战的决策部署，负责制定全区脱贫攻坚重大政策，研究解决重大问题，部署脱贫攻坚重大举措，统筹社会各方面力量，落实脱贫攻坚项目资金，督查考核脱贫攻坚成效，确保脱贫攻坚工作扎实开展。西藏自治区脱贫攻坚指挥部由一名区党委常委、政府常务副主席任总指挥长，3名省级领导任副总指挥长；指挥部下设办公室和政策保障组、规划计划组、产业脱贫组、易地搬迁组、生态补偿组、教育脱贫组、转移就业组、社会保障组、督导考核组、宣传组等11个专项工作组，由区直相关部门主要负责人任各组组长或副组长，从各单位抽调精兵强将，集中办公、专项落实，统筹指挥脱贫攻坚工作，形成了强有力的工作运行机制。西藏自治区将脱贫攻坚工作的领导级别提到了最高，是全国唯一设立脱贫攻坚指挥部的省区。西藏自治区脱贫攻坚指挥部成立后，全区各地（市）、县（区）相应调整充实了扶贫开发领导小组，成立了脱贫攻坚指挥部。区、市（地）、县（区）三级主要领导担任总指挥的脱贫攻坚指挥部的成立，有效统筹人财物力资源和政策督导考核，这一创举走在了全国各省区市的前列。着力抓实党建促脱贫，建强村级组织带头人队伍这个“火车头”。不断巩固全区村（居）“两委”班子成员100%是党员的成果，着眼开阔视野、增长才干、交流交融，实施村级党组织书记区外轮训计划，利用三年时间把村级党组织书记送到内地轮训一遍，截至2020年底，全区共选派5065名村党组织书记到内地培训。实施把农牧民党员培养成致富带头人、把农牧民致富带头人培养成党员工程，截至2020年底，全区党员致富带头人达到9311名。根治软弱涣散村党组织这个“病秧子”。列出“贯彻落实党中央重大决策部署不力，党组织书记不胜任现职，抓党建促脱贫攻坚、促乡村振兴能力不强”等13个方面的负面清单，进行集中整顿。2016—2020年，全区共整顿软弱涣散村居党组织2886个。鼓起村级集体经济这个“钱袋子”，积极整合各方资源向基层倾斜，把有限的财力、物力用在刀刃上。坚持够用耐用实用原则，突出政治性、群众性、开放性、服务性，建成标准化村级组织活动场所2670个，改（扩）建380个，着力打造教育、管理、监督党员和组织、宣传、凝聚、服务群众的坚强阵地。落实村居干部报酬待遇动态增长机制，村居正职报酬待遇达到31229元，其他村干部达到15633元。继续落实每村安排10万元基层党建工作经费，确保基层党组织“有钱办事”；每村每年安排20万元强基惠民工作经费，统筹用于发展村集体经济。截至2020年底，全区5127个村有集体经济、占92.5%，其中396个村年收入超过50万元。

二是真抓实干，健全脱贫攻坚管理体制和工作机制。2014年7月3日，西藏自治区党委办公厅印发了《西藏自治区贯彻〈关于创新机制扎实推进农村扶贫开发工作的意见〉的实施意见》，制定了“区负总责、市（地）直管、县抓落实、乡（镇）专干”的“四级分工”管理体制。制定了“五级书记抓脱贫”的工作格局，即自治区党委书记、市（地）委书记、县（区）委书记、乡（镇）党委书记、村党支部书记共抓脱贫工作的格局。制定了领导包干的推进脱贫攻坚责任落实的“四包”制度，即实行省级干部包县（区）、市（地）级干部包乡、县级干部包村和驻村工作队、第一书记和乡（镇）干部包户的“四包”制度。同时，在全区也建立了“资金到地、任务到地、权力到地、责任到地”的“四到地”和“县抓落实、工作到村、扶贫到户”的工作机制。这些科学合理、务实高效的管理体制和工作机制为全区脱贫攻坚工作顺利推进起到了重要的机制保障作用。

三是传导工作压力，建立健全脱贫攻坚责任制。2017 年 1 月，西藏自治区印发了《西藏自治区脱贫攻坚责任制实施细则》，强化各级党委和政府的领导责任，落实党政“一把手”脱贫责任制，区党委、政府每年与各市（地）签订目标责任书、立下军令状、一年一考核，层层分解任务，层层压实责任，层层传导压力，构建了责任清晰、各负其责、合力攻坚的责任体系，特别是坚持不脱贫不脱钩的原则，注重在脱贫攻坚战中锻炼党员干部的思想作风，认真把握宁愿晚提拔、晚调整也要让群众真脱贫，坚持不脱贫不调整、不摘帽不调离的选拔用人原则，确保了各级领导班子人稳、心专、工作持续。自治区党委主要负责同志履行第一责任，亲自部署工作、亲自调查研究、亲自推动落实，主动联系生态条件最恶劣、脱贫任务最重的班戈县，走遍了全区 74 个贫困县（区）。自治区省级领导干部带头履行脱贫攻坚目标责任制，抓紧抓好抓实脱贫攻坚工作。各级领导对口联系贫困地（市）、县（区）、乡（镇）和贫困村的“四联一包”领导责任制，全面落实党政一把手脱贫责任制，自治区党委政府负总责，各市（地）党委、政府承担直接责任，各县（区）承担主体责任，各乡（镇）承担具体责任，各村（居）“两委”承担落实责任，各级扶贫开发领导小组及其办公室承担监管责任，各部门承担配合责任，各驻村工作队、村支部“第一书记”、联户长承担帮扶责任，各级党委认真履行主体责任、政府履行主抓责任、干部履行主帮责任、基层履行主推责任、社会履行主扶责任，形成了“一级带着一级干、一级做给一级看”的良好氛围。

四是加强政策支持，健全脱贫攻坚政策体系。脱贫攻坚战打响以来，西藏自治区党委、政府紧紧围绕解决好“扶持谁、谁来扶、怎么扶、如何退”的重大问题，深入持续强化调查研究、完善政策举措，理思路、划线路、定时限，不断强化“四梁八柱”顶层设计，为坚决打赢脱贫攻坚战做出了一系列战略部署。坚持制度先行，以《贯彻落实〈中共中央、国务院关于打赢脱贫攻坚战的决

图 3-6　万亩枸杞喜获丰收

定〉的实施意见》为总纲，制定印发了“五个一批”实施方案、贫困村退出与贫困县摘帽考核办法等70多个配套文件，形成了涵盖产业发展、贫困地区基础设施等重点领域，涉及资金、土地等支撑保障的多层次、全方位、各领域“1+N”政策体系，体现出超常举措和超常方法，满足了脱贫攻坚标准和目标要求。坚持规划引领，以《西藏自治区“十三五”时期脱贫攻坚规划》为统领，配套编制了“十三五”时期产业精准扶贫、易地扶贫搬迁、基础设施建设、边境小康村建设、乡村振兴战略脱贫攻坚等5个专项规划和35部行业扶贫规划，与时俱进出台了《西藏自治区深度贫困地区脱贫攻坚实施方案（2018—2020年）》和《西藏自治区打赢深度贫困地区脱贫攻坚战三年行动计划》。这些文件为解决识贫问题、政策问题、资金问题、考核问题和退出问题提供了政策依据，是含金量极高的脱贫“红包”。同时，西藏自治区在全国率先建立了多维贫困重要度评价指标体系，完成了致贫原因的综合分析和贫困重点县定量识别。开展了全区贫困人口建档立卡工作，基本形成了人有名、户有卡、村有册、乡有簿、县（区）有档案、市（地）有平台、自治区有数据库的扶贫开发信息系统，形成了“有进有出、动态管理”的精准扶贫管理机制。

五是加大经费投入，建立与脱贫攻坚任务相适应的资金保障体系。按照“盘活存量、用好增量、重点突破、雪中送炭”的原则，全区实行“多个渠道引水、一个龙头放水”的强有力资金统筹整合使用格局，确保资金向贫困地区聚集。截至2020年底，全区金融精准扶贫贷款余额1301.46亿元，较2016年同期增长191%，占全区各项贷款总规模的26%，金融信贷投入规模为全国之最。脱贫攻坚以来，全区累计发放扶贫再贷款12.93亿元，拓宽了地方法人银行业金融机构资金来源，有效加大了地方银行对脱贫攻坚的支持力度。全面落实“免担保免抵押”户均 5 万元以下小额信贷政策，2016 年以来累计发放扶贫小额信贷资金 89.01 亿元，累计支持 22.16 万户次。西藏自治区构建了全方位、多角度的金融助推脱贫攻坚政策体系。“多位一体”金融扶贫政策互为补充、精准对应，覆盖了所有建档立卡贫困户，实现了对到户扶贫、搬迁扶贫、产业扶贫等各类扶贫主体“能贷尽贷”。

六是加强科学考核，建立健全脱贫攻坚工作成效考核机制。为防止数字脱贫、虚假脱贫，确保脱贫质量，按照中央部署，结合西藏实际，西藏自治区相关部门研究制定地（市）党委行署（政府）、区（中）直单位行业扶贫（定点扶贫）、县（区）党委政府、驻村（居）工作队党支部第一书记扶贫脱贫考核办法，先后制定出台了《西藏自治区贫困人口脱贫考核办法》《西藏自治区贫困村退出与贫困县摘帽考核办法》《西藏自治区市（地）党委、政府（行署）脱贫攻坚工作成效考核办法》《西藏自治区区（中）直单位行业扶贫（定点扶贫）考评办法》《西藏自治区驻村（居）工作队、党支部第一书记扶贫开发工作考核办法（试行）》等规章制度，明确考核指标程序要求。各级脱贫攻坚指挥部深入脱贫县（区）、乡、村开展督导检查，对资金拨付、项目建设、精准脱贫等方面进行了考核评估，确保了扶真贫、真扶贫和真脱贫。全区建立健全脱贫攻坚工作成效考核机制，采取市（地）间交叉考核、第三方评估等方式加强对深度贫困地区脱贫攻坚工作的考核问效，先后对 74 个贫困县（区）、121 家区（中）直单位开展脱贫攻坚工作考核，漏评率、错退率均低于 2%，群众满意度全国最高。全区坚持脱贫攻坚与锤炼作风、锻炼队伍相统一，把脱贫攻坚实绩作为选拔任用干部的重要依据，注重从脱贫攻坚主战场上发现干部，2019 年以来就提拔脱贫攻坚领域优秀干部 1206 人，有效激励广大干部履职尽责、担当作为。同时，将不能胜任脱贫攻坚工作的 10 名县（区）党政正职和 89 名乡（镇）党政正职向下安排，让不作为慢作为的干部失位、有能力敢担当的干部有位，使广大干部知所趋赴、有所敬畏。

——狠抓落实，挂图作战精准帮扶和精准脱贫

进入脱贫攻坚阶段，在西藏自治区党委、政府的坚强领导下，聚焦“六个精准”“八个全面”，正确回答“扶持谁、谁来扶、怎么扶、如何退”四个问题，全区上下同心协力、因地制宜、多管齐下、多措并举、合力攻坚，主要从发展生产脱贫一批、易地搬迁脱贫一批、生态补偿脱贫一批、发展教育脱贫一批和社会保障兜底脱贫一批等“五个一批”方面精准发力、精准施策，为全市全域脱贫摘帽，到 2020 年如期全面建成小康社会夯实了基础。

一是发展生产脱贫一批。把产业扶贫作为建立贫困群众增收长效机制的根本举措，以农牧业供给侧结构性改革为主线，根据《西藏自治区产业精准扶贫工作指导意见》《西藏自治区脱贫致富产业发展项目管理暂行办法》《贫困地区发展特色产业促进精准脱贫指导意见》等文件精神，按照“优势区域、优势产业、优势资源、优先发展”“区域集中、规模做大、质量提升、效益提高”发展思路，立足贫困地区资源禀赋、产业基础和市场需求，以市场为导向、以效益为目标、以辐射带动贫困群众增收为根本，统筹全区经济社会发展与扶贫开发扶持项目，引导贫困群众积极参与特色农牧产业、资源开发、旅游发展等产业发展以及项目建设，提升自我发展能力，实现经济发展与贫困群众同步增收。注重农牧特色产业效

益，确保产品有市场、企业有利润、群众有收入、政府有税收。扶持发展合作社和村集体经济，引导贫困群众以土地、资本等要素入股，增加群众财产性收入。大力发展青稞和牦牛产业，推广“藏青2000”“喜马拉雅 22”“帕里牦牛”“类乌齐牦牛”“岗巴羊”“藏香猪”等优良品种，提高单产水平。扶持深加工，创新产品供给，扩展产业链。2020 年，西藏共有农牧业产业化龙头企业 162 家，农畜产品加工业总产值 57 亿元，比 2015 年末翻了一番。通过“合作社 + 农户”“龙头企业 + 村集体经济组织 + 农户”等方式，不断

图 3-7　致富的喜悦

提高专业化水平和生产效率，主要农作物综合机械化率达到65%。推进电商扶贫，量身打造电子商务进农村整区推进模式，累计安排中央财政资金8.79亿元，带动特色农产品网上销售，促进农牧民增收就业，助力脱贫攻坚。重点发展旅游业，创新升级“藏文化体验游”，打造“最美318线”，推出“冬游西藏”等。截至2020年，西藏农牧民通过直接或间接方式参与乡村旅游就业8.6万人（次），年人均增收4300余元。发展文化产业，扶持传统文化的市场化开发，唐卡、塑像及传统手工技艺如纺织、服饰、家居装饰等供需两旺，已形成颇具规模的新兴产业。建成各级各类文化产业示范园区(基地)，产值超过60亿元，年均增长率15%。2016年以来，西藏累计整合涉农资金753.8亿元用于脱贫攻坚，实施产业扶贫项目3037个，直接带动23.8万建档立卡贫困群众脱贫，发放贴息贷款647.68亿元、小额信贷63.32亿元，为产业发展提供强大支撑。

二是易地扶贫搬迁脱贫一批。西藏的贫困人口主要集中在藏北高海拔牧区、南部边境地区和藏东横断山区等海拔高条件差、远离腹心市场的地区，易地扶贫搬迁是农牧民摆脱贫困、全面小康的“头号工程”和“标志性工程”。进入脱贫攻坚阶段，西藏自治区加强沟通协调，统筹处理好易地搬迁安置与安居工程、新农村建设、城乡统筹发展之间的关系，科学合理地安排建设项目。以生存条件恶劣、资源匮乏、地方病严重等特殊区域贫困群众“挪穷窝”为重点，把易地扶贫搬迁工作作为打赢全区脱贫攻坚战的“重头戏”和“牛鼻子”，按照“六靠”“五方便”“两避让”的原则，创新搬迁模式，严格政策标准，突出搬迁后续发展，高质量完成了“十三五”易地扶贫搬迁工作任务，达到了“搬得出、稳得住、能致富”的总体要求。截至2020年，全区在海拔较低、适宜生产生

图 3-8　丁青县尺牍镇瓦河村易地搬迁点

活的地区建成了 964 个易地扶贫搬迁区（点），26.6 万人自愿搬迁。全区产业扶贫资金的 5% 用于安置点产业发展，确保每个搬迁户至少“一户一人”就业，实现了稳得住、有就业，逐步能致富。

三是生态补偿脱贫一批。西藏自治区是国家重要的生态安全屏障，脱贫攻坚战打响以来，西藏自治区严格遵照生态保护红线，牢固树立“绿水青山就是金山银山”的理念，坚持以生态为底色，发展为根本，扶助贫困为关键，积极落实“绿色发展”战略，不断深化集体林权制度改革、资源有偿使用改革等生态文明体制改革，结合生态环境保护和治理，充分利用生态补偿资金、大力发展生态产业、创新生态扶贫方式，进一步加强组织领导、强化项目衔接、细化工作措施、落实工作责任，在生态建设中促进增收，在绿色发展中消除贫困，在生态保护中改善民生，实现了扶贫开发与生态保护相协调、脱贫致富与可持续发展相促进，脱贫攻坚与绿色发展统筹推进，生态补偿脱贫攻坚工作成效显著。按照“盘活存量、用好增量、重点突破、雪中送炭”的原则，整合森林生态效益补偿、草原生态保护补奖、天然林保护等八类资金，向有劳动能力、有意愿的建档立卡贫困人口、农村低保人口、边缘人口设置专兼职岗位，补助标准由 2016 年的 3000 元 / 年提高到 2018 年的 3500 元 / 年。综合实施退耕还林还草奖补政策，对完成禁牧任务的每公顷每年给予 0.4 元补助，对未超载的每公顷每年给予 0.10 元奖励。建成了 53 个以培育乡土树种为主的扶贫苗圃，消除了气候适宜区域的无树村 1079 个、无树户 10.47 万户，造林 1.84 万公顷、森林抚育 3.19 万公顷、治理沙化土地 4.56 万公顷、湿地保育 53.12 万公顷。为切实做好对长江上游天然林的保护，对昌都“三岩”片区 7 个乡（镇）的 1801 户 11605 人实施跨市（地）整体搬迁，既帮助贫困人口“挪了穷窝”“建了富业”，又减轻了该区域生态压力，实现了自然恢复，增强了生态涵养能力。坚持尊重自然、顺应自然、保护自然，注重减轻人类活动对生态脆弱区的干扰破坏，对 4500 米以上的自然保护区实行生态搬迁，以搬促保、保中提升，实现了搬迁富民与生态修复的双赢。

四是发展教育脱贫一批。“扶贫先扶智、治贫先治愚”，教育是阻断贫困代际传递的治本之策。西藏自治区始终坚持把“改变藏区面貌，根本要靠教育”作为脱贫攻坚的根本遵循，深入贯彻落实习近平总书记致西藏民族大学建校 60 周年贺信精神，紧紧围绕“为谁培养人，怎样培养人，培养什么人”这一根本问题，全面落实“立德树人”根本任务，制定出台了《关于进一步加强控辍保学提高义务教育巩固水平的意见》《关于切实做好控辍保学工作的通知》《关于做好义务教育阶段重度残疾儿童少年送教上门服务工作的通知》《关于加强残疾儿童少年义务教育阶段随班就读工作的实施意见》等系列政策措施。坚持把教育经费向贫困地区、基础教育、职业教育倾斜政策，帮助贫困地区改善办学条件。坚持把教育作为增强贫困人口内生动力的重要抓手，全面加强和改进教育工作，扎实推进教育精准脱贫。截至2020年底，西藏已全面建成从学前教育到高等教育阶段的学生资助体系，资助政策达40项，资助范围实现各学段全覆盖、公办民办全覆盖、家庭经济困难学生全覆盖。西藏累计劝返失学辍学孩子24536人，其中建档立卡家庭孩子5213人，2019年底全区控辍保学首次实现动态清零，全区义务教育阶段失学辍学现象历史性彻底消除，全面实现了“五个100%”教育目标。“十三五”期间，西藏每年安排“国培计划”西部项目送教下乡2000余人次、幼师培训项目安排送教下乡400人次，累计落实全区教育培训经费3.81亿元；累计培训教师10万人次，落实乡村教师生活补助9.88亿元，9.23万人次受益，激发乡村教师扎根基层、安心从教；面向“两后生”、进城务工人员、农牧区富余劳动力等群体开展各类技能培训，培训深度贫困地区农牧民3万人次。累计落实学生资助资金133.73亿元，受助学生708万人次。

五是社会保障兜底一批。社会保障兜底是打通脱贫“最后一公里”、确保贫困人口一个不掉队的政策保障。脱贫攻坚战打响以来，西藏自治区社会保障组按照区脱贫攻坚指挥部的统一部署，会同财政、卫生、教育、人社、残联、妇联等部门，制定出台了《关于加强农村最低生活保障制度与扶贫开发政策有效衔接的实施方案》《关于在脱贫攻坚三年行动中切实做好社会救助兜底保障工作的实施方案》《西藏自治区社会救助兜底脱贫攻坚行动实施方案》《西藏自治区民政系统2020年脱贫攻坚兜底保障巩固提升工作计划》《西藏自治区民政厅关于建立困难群众动态管理监测机制的实施办法》《西藏自治区基本医疗有保障工作标准》等文件，加强“两项制度”有效衔接，强化医疗保障脱贫，保障卫生健康脱贫，完善社会救助制度，发挥社保保障扶贫作用，因地制宜制定兜底保障政策、多措并举践行脱贫措施，有力助推脱贫攻坚工作。截至2020年底，全区11万建档立卡贫困人口纳入最低生活保障兜底，实现应保尽保。下拨困难群众救助补助资金63.92亿元，有效地保障了困难群众的基本生活。关爱留守儿童、残疾儿童、残疾儿童心理辅导、儿童医疗扶贫项目、社会工作人员培训等多个领域累计投入资金达7765.14万元。西藏建档立卡贫困人口代缴城乡居民养老保险保费29.65万人，代缴保费金额2964.78万元，享受城乡居民养老保险待遇人数5.99万人。全区农村低保对象为12.8万人，农村低保、特困人员集中供养、农村分散供养标准分别提高到每人每年4713元、13213元、7070元。

同时，由于受自然环境恶劣、基础设施滞后、劳动力素质偏低等因素影响，西藏自治区基本生存环境差、基础设施欠账较多、基本公共服务水平较低。新时代脱贫攻坚战打响以来，西藏自治区党委、政府在全力推进“五个一批”精准扶贫措施的同时，因地制宜，加快补齐农牧区农田水利建设、电力基础设施建设、交通基础设施建设、通信基础设施建设、网络基础设施建设等短板；大力实施教育提升工程、科技提升工程、文化提升工程、卫生提升工程、保障提升工程等五项公共服务水平提升工程，对夯实农牧区生产生活基础、助力全区脱贫摘帽起到了至关重要的支撑作用。

一是着力完善基础设施。由于特殊的地理环境，历史上西藏的基础设施极为落后，成为制约贫困地区脱贫的最大短板。2016年西藏启动了“水电路讯网、教科文卫保”十项提升工程，截至2020年底，全区实施交通、农牧、水利等项目5681个，投资900亿元。改善贫困地区交通条件，推进道路联网工程和贫困乡村公

图 3-9 西藏藏木水电站

路安全防护设施建设，加大对断头路、瓶颈路、年久失修路、牧场道路和危桥改造，满足贫困群众的基本出行需求。加强贫困地区水利建设，推进重大水利工程、农田水利、中小河流治理、“五小”水利工程建设，继续实施农村安全饮水巩固提升工程，着力解决贫困地区农村人畜饮水困难问题。实施农网升级改造，因地制宜发展水能、风能、太阳能，提升农网供电能力和供电质量，解决不通电行政村、自然村用电问题。实施贫困地区广播电视“户户通”工程，不断完善邮政普遍服务体系，优化用邮环境，满足扶贫脱贫用邮需要。

二是着力提升公共服务水平。紧紧围绕实现“两不愁、三保障”脱贫攻坚目标，坚持普惠性和特惠性政策相结合，全面落实农牧区 15 年公费教育政策，全面实施以免费医疗为基础的新型合作医疗制度，完善农牧区社会保障制度，提高新农保基础养老金、特困人员供养、最低生活保障标准，基本形成了社保全覆盖、低保保生存、扶贫促发展的工作格局。把教育扶贫作为脱贫攻坚的重要内容，以基础教育的均衡式发展保障教育公平，阻断贫困代际传递；以高等教育的跨越式发展提升教育水平，促进全区社会经济发展；以技能培训提升贫困人口就业能力，保障劳务输出脱贫；以干部培训提升业务工作水平，确保脱贫攻坚高位推动，为西藏经济社会发展和长治久安提供了强有力的人才支持和智力支撑。卫生保障不断提升，农牧民医疗费用负担明显减轻，县乡村三级卫生服务体系得到加强，基层卫生人员服务能力素质得到提升，群众健康意识明显提高，妇女儿童医疗卫生保障水平得到提高，重大传染病和地方病得到有效控制。始终坚持把改善民生、凝聚人心作为工作的出发点和落脚点，以保障民生为统领，初步建立起覆盖各族人民的保障体系。日益健全养老保障政策，贫困人口中完全或部分丧失劳动能力的人享受最低生活保障，继续保持有意愿的特困人员集中供养和孤儿集中收养率 100%。健全以免费医疗为基础的农牧区医疗制度，加强医疗救助与基本医疗保险、大病保险、慈善救助有效衔接，落实好贫困群众基本医疗保障、重特大疾病医疗救助等制度，对扶贫对象参加农牧区医疗制度的个人缴费由县（区）财政部门按标准给予全额代缴。贫困群众全部纳入重特大疾病救助范围，补助标准逐步提高，着力解决因病致贫问题。2016—2020 年，对全区 6.33 万名“因病致贫、因病返贫”建档立卡贫困户开展健康扶贫精准救治，“因病致贫、因病返贫”建档立卡贫困人口实现动态清零。按照西藏自治区基本医疗有保障标准，完成乡村医疗机构“清零”行动，解决了 11 个乡镇没有卫生院、81 个村没有卫生室、215 个乡镇卫生院没有合格执业（助理）医师的问题，全面扫除了乡村医疗卫生机构和人员“空白点”。对全区 4745 名大病患者进行了救治，对 19879 名慢性病患者进行了签约服务，对 1193 名重病患者提供兜底保障。实现了县域内住院“先诊疗、后付费”，贫困患者的医疗费用负担明显减轻。

——成效斐然，全域历史性彻底消除绝对贫困

立足区情，把握减贫规律，全局谋划、积极作为，西藏自治区出台了一系列特殊性政策举措。聚焦脱贫目标，实行五级书记齐抓共管；聚焦存在问题，精准识别扶贫对象；聚焦致贫因素，精准施策抓好落实，统资源、聚合力、补短板、破瓶颈、攻难题，不断提升脱贫攻坚质量，持续巩固脱贫攻坚成果，以功成不必在我的精神境界和功成必定有我的历史担当，持续高位推进脱贫攻坚工作取得决定性进展和显著成效。事实充分证明，西藏脱贫攻坚实践构建了一整套行之有效的政策体系、工作体系、制度体系，走出了一条中国特色西藏特点的减贫道路。

深入贯彻落实“四个切实”“五个一批”“六个精准”要求和措施，科学分析、深挖穷根，落细各项脱贫攻坚举措。尊重群众意愿、因贫因人施策，实行到人到户、靶向治疗、精准帮扶。把发展生产作为脱贫之策，发展以青稞牦牛为主的种养业、文化旅游业、民族手工业、商贸流通业和资源开发利用等扶贫产业，充分利用“两江四河”河谷流域资源优势发展河谷经济，培育产业化龙头企业 145 家、专合组织 1 万余家，探索推行“企业 + 基地 + 合作社 + 贫困户”等带贫益贫模式，累计投资 362.24 亿元、实施项目 2661 个，带动 23.8 万贫困人口脱贫，受益农牧民群众超过 70 万人。支持 27 个县区开展电子商务进农村综合示范工作，网络销售额 2 亿多元。采取“订单式”“委培式”等培训模式和专场招聘、援藏供岗、大项目带动等方式，累计建成扶贫车间 193 个，培训贫困人

图 3-10　提高义务教育阶段"三包"标准

口 15.49 万人次，转移就业 18.64 万人。把易地搬迁作为治贫的根本之策，采取大集中与小分散相结合的方式，将“一方水土养不起一方人”区域的 26.6 万贫困人口，搬迁至城镇周边、生产资料富裕和基础设施相对完善区域；结合 624 个边境小康村建设，将边境区域贫困人口以小集中为原则就近就地安置。把生态扶贫作为惠民之策，整合中央对民族地区、主体功能区、边境地区转移支付等重大生态资金，对有劳动能力的贫困人口实行定岗、定员、定责、定酬，累计落实专兼职生态补偿岗位 244.17 万个，其中建档立卡贫困人口 116.11 万个，岗位年补助标准从 3000 元提高到 3500 元。把教育扶贫作为治本之策，实施 15 年免费教育和贫困家庭大学生“三免一补”政策，连续 3 年提高义务教育阶段“三包”标准，年生均达到 4200 元，受助学生达 231.21 万人次；资助在校贫困大学生 4.68 万人次，资助资金 18.63 亿元。实施基础教育均衡发展计划，补充义务教育阶段教师 6500 人，全区义务教育学校师生比全部达到国家标准。把社会保障作为兜底之策，实现农村低保制度与脱贫攻坚的有效衔接，农村低保人口 13.35 万人，其中建档立卡贫困人口 11.35 万人。农村低保、特困人员集中供养、分散供养标准分别提高到每人每年 4450 元、12480 元、6675 元。落实困难残疾人补贴和重度残疾人护理费 4.89 亿元，残疾人两项补贴资金分别提高到每人每月 100 元、200 元。全面落实住院“先诊疗、后付费”制度，贫困人口报销标准提高 5%，大力推进“三个一批”救治制度，农牧区医疗政府补助标准提高到 475 元，将包虫病、白内障、肺癌、肝癌等 20 种疾病纳入大病救治范围，大病专项救治病扩大到 33 种。

注重将精准扶贫与全面小康有机结合，不断激发农牧民内生动力。一是坚持扶贫与扶志扶智相结合。贫困群众不仅是脱贫攻坚的对象，更是脱贫致富的主体。西藏正确处理中央关心、全国支援和自力更生、艰苦奋斗的关系，把扶贫和扶志、扶智相结合，尊重贫困地区广大干部群众在脱贫攻坚中的主体地位，广泛调动他们的积极性、主动性、创造性，不断改进帮扶方式，建立正向激励机制，引导贫困群众参与项目建设，增强贫困群众依靠勤劳双手改变贫困命运的信心。二是坚持“输血”与“造血”相结合。加强对贫困群众的教育培训，坚持“引进来”与“走出去”相结合，从区外引进 122 户种养大户、致富能手和 30 多家种养企业，帮助贫困群众发展产业，发挥传帮带作用；组织贫困群众到对口援藏省市接受培训，不仅提高技能、增长才干，而且开拓眼界、转变观念。三是坚持党员与群众相结合。西藏把驻村工作队、第一支部书记作为精准扶贫的管道，严把驻村干部选派关、考核关，突出政治素质、工作作风、综合能力标准，从全区各行业各部门选派 19.33 万余人次开展驻村

图 3-11　顶风冒雪的驻村干部

帮扶，驻村工作队实现对全区 5543 个贫困村（居）全覆盖；选派近 0.6 万名机关优秀年轻干部、后备干部和国有企事业单位优秀人员、大学生村官、复退军人到贫困村担任第一书记。突出驻村工作队和第一支部书记脱贫攻坚政治任务，认真履行“宣传员”“指导员”“帮扶员”“联络员”的职责，立足所在村居资源禀赋，帮助贫困群众理清发展思路，精准识别致贫原因，科学制定脱贫措施，发展特色优势产业，拓宽增收渠道，打通了精准扶贫“最后一公里”。

正确处理“离不开”与“不依赖”的关系，凝聚脱贫攻坚帮扶合力，调动各方面力量合力攻坚。借力援藏帮扶攻坚。会同国务院扶贫办连续 4 年召开了西藏深度贫困地区脱贫攻坚现场推进暨深化对口援藏扶贫工作会议，33 名援藏省市和央企省部级以上领导干部赴受援地开展调研考察，推动对口支援省市、中央企业与受援地开展需求对接、协议签署，累计签约项目 247 个、签约总额 349.48 亿元。深入推进医疗和教育人才组团式援藏，5 批 841 名援藏医疗专家发挥自身优势，不断提升“1+7”医院医疗服务能力和管理水平，实现 367 种“大病”不出自治区、2208 种“中病”不出地市，小病、常见病不出县。实施“万名教师支教计划”和骨干教师出藏培训工作，累计有 1676 名教师进藏支教，选派 1407 名西藏骨干教师和管理人员到对口支援省市培训学习。援藏消费扶贫签约超过 20 亿元，跨省安排就业 8000 多人，其中高校毕业生 5000 多人。援藏央企吸纳西藏籍高校毕业生 744 人，央企在藏机构录用西藏籍高校毕业生 1527 人，吸纳当地农民工 1.12 万人。深入开展央企助力西藏脱贫攻坚活动，“央企助力富民兴藏”和“央企助力脱贫攻坚”累计投资 1752 亿元，既助力产业发展、促进农牧民增收，又孵化带动本土人才。全面实施区内企业“百企帮百村”行动，推动 683 家非公企业、社会组织与 1009 个贫困村结对帮扶，投入资金 23.2 亿元，受益贫困人口 7.68 万人。借力驻村帮扶攻坚。连续八批选派干部 17 万多人次，深入全区 5480 个村（居）开展驻村工作。连续选派三批共 1.6 万余人次，担任村第一书记，实现村（居）全覆盖。2016—2020 年，驻村工作队落实扶贫项目 9272 个，帮扶资金 29.6 亿元。

按照“盘活存量、用好增量，突出重点、雪中送炭”的原则，建立与脱贫攻坚任务相适应的资金保障体系。实行了“多个渠道引水、一个龙头放水”的资金统筹整合使用格局，确保资金向贫困地区聚集。2016—2020 年，全区财政累计统筹整合涉农资金 591.24 亿元，年均增幅超过 15%，其中中央财政资金 382.62 亿元、占比 64.74%，自治区级财政资金 124.01 亿元、占比 20.96%，地县财政资金 84.61 亿元、占比 14.3%。按照“管规划不管审批、管任务不管项目、管总量不管结构、管监督不管实施”的要求，实行资金、任务、权利、责任“四到地市”，特别是将产业扶贫资金和深度贫困地区脱贫攻坚专项资金指标一次性下达，强化地市、县区资金使用统筹力度，集中解决了深度贫困等突出问题，最大限度提高资金的使用效率。实施金融撬动战略，用足用好中央赋予西藏的特殊金融优惠政策，建立区市两级金融扶贫投融资主体，设立了地市、县区为主体的金融扶贫投资风险补偿基金。2016—2020年，全区累计发放扶贫贴息贷款624.74亿元。加大金融和财政联动，全面落实“免担保免抵押”户均5万元以下小额信贷政策，累计发放小额信贷资金71.44亿元，覆盖18.26万户次。

在聚焦农牧民内生动力提升的同时，坚持差异化扶持，西藏自治区将拉萨市、林芝市、山南市确定为2018年三个率先全域脱贫市，西藏各县（区）坚持梯次摘帽，根据各县（区）贫困发生率、基础条件等综合因素，科学制定作战图，合理确定时间表，有力有序推进《“十三五”脱贫攻坚滚动规划和贫困县、贫困人口脱贫摘帽年度计划》。在决战决胜脱贫攻坚战的伟大实践中，西藏自治区因地制宜、多措并举，精心排查脱贫攻坚短板，针对重点贫困县，自治区和各地市集中优势资源重点发力，针对不同类型的贫困县、贫困乡、贫困村、贫困户进行差异化扶持，做到精准帮扶，确保精准脱贫。从发展生产脱贫、易地搬迁脱贫、生态补偿脱贫、发展教育脱贫、社会保障兜底脱贫、转移就业脱贫六个方面扎实推进脱贫攻坚工作有序开展，兑现了脱贫路上“一个都不能少”的庄严承诺。2016年，西藏自治区5个贫困县（区）率先脱贫摘帽，包括拉萨市城关区，日喀则市亚东县、山南市乃东区、林芝市巴宜区、昌都市卡若区，全区共脱贫14.7万人。2017年，西藏自治区25个贫困县（区）脱贫摘帽，包括拉萨市林周县、当雄县、尼木县、曲水县、堆龙德庆区、达孜区、墨竹工卡县，日喀则市白朗县、康玛县、定结县、吉隆县、聂拉木县，山南市桑日县、琼结县、曲松县、洛扎县、加查县、错那县，林芝市工布江达县、米林县、波密县，昌都市类乌齐县、丁青县，那曲市比如县，阿里地区格尔县，全区共脱贫15万人。2018年再有25个贫困县（区）脱贫摘帽，包括日喀则市桑珠孜区、定日县、仁布县、昂仁县、仲巴县、岗巴县，山南市扎囊县、贡嘎县、措美县、隆子县、浪卡子县，林芝市墨脱县、察隅县、朗县，昌都市江达县、边坝县、洛隆县，那曲市嘉黎县、安多县、索县、聂荣县、班戈县，阿里地区普兰县、札达县、日土县，全区共脱贫18.1万人。2019年底西藏自治区最后19个贫困县（区）脱贫摘帽，包括日喀则市南木林县、萨嘎县、拉孜县、江孜县、谢通门县、萨迦县，昌都市贡觉县、察雅县、芒康县、左贡县、八宿县，那曲市色尼区、巴青县、申扎县、尼玛县、双湖县，阿里地区改则县、措勤县、革吉县，全区共脱贫15万人。截至2019年底，西藏自治区如期实现74个县（区）脱贫摘帽、历史性彻底消除绝对贫困，农牧业生产条件得到大幅提升，农牧区面貌焕然一新，农牧民人均可支配收入从2012年的5697元增加到2019年的12951元，成为继西藏和平解放、民主改革和改革开放之后西藏发展史上的又一里程碑，脱贫攻坚工作取得了历史性突破、经济社会发展取得前所未有的快速发展。

（二）兴边富民大力推进

有国才能有家，没有国境的安宁，就没有万家的平安。西藏地处我国西南边陲，与尼泊尔、印度、不丹、缅甸4国接壤，边境线长达 4000 多公里，占全国陆地边界的 1/6。西藏践行“治国必治边、治边先稳藏”战略，牢固树立国家意识、国门意识、国防意识，以强边固防为总目标，以“固基础、优布局、强支撑、增交流、创机制、广辐射”为重点任务，以解决急需、急用、急盼为切入点，以重点领域、重要方向、重大项目为突破口，整合用好存量政策、制定出台超常规举措，大力实施守土固边工程，构建边民生活有保障、致富有渠道、守边有动力、发展有支撑的新格局，确保边境地区产业发展、基础设施、公共服务水平大幅提升，边境城乡居民人均可支配收入高于全区平均水平，做到了固边兴边富民行动走在全国前列。

习近平总书记指出，全面实现小康，少数民族一个都不能少，一个都不能掉队。党的十八大以来，西藏以“稳边固边急需、反蚕食斗争急用、边民群众急盼”为切入点和突破口，坚持屯兵和安民并举、固边和兴边并重，统筹推进边境区域经济社会和边防建设，

图 3-12　三国交界边境一线科迦村

大力推进守边固边富边强边。西藏边境线长达4000多公里，多数地方生产生活条件十分恶劣，贫困发生率高，兴边富民一直为各级政府所重视。在党中央的关怀下，边境地区投入逐年增加。特别是2012年以来，边境县、乡、村充分享受到国家更加优惠的政策，水、电、路、居等人民生活急需的基础设施加大了建设力度。2017年西藏发布《西藏自治区边境地区小康村建设规划（2017—2020年)》，主要目标是改善边民的住房条件和边境村庄的“水电路讯网、科教文卫保”以及产业建设。截至2020年底，边境一、二线行政村公路通达通畅，主电网延伸到全部边境乡（镇），实现村村通邮，移动通信网络全覆盖，农村人口饮水安全得到保障。边境村庄基础设施条件显著改善，各类产业蓬勃发展，边民生产生活水平明显提升，各项事业发展进入新阶段、取得新成效。

——多措并举，大力推进稳边强边兴边富民行动

兴边富民不能只算经济账，更要算政治账、民生账、民心账和国家安全账。大力推进兴边富民行动是边境人民群众最关心、最直接、最现实的核心问题，也是边境地区推动高质量发展、融入新发展格局的重要支撑。

2016年以来，西藏持续加大对边境地区基础设施建设和民生事业的倾斜扶持力度，2017年西藏召开全区边境工作会议，研究制定《关于加快边境地区发展的意见》；2017年印发《西藏自治区边境地区小康村建设规划》，在全区21个边境县112个边境乡镇628个边境一、二线村实施边境小康示范村建设；2018年出台《西藏自治区贯彻落实国家兴边富民行动“十三五”规划的实施意见》。这些会议的及时召开和政策措施的相继出台，为大力推进兴边富民

提供了根本遵循、做出了决策部署、指引了发展导向。2016—2020年，西藏自治区下达少数民族发展资金（兴边富民）共计47.10亿元，其中国家民委下达资金26.91亿元，自治区配套20.20亿元，全部统筹整合用于脱贫攻坚产业发展和边境小康村建设工作。

2017年，西藏自治区广泛深入开展民族团结进步创建活动，大力推动民族团结教育和社会主义核心价值观教育进学校、进寺庙、进乡村、进社区、进企业、进机关、进军营，促进各民族交往交流交融，“五个认同”和“三个离不开”思想更加深入人心。召开区地县民族团结进步表彰大会，自治区表彰150个先进集体、210名先进个人。投入6.2亿元，实施兴边富民项目304个，人口较少民族聚居区加快发展。巩固发展了各民族共同团结进步、共同繁荣发展的良好局面。

2018年底，全区21个边境县地区生产总值达到144.39亿元，

图3-13　下察隅新村

边境县农村居民人均可支配收入突破1万元，增速高于全区约7.4个百分点，“普惠性”边境一、二线边民补助标准已达到4700元/人/年和4500元/人/年。11个贫困边境县摘帽脱贫，9个民族乡农牧民人均可支配收入达1.3万余元，比所在县人均可支配收入高1.6%。基本公共服务体系逐步健全，“两基”攻坚全面完成，实现乡乡有卫生院，村村（建制村）有卫生室，城乡居民养老保险实现全覆盖，“农家书屋”等文化设施普遍建立，群众文化生活日益丰富。21个边境县城通油路，112个边境一线乡镇通公路、通硬化路分别达100%、96%，628个边境一、二线行政村通公路、通硬化路分别达100%、71%，948个自然村通公路、通硬化路分别达80%、19%；边防公路里程达3616公里。14个县主电网基本建成、覆盖率约80%，完成88个边防点供电和206个边境小康村电网建设及改造任务。

2019年底，全区21个边境县地区生产总值平均达到6亿多元，农村居民人均可支配收入平均达到1.1万元左右，一、二线边民补贴每人每年分别达4700元、4500元。边境地区小康村公路建设项目已完工194个，完成投资91.75亿元，完成97个行政村、100个自然村通硬化路和183个自然村通公路。21个边境县城全部通油路，112个边境一线乡镇100%通公路，行政村道路通达率100%，自然村公路通达率96%。边境地区主电网人口覆盖率达63.6%，主电网行政村覆盖率65.3%。边境地区行政村通宽带率、光纤通达率、4G网络通达率分别达98%、98%、97%。制定实施《自治区边境地区小康村教育发展规划》，累计投入4.38亿元改扩建93所边境地区义务教育薄弱学校。安排边境县学校集中供暖项目45个，规划投资8231万元。安排资金6.79亿元实施215个村级双语幼儿园新建和改扩建任务。申请建设资金2.62亿元，用于边境地区6个县级人民医院、14个县级藏医院、20个县级妇保院、15个县级疾病预防控制中心建设。孕产妇住院分娩率达90.66%。城乡居民基本养老保险参保率达99%，城乡居民养老保险制度参保率达96.8%。边境4地市已建成图书馆、群艺馆，21个边境县有综合文化活动中心，108个乡（镇）有综合文化站，57%的县民间艺术团有排练场所，基本形成三级（地市、县区、乡镇）公共文化设施网络。

2020年，西藏自治区加强联防联控，保障和谐安宁。持续完善路网、电网、通信网等基础设施建设，提升公共服务水平。深入推进“兴边富民”，发展沿边经济带，完成边境小康村建设任务，促进边境地区人口兴旺、产业兴旺。继续提高边民补助标准，一线边民最高到6000元。

——多管齐下，民族团结和边防稳固得到长足提升

兴边富民行动是一项振兴边境、富裕边民的民心工程，也是一项稳定边境地区、安定边民的德政工程。兴边富民行动实施以来，西藏边境地区民族团结和边防稳固得到长足提升。

基础设施建设短板不断补齐。加大投资力度，推进边境公路、口岸铁路建设。根据《国家公路网规划（2013—2030年）》《西藏自治区省道网规划（2016—2030年）》《西藏自治区综合交通运输“十三五”规划》，加强连接边境区域的干线公路建设。结合2015年“4·25”尼泊尔地震灾后恢复重建规划，加快实施S514线定结萨尔至陈塘、G216线吉隆至热索桥、G216线孔塘拉山隧道、G216线K81特大滑坡专项治理项目，以及G318线友谊桥和G216

图 3-14　中华人民共和国吉隆口岸

线热索桥重建工程。重点实施定结县城—日屋镇—车不达山口、日屋镇—陈塘口岸、仲巴县城—里孜口岸的公路升级改造工程，改善双边性口岸通道条件。加强中不、中缅边境基础设施建设。2016年10月，西藏自治区启动边境小康村建设，加快推进21个边境县112个边境乡镇628个边境一、二线村脱贫攻坚发展步伐、缩小区域差距，帮助边境群众改善生产生活条件。2016—2020年，西藏共投入资金37.55亿元，在边境沿线建设154个边境小康村，着力抓好“以民房修缮、庭院改造、村容整治为主的安居设施建设，以特色种养、民俗旅游、民族手工业为重点的产业建设，以村道改造、农田水利、村庄绿美化为重点的生态文明建设，以基层党组织、公共文化、医疗能力提升为重点的公共服务建设”，综合解决边民用电难、饮水难、行路难、就医难、创收难等问题，全面改善边境贫困地区发展条件和发展面貌，夯实边民兴边富边守边固边基础。抓边境通畅提升。将交通基础设施建设作为脱贫攻坚、守边固边的有力支撑，主动将公路建设项目向农牧区、向深度贫困县延伸，狠抓农村公路建设，大力推进建制村道路通达通畅、旅游产业资源路、易地扶贫搬迁道路、边境小康村道路等项目建设，着力边境地区道路交通发展短板，累计投入资金55.04亿元，实施交通项目建设202个，建成滇藏新通道、村村通乡镇、农村公路等级提升等一批交通项目，全市农村公路总里程达到4112.01公里，与2015年相比，全区边境乡镇、建制村通达率、通畅率分别提高3.70个、4.03个、11.11个、35.34个百分点。借助脱贫攻坚，林芝市打通了察隅、墨脱所有建制村的“毛细血管”，实现了村村通农村公路，为促进产业发展、群众外出务工、资源信息流动、推进国防和军队建设等打通了内循环，进一步提升察隅、墨脱的交通到达能力，让昔日天堑的察隅、墨脱两县变成了通途，在诠释“要致富先修路”的同时，也显著提升了区、市、县三级的治边能力。通过“水电路讯网”等基础设施的不断改善，加快补齐边境基础设施建设短板，为兴边富民工作夯实了坚强基础。

公共服务能力全面提升。一是健全覆盖城乡的基本养老、医疗、失业、工伤、生育等保险制度，健全灵活就业人员社保制度，健全城镇居民最低生活保障制度，持续提升社会保障公共服务能力。完善城乡居民基本养老保险待遇和基础养老金正常调整机制，逐步提高城乡居民基本养老保障水平。建立以居家为基础、社区为依托、机构为补充的多层次养老服务体系，健全儿童福利和未成年人保护体系，推进养老育幼服务业健康发展。加强社会救助体系建设，完善救助标准和救助对象动态调整机制，促进专业社会工作和慈善事业发展，提升残疾人保障水平。推进城镇老旧小区、棚户区改造，实施保障性安居工程。加强安全生产工作，做好防灾减灾救灾，确保人民生命财产安全。二是教育政策和资金保障力度不断加大。认真贯彻《关于制定全面改善贫困地区义务教育薄弱学校基本办学条件实施方案的通知》《关于规范农村义务教育学校布局调整的意见》《关于加快发展民族教育的决定》，边境县办学条件得到有效改善，学校管理逐渐规范，农牧民群众送子女上学的热情和对教育的满意度越来越高。近年来，西藏自治区根据经济社会和教育发展的总体要求，先后出台了《实现“两基”后推动教育事业又好又快发展的实施意见》《关于实施教育兴地战略的意见》《关于进一步加强“控辍保学”工作的意见》《促进教育发展若干政策措施的意见》等指导性文件，对尊师重教、关注基层、教育均衡等提出明确而有力举措。这些政策措施的出台实施对于提高边境县教师待遇、提升教育关注度、促进教育发展起到了积极的推动作用。积极落实“三包”和营养改善计划政策，实现了从学前到高中15年免费教育全覆盖。边境县师资队伍建设步伐不断加快。在加强师德师风建设、加大校长、教师培养培训和交流力度的同时，想方设法稳定边境县教师待遇，稳定教师队伍。提高部分边境县教师待遇，在工资待遇、职称评聘等方面予以倾斜。确保边境县教师队伍稳定。由于西藏边境县地理、交通等自然环境的影响，基层教师严重流失。为进一步稳定边境县教师队伍，结合教育系统实际，进一步规范基层教师的调动程序。

产业发展能力大幅提升。以农牧业特色产业为抓手，加快建设以岗巴、定结为主的岗巴羊生产基地，以仲巴、吉隆县为主的绒山羊、绵羊生产基地，以亚东、仲巴县为主的牦牛生产基地，以康马、聂拉木、定日县为主的优质牧草生产基地，以亚东、吉隆、定结为主的林下产品生产基地，以普兰县为主的优质青稞、油料作物基地等，相应建立出口基地，以察隅县、朗县、米林县、墨脱县、加查县为主的藏药材、食用菌、茶叶、林果、藏猪生产基地。加强对农牧业发展的资金和技术扶持，加大优质农牧品种选育推广、先进种植和养殖技术推广，提高农牧民的组织化程度，提升特色农牧业规模化、设施化、集约化生产经营水平。促进各类有出口功能的农业园区发展壮大，充分发挥园区在农业科技应用、农牧业经营体系创新、农业增产增效等方面的示范带动作用。依托边境口岸和边贸市场，扩大农林牧产品出口规模，促进农牧民增收致富。改造提升现有旅游产品，培育生态观光旅游、民族文化体验游、休闲度假旅游、科考探险旅游、跨境旅游和自驾车旅游等旅游产品。因地制宜，形成了特色鲜明、布局合理的区域旅游发展格局。加强文化与旅游的结合，把文化内涵贯穿到吃、住、行、游、购、娱各环节和旅游业发展全过程，促进西藏旅游与旅游服务贸易共享资源、共同发展。

民族团结进步事业不断巩固和发展。西藏制定出台开展民族团结进步创建、加强和改进新形势下民族工作的 10 个方面、42 条具体措施，促进民族团结进步创建活动多层次、宽领域、全方位开展。在机关、乡村、社区、学校、企业、寺庙、军营广泛开展“中国梦”主题宣传教育、中华民族共同体教育等活动。各边检站积极探索全面推进“一站式作业”，通过设立便民利民服务窗口，进一步简化服务流程；加大自助查验通道及智能验证台建设，主动推出为旅游团出入境检查提供整团集中办理和成员选择通道办理等多样化查验模式。公安边防、海关等部门建立相关检查协作机制，积极推动“口岸大通关模式”，在吉隆率先实现运行“联合查验、一次放行”机制。公安边防总队先后创建爱民固边模范县 5 个、爱民固

图 3-15　感知中国·中国西部文化行

边模范乡(镇)58个、爱民固边模范村(社区)390个、爱民固边模范小学2所。

军民深度融合发展不断推进。西藏研究起草了《西藏自治区经济建设与国防密切相关的建设项目贯彻国防要求实施细则(试行)》，积极推动边境地区军民融合发展示范区、边境地区公路军民融合共建示范项目、拉萨贡嘎机场军民航融合深度发展机制创新3个示范建设，强化军地项目需求对接，全力服务强军目标、支持国防建设、保障作战需要。边境地区交通、能源、水利等基础设施建设，本着“能带的带上，能连的连上”的原则，做到军民两用、共建共享。

坚持屯兵与安民并举、固边与兴边并重。为进一步推动边境地区和人口较少民族聚居区经济社会快速发展，西藏充分发挥兴边富民行动在加强民族团结和巩固祖国边防中的特殊作用，更加坚定边境地区和人口较少民族聚居区群众争做“神圣国土守护者、幸福家园建设者”的信心决心，积极引导边境地区和人口较少民族聚居区各族干部群众牢固树立西藏自古以来是伟大祖国不可分割一部分的思想，牢固树立“三个离不开”思想，不断增进边境地区和人口较少民族聚居区群众“五个认同”，铸牢中华民族共同体意识。

强化边境口岸建设对强边富民的示范引领。发挥口岸建设在西藏对外开放和强边富民中的关键作用，重点建设吉隆口岸，科学恢复重建樟木口岸，着力推进普兰、拉萨航空口岸功能提升，切实加快里孜、陈塘—日屋、阿里机场口岸开放开发，全力推动亚东口岸开放，形成以吉隆口岸和樟木口岸为重点，以普兰和拉萨航空口岸为两翼，以里孜、陈塘—日屋、阿里机场口岸及亚东乃堆拉边贸通道为支点的“两重两翼多支点”口岸开放格局。立足双边市场相互需求，逐步扩大进口种类，引导对邻国具有比较优势、西藏和国内市场所需的农副产品、药材、工艺品、纺织品等的进口，推进出境、跨境旅游业发展，活跃国内消费市场，满足人民生活需要，强边富民行动取得显著成效。

——展望未来，深入推进稳边强边兴边富民行动

为进一步落实“治国必治边，治边先稳藏”治国理政理念，突出西藏在国家安全、生态安全、民族团结领域的重要位置和发挥的重要作用，“十四五”期间，西藏将深入推进兴边富民行动，强化边境地区城乡建设，支持边境地区特色产业发展，改善边民生产生活条件，推动边境地区高质量发展。

加快边境地区村镇建设。以建设边疆明珠小镇为抓手，打造一批边境地区少数民族特色村镇，统筹推进水电路讯网、科教文卫保一体建设。加快补齐边境城镇基础设施短板，完善城镇功能。依

托边境重点县城、重点口岸和边民互市贸易区积极培育新生中小城镇，构建以边境地（市）为枢纽、边境县城为核心、口岸和重点城镇为节点、边境地区少数民族特色村镇为支点的边境村镇廊带。实施边境乡（镇）市政、公共设施新建改建、人居环境整治等项目，亮化美化抵边自然村人居环境。稳妥优化边境地区行政区划设置。

落实边境地区特殊优惠政策。加快边境小康村建设进程，改善边境地区生产生活条件。加大政府购买服务引导边民参与护边，对守边村（居）住房、养老、教育、医疗、社会救助、金融、土地等制定特殊优惠政策，落实强边固边金融政策，加大信贷支持。完善巡护边员制度和边民补助机制。完善边境地区疾病预防控制体系。研究制定用电用地、科技创新、品牌建设、融资担保等方面的扶持政策。

持续推进兴边富民行动。以规划建设边境特色产业带为抓手，依托边境地区特色资源，构建以沟域生态经济区、河谷流域经济走廊、农牧产品生产加工基地、全国旅游重点村为重点的边境产业发展格局。坚持市场导向，发挥资源优势，支持边境乡（镇）积极发展高原特色农畜林产业、绿色生态、旅游文化、民族手工制作等特色产业。加快边境县乡商贸物流体系建设，鼓励边民互市贸易多元化发展，促进边贸转型带动边民增收，建设一批开放程度较高、兴边富民效果明显的边贸示范村，支持互市贸易加工产业发展，给予加工企业土地等特殊支持政策。加快推进以玉麦乡为代表的边境旅游示范村建设。继续扶持 9 个民族乡人口较少民族率先高质量发展。

推进边境地区高质量发展。西藏自治区将按照中央第七次西藏工作座谈会精神，各项帮扶政策在同等条件下优先向边境地区倾

图 3-16　印度香客到冈仁波齐峰朝圣

斜，通过产业扶持、转移就业、生态补偿、教育支持、医疗救助、社会兜底等措施，进一步巩固边境地区脱贫攻坚成果。着力加强治边稳边能力建设，有效捍卫国家发展利益。深入实施兴边富民行动，加大边境地区转移支持力度，完善边民补助机制，着力改善边境地区生产生活条件。积极引导金融机构创新金融服务，完善现行扶贫贴息贷款政策，定向精准支持自主创业。进一步加强防抗灾体系建设，提高农牧业综合生产能力，改善农牧民生产生活条件。优先推行教育普及和“三包”经费提标扩面；优先充实边境村医，切实提高基层医疗服务能力和水平。优先招录充实基层专业技术人员，加强面向边境乡村的科技培训、服务力度。持续加快边境地区卫生、科技推广、广播、电视、网络、文化基础设施建设。进一步完善边境地区养老保险和医疗保障制度体系，对边境县和人口较少民族特困大学生实行专项救助。加快推进以城镇化建设带动边境地区发展的工作步伐。加大边境地区新型农牧民培训力度，弘扬爱国主义、集体主义、艰苦奋斗、勤劳致富精神，切实巩固边境地区发展稳定的群众基础。以结构调整为主线，进一步发挥人口较少民族聚居区资源优势，大力培育、加快发展农牧、药材、林下资源、民族文化等特色产业；大力帮助培育龙头企业，提高资源就地加工和增值的能力，实现产业延伸和发展；搞好农牧业基地建设，加大高原特色种植业、养殖业、特色资源开发、藏药材等产业基地建设，大力发展民族手工业，以产业化带动农牧民增收和推进城乡一体化进程。重点选择具备一定规模、带动性强、辐射面广、市场竞争力强的特色优势产业予以支持，带动边民增收致富，推动县域经济发展。加强边境旅游产品开发力度，充分发挥当地民族、文化、历史、区位、自然等有利条件，努力打造特色游、跨境游和民族风情游等旅游产品品牌，促进边境旅游的健康发展。大力发展特色农牧业产业园区，扶持农牧民专业合作社和互助组织，带动帮助人口较少民族聚居区农牧民发展生产，带动边民增收致富。进一步拓宽边远乡镇选人用人渠道，配强乡镇党委、政府班子，加大人口较少民族干部培养、使用力度，充分调动各族干部的工作积极性、主动性和创造性。

（三）乡村振兴有序实施

深入推进乡村振兴战略。继续巩固脱贫攻坚成果，严格落实“四个不摘”要求，压实“五级书记”责任，完善防返贫动态监测和帮扶机制，对因病因灾等特殊原因致贫返贫的群众动态清零。扎实推进扶贫产业提档升级行动，摸清扶贫项目资产底数，加强运行管护监督。紧紧围绕产业、人才、文化、生态、组织振兴，强化政

图 3-17　神圣国土守护者、幸福家园建设者——卓嘎、央宗姐妹

策保障，统筹整合资金，深入实施以“神圣国土守护者、幸福家园建设者”为主题的乡村振兴战略。坚持藏粮于地、藏粮于技，落实最严格的耕地保护制度，提升耕地质量，提高粮食生产能力，确保粮食安全。开展种业振兴行动，建设 15 万亩青稞良种基地和 15 个自治区级以上牦牛、藏羊良种场，解决农牧业“芯片”问题。努力推动高原草业发展，在适宜区域种植优质饲草，不断提高饲草产量。深化农村承包地“三权分置”改革，做好农村集体产权制度改革“后半篇”文章。加强供销合作社建设。积极推动城乡基本服务均等化，稳步实施乡村建设行动，倡导健康文明生活方式，建设 1000 个美丽宜居乡村，持续改善乡村面貌。

——精准施策，巩固拓展脱贫攻坚成果

坚持四项不摘。“气可鼓、不可泄”。脱贫攻坚，只有干出来的精彩，没有停下来的辉煌。实施以“神圣国土守护者、幸福家园建设者”为主题的乡村振兴战略以来，西藏自治区始终把提升脱贫质量、防止返贫、巩固拓展脱贫成果摆在全区工作的突出位置，严格落实“摘帽不摘责任、摘帽不摘政策、摘帽不摘帮扶、摘帽不摘监管”的工作要求，确保脱贫攻坚各项政策措施持续发力，有效巩固精准扶贫精准脱贫成果。

一是坚持摘帽不摘责任。全区 74 个县区脱贫摘帽以来，西藏自治区乡村振兴局协调西藏自治区组织部，保持全区 74 个县区的县委（区委）、政府（区政府）、人大、政协、纪检监察五套班子的正职保持稳定，分管脱贫攻坚的县区领导保持稳定，要求县区委组织部尽量保证各局（委）、各乡镇的主要领导不换岗、不脱岗，要求脱贫攻坚指挥部继续抓好各类检查、督查、考核、国家抽查普查和脱贫摘帽“回头看”等各项工作，全力抓好脱贫摘帽后续巩固提升工作。层层压实责任，县区党政主要领导对本县摘帽、贫困村退出、贫困人口脱贫的真实性和准确性负责，乡镇党政主要领导对本乡镇贫困村退出、贫困人口脱贫的真实性和准确性负责，各级行业扶贫部门对本行业脱贫指标完成情况真实性和准确性负责。全区脱贫攻坚每一条战线上的党员干部，以身先士卒的勇气、向我看齐的锐气、走在前列的正气、以上率下的底气，全力保障摘帽不摘责任，用共产党人强烈的使命担当扛起“扶上马、送全程”的责任，把“人民对美好生活的向往，就是我们的奋斗目标”贯穿于打赢打好脱贫攻坚战的全过程，让“不获全胜决不收兵”体现在“摘帽不

图 3-18　嘉黎县绒多乡聚瑞矿业运输车队分红

摘责任”的落实中，使脱贫攻坚的“防滑链”更精细、更精准，不断满足脱贫群众对美好生活的向往，把“摘帽不摘责任”的“军令”变成群众手中看得见、摸得着的“战报”。

二是坚持摘帽不摘政策。针对摘帽不摘政策的要求，西藏自治区党委、政府因地制宜、多措并举，全力保障全区贫困户、贫困村退出后，在脱贫攻坚期内可继续享受国家、自治区、各地市扶贫相关政策，特别是到户到人的产业、就业、教育、医保、低保、饮水安全等相关扶持和保障政策保持不变，各类园区带动、龙头企业带动、农牧民合作社带动、能人大户（家庭农场、家庭牧场）带动、贫困户自主调整种养结构发展产业的“四带一自”产业扶贫模式的相关扶持政策保持不变，防止出现边脱贫、边返贫现象，切实做到应进则进、应扶则扶、应退则退。贫困县退出后，在脱贫攻坚期内国家和西藏自治区原有扶贫政策保持不变，并对率先脱贫摘帽的贫困县分别给予奖励，鼓励贫困县率先脱贫摘帽。

三是坚持摘帽不摘帮扶。深入开展定点扶贫、援藏帮扶、东西部扶贫协作、“百企帮百村”工作。自治区定点扶贫的厅级领导继续执行“联县、挂乡、包村”扶贫帮扶，继续开展脱贫攻坚督查巡查工作，推动脱贫攻坚责任落实、政策落实、工作落实。全区74个县区“领导挂点，部门包村，干部帮户”定点扶贫保持不变，确保帮扶力度不减。各级驻村工作队不撤离，第一书记不离岗，重点抓好基础设施补短板、产业发展、建强村“两委”班子、激发农牧民内生动力等工作。各县区所有干部结对帮扶贫困户保持相对稳定、定期回访、持续帮扶。继续执行援藏资金的70%投入农牧区，用于农牧区基础设施建设、发展村集体经济、提高乡村公共服务能力，尤其是要保证帮扶贫困户和边缘户创业增收的资金比例不低于总投资的70%。

四是坚持摘帽不摘监管。加大对各县区、各乡镇、各村“两委”和驻村工作队脱贫攻坚成效考核。继续开展脱贫措施“户户清”“村村清”行动，做到贫困人口有名有姓，致贫原因明明白白，脱贫人数清清楚楚，怎么脱贫有记录可查证。完善扶贫数据动态管理机制，加强各县区脱贫攻坚指挥部各专项组之间的沟通与协作，加大精准扶贫精准脱贫的信息交流与数据核实工作力度，实现建档立卡数据与各专项组的行业数据、各乡镇贫困统计监测数据有效对接，做到自治区、各地市、各县区、各乡镇、各行政村五级扶贫数据纵向互通，各专项组的行业部门扶贫数据横向互联。建立健全自治区、各地市、各县区、各乡镇、各行政村五级防止返贫监测机制，对因学、因病、因残、因灾、因突发事故等“三类人”可能导致返贫的隐患，由相关专项组会同行业部门“点对点、人对人、事对事”加快填补漏洞、补齐短板，毫不动摇地坚守返贫底线。纪

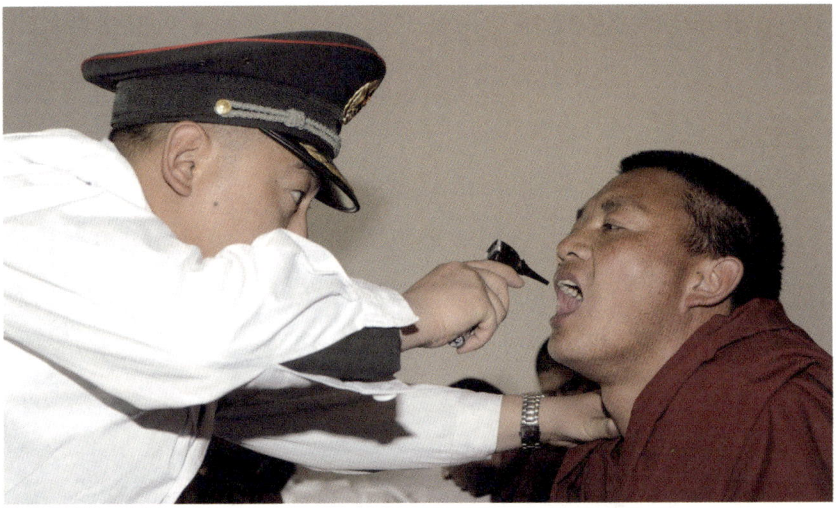

图 3-19　西藏军区总医院为僧人体检

检监察部门对不利于民族团结、维护稳定和脱贫攻坚的言行及时制止，防止涣散脱贫攻坚的人心、打乱脱贫攻坚的思路；对党员领导干部，尤其是扶贫一线的党员领导干部的不作为、慢作为行为，开展形式多样的诫勉谈话，情节严重者按照《中国共产党问责条例》严肃处理，并依据《党政领导干部选拔任用工作条例》谨慎提拔使用，从源头上防止脱贫攻坚“最后一公里”路上出现掉队现象；对于扶贫一线违纪违规、违法犯罪的领导干部，发现一起、查处一起、处理一起，绝不姑息。

夯实四项巩固。把建立防返贫预警监测机制、巩固拓展脱贫成果、易地扶贫搬迁后续扶持（包括三岩搬迁）、扶贫产业项目资产管理作为巩固拓展脱贫成果重要抓手，为巩固拓展脱贫成果与乡村振兴有效衔接奠定坚实基础。

一是建立防返贫预警监测机制。因地制宜，对家庭中有产业，但产业收入不持续稳定、不升反降且有可能降到当前脱贫标准以下的；家庭中有就业人员，但就业收入不持续稳定且有可能降到当前“三类人”监测标准以下的；收入结构不合理、补贴性收入过高（占家庭总收入60%以上）；因病、因学、因灾、因意外事故、因产业发展失败等原因造成刚性支出较大、导致收入有可能下降到当前“三类人”监测标准以下的脱贫不稳定户、边缘易致贫户、突发严重困难户合理确定监测标准，开展定期检查、动态管理，重点监测其收入支出状况、“两不愁三保障”及饮水安全状况。要求第一书记、乡村专干等为监测员，每月至少两次入户核查，对照监测指标及时了解收入情况，做好数据统计，及时发现，及时预警，及时填写更新“三类人”明白卡。建立“一级、二级、三级、四级”四级响应机制，实行监测对象信息一旦有变化，监测预警模块即时启动预警，动态帮扶机制迅速响应。建立四级动态帮扶机制，四级收入以上，属于安全范围。三级范围内由乡镇启动帮扶机制，制定到户到人的帮扶措施。二级范围内由县级启动帮扶机制，制定到户到人的帮扶措施。一级范围由政府兜底帮扶，制定到户到人的帮扶措施。

二是巩固拓展脱贫成果。“三保障”巩固方面，在继续执行教育、医疗、住房、财政、金融、兜底救助六项政策不变的基础上，强化义务教育、基本医疗、住房安全等三项保障巩固。对于义务教育，加大均衡发展义务教育扶持力度，落实城乡义务教育经费保障机制，发展农村学前教育，完善以公办幼儿园为主体的学前教育服务网络，200人以上的行政村实现幼儿园全覆盖。巩固提升农村中小学生入学率，做好“控辍保学”工作。填补教育盲区，办好特殊教育和继续教育。加大教育基础设施建设力度。统筹配置城乡教师资源，实施教师团队提升计划。基本医疗保证基本药物供给、基本服务配套、基本技术提升和基本费用保障。住房安全采取政府补贴、企业帮扶、援藏帮扶、社会帮扶等多种形式，推进农牧区住房安全改造工程，逐步建立农牧区低收入群体安全住房保障机制。特别是关注交通不便、信息不畅、经济发展相对滞后、距离中心城镇较远乡镇的“三类人”的住房质量提升工程。产业帮扶方面，以易返贫监测户、易致贫边缘户、突发严重困难户为重点帮扶对象，强化产业扶持项目利益联结机制，确保农牧民受益。坚持“资源变股权、资金变股金、农民变股民”。农牧民自愿以土地（林地）承包经营权、林木所有权、集体资产股权、住房财产权（包括宅基使用权），以及自有生产经营设施、大中型农机具、资金、技术、技艺、劳动力、无形资产等各种生产要素，通过协商或评估折价后，投资入股经营主体，享有股份权利。特别是对政府投资项目，重点发展村集体经济，建立健全产业扶持项目利益联结机制，投资收益要重点倾斜“三类人”家庭。产业项目逐步实行以奖代补、先建后补机制，完善产业扶持项目的扶持方式。实施以工代赈，项目带动就业增收，特别是“三类人”家庭的就业增收，要求400万元以下政府投资项目交由有资质的农牧民施工队组织实施。在就业帮扶方面，借助川藏铁路、雅下电站、墨脱电站、邦达航空港等重大工程建设契机实施就业帮扶工程，借助援藏、东西协作、百企帮百村契机，实现农牧民跨区域就业。重点针对“三类人”家庭，开展种养实用技术、管理能力、服务能力、机械操作能力等多样化农牧民能力培养。以援藏为“窗口”，加大农牧民致富能手的大企业顶岗、内地参观学习、创业实践等内容的培训力度。加强与西藏科研院所、援藏高校、援藏企业的合作，让专家学者定期到田间地头零距离“手把手”指导农牧民进行农牧业生产。在消费帮扶方面，积极开展扶贫产品质量认证，实现产品变商品。支持重点景区旅游沿线建设扶贫产品销售点。发挥援藏省市的“窗口作用”，扶持扶贫产品对接区外市场。采取推介会、展销会等形式，加大农畜产品消费宣传，在东南沿海重点城镇设置农畜产品销售点，或者在企事业单位实行扶贫产品消费常态化。扶持龙头企业、经合组织开展线上线下营销活动。扶持龙头企业和经合组织，发挥它们在产品营销环节的优势，积极对接淘宝、京东等线上平台，开展农畜产品网上销售。积极对接成都市、重庆市、西安市、西宁市、兰州市、昆明市等中心

图 3-20　学会一个技能　带富一个家

城市，让农畜产品入驻当地市场，开展线下营销。在社会保障方面，进一步完善兜底保障机制，健全农村应急服务体系，加强农村防灾减灾救灾能力建设。

三是易地扶贫搬迁后续扶持（包括三岩搬迁）。加大安置点农村道路建设和农田水利设施建设投入力度，加强安置点供水、信息基础设施和安置点电力保障工程建设。推进安置点“厕所革命”，加快安置点村民中心、综合文化服务中心、文化广场、农村大喇叭、村图书室等基层文化设施建设。确保搬得进，稳得住，融得入，能致富。成立易地搬迁安置点党组织、安置点管委会，配齐安置点第一书记，加大易地搬迁人口特别是三岩搬迁人口的涵化教育，促进搬迁群众与迁入地群众交流交往交融。

四是扶贫产业项目资产管理。扶贫项目资产按公益性资产、经营性资产和到户类资产进行确权登记。对公益性资产，项目建成后应及时办理移交手续，按照行业相关要求进行确权和管理。对经营性资产，根据资金来源、受益范围、管理需要等明确权属，原则上应明确到村集体经济组织，纳入农村集体资产管理范围，并按照农村集体产权制度改革要求有序推进股份合作制改革。到户类资产归农户所有。按照“所有权与监管权、受益权与管护权相结合”的原则，制定相关部门、乡镇政府和村委会管理责任清单。各级行业主管部门按照职责分工，根据行业领域资产管理制度和规定，履行行业监管责任。对收益分配和资产处置，要求每年 1 月，扶贫项目资产产权所有者负责对上年度收益进行清算。对县、乡、村三级管理的扶贫项目资产，要公示清算结果。

推进六项提升。以基础设施提升、公共服务提升、人居环境提升、治理体系提升、发展能力提升、安全防控能力提升等“六项提升”为抓手，加快补齐全面实施西藏乡村振兴建设的短板，为高质量推进乡村振兴夯实基础。

一是基础设施提升。推进人畜分离、雨污分离、垃圾分离“三分离”，实现“零直排”，达到“水清、无味、点绿、景美”。人畜分离方面。制定《美丽乡村人畜分离管理规范》，明确村畜禽养殖场所的基本要求、选址、布局、养殖规模及饲养密度、饲养管理、卫生防疫、原有养殖圈舍处理、管理制度等要求。鼓励有条件的村庄建设全村专门的畜牧养殖场所，要求距离人居住集中区至少500米，不得影响水源。雨污分离方面。建设村级雨水管网和污水管网，将雨水和污水分开收集，分开排放。通过雨水管网直接将雨水排到河道，污水通过污水管网收集后，送到定点处理场所，水质达标后再排放，防止水质污染。垃圾分离方面。对具有再利用价值的废弃物（如纸张类、塑料类、玻璃类等），扶持乡村农超设置收购点，回收利用。对不具有再利用价值的废弃物，每个村庄建设一处垃圾处理点，因村制定处理措施，通过转运、焚烧、发酵堆肥等方式，达到垃圾无害化处理。实施“四改造”。围墙围栏改造。村围墙围栏改造，要坚固耐用、耐候性强、不腐不烂，色彩丰富，要体现本村的民族特色，具有较强的艺术感，建议尽量使用当地传统材料就地取材，体现以工布特色为主体元素的具有藏东南风情的传统村落风貌。立面屋顶改造。充分尊重工布地区原有立面和屋顶的形式和肌理，对场地环境进行综合整治与提升。顺应原有藏东南藏式院落格局，适度增设新建筑元素用以界定总体空间关系，强化人与场地的互动。在改造设计中，注重工布建筑的单体造型，充分体现了对历史风貌的尊重。改厕改卫改造。摸清底数，在原有建设的基础上，加大“三类人”家庭的改厕改卫改造力度。强化村公厕的新建或改建工作，合理布局厕所距离，保证每个村庄至少建设1—2个公共卫生间，从源头解决大部分村庄没有卫生间的现状。电线网线改造。针对现有电线网线布局紊乱、安全隐患较大、影响村容村貌美观等现状，加大农电改造力度，合理布局暗线网络线路。做到“五畅通”。健康饮水。在解决干净水、安全水的基础上，通过大力实施农村饮用水提质工程，解决集中供水，达到水质无毒、无害、无杂质、无异味，让农牧民喝上健康水。稳定电力。在原有农村电网改造和“三区三州”电网改造工程的基础上，加大电力基础设施改造力度，解决农牧区用电的静态稳定、动态稳定和暂态稳定，使整个电力系统稳定运行。宽带网络。在脱贫攻坚期间对农村宽带网络建设的基础上，完善通讯网络体系，强化边远乡镇通讯盲区消除，扩大农牧区5G网络覆盖率，实施宽带乡村和数字乡村建设。电商物流。开展“收货、上架、拣货、分拣、包装、发货、配送、退换货、库存管理、增值服务”等所有电商物流环节的一站式电商物流服务。开展电商信息系统平台建设，包括“采购管理、订单处理、客服管理、财务管理、管理报表”等模块；与天猫商城、淘宝商城、京东商城、当当网等众多的开放式电商平台无缝对接，自动同步库存，自动抓取订单，网店自动发货。客运班车。在现有客运班车运营的基础上，增加边远乡村客运班车的通行线路，并合理布局运营线路，保证客运班车通行常态化。

二是公共服务提升。在确保“科教文卫保”等基本公共服务基础上，实现村集体办公场所、村卫生室、学前教育、文化活动场地、治安场所齐全。在教育事业方面，提升教育资源供给能力，推进学校布局调整，加快标准化建设，逐步消除义务教育“大班额”现象。实施第三期学前教育三年行动计划，开展农牧区学前三年双语教育。强化理科和实践教学，扎实推进“五个100%”，即中小学双语教育普及率100%、小学数学课程开课率100%、中学数理化课程计划完成率100%、中学理化生实验课程开出率100%、职业技术学校国家目录规定课程开出率100%。在社会保障方面，全面实施全民参保计划，完善覆盖城乡的基本养老、基本医疗、失业、工伤、生育等保险制度，继续安排物价调节专项基金，落实“菜篮子”县长负责制，保证蔬菜、蛋奶、家禽、鲜肉等商品平价供应，坚决将居民消费品价格涨幅控制在3%以内。在养老服务方面，从政策体系支撑、养老机构建设、养老市场培育等多角度切入，加快建立以居家为基础、社区为补充的多层次养老服务体系。鼓励企业利用村集体建设用地优先发展养老服务。在健康乡村方面，农牧区医疗补助经费提高至550元。常规疫苗接种率达到97%以上。推行药品采购“两票制”，加快“医联体”建设。加快形成以县医院能力提升、乡镇卫生院标准化建设、村（社区）卫生服务全覆盖为重点的三级医疗卫生服务网络，消除基本公共卫生服务盲区。

三是人居环境提升。加大“治四乱”力度。由各县区乡村振兴局牵头，各乡镇主导，充分发挥村“两委”班子成员和乡村振兴专干的作用，制定完善村规民约，以行政村为单元，重点治理村庄脏乱差、房前屋后和公共用地私搭乱建、乱占村集体耕地草场、乱占村集体资源等行为。保障“建五化”成效。由各县区乡村振兴局牵头，各乡镇主导，充分发挥村“两委”班子成员和乡村振兴专干的作用，依据各乡镇的村庄规划，达到村道路硬化、村容美化、村庄绿化、村庄整体建设亮化、村庄卫生净化。

四是治理体系提升。以自治为基础共治共享，激发农民积极性。完善村规民约，完善虫草等野生植物资源采摘管理制度、村集体经济合作发展制度、投工投劳建设家园制度，通过“我是谁”“我与家庭、他人、自然”关系的把控及村民自我修养的培养，进行“自我管理、自我服务、自我教育、自我监督”，实现村民个体由治理“对象”走向治理“主体”角色转变，充分激发广大农民的积极性，实现乡村共建共享新格局。以法治为保障定分止争，规范行为促和谐。随着乡村社会急剧变迁、利益诉求多元化的不断深入，依靠法治形成“解决问题的用法、化解矛盾的靠法”的乡村秩序，保证乡村社会的稳定和发展。以普遍、明确、可操作的规则来规范人们的行为，以实现对行政权力限制和公民权利保障的法治型乡村治理。充分发挥法院、检察院、公安等公权力机关的作用，通过制度安排和规则程序，凭借一套具有普遍性、可预见性等理性化标准的正式规则来规范人们的行为区间，建设法治乡村，维护农民权益，以依法维权树立法律权威，获得全民自觉守法的治理状态。以德治为支撑春风化雨，正民心、树新风。健全乡村治理体系，注重以藏族为主体的各民族特别是门巴族、珞巴族等人口较少民族的乡土人情、道德规范的情感认同。依靠社会舆论、风俗习惯、内心信念等正面引导人们正确的价值取向和发展方向。发挥好德治的融合、引导、教化等功能，破解乡村治理中诸多深层次的问题与矛盾，营造、传承文明乡风民俗的德治型乡村治理。发挥道德引领、规范、约束的内在作用，使道德规范外化为人们的行为自觉、创新乡贤文化、培育和弘扬具有特色的地方性优秀道德传统，使崇德尚法、诚实信用、遵守规则、弘扬公序良俗成为人们的内在需求，实现“春风化雨，润物无声”。健全自治、法治、德治相结合的乡村治理体系。自治、法治、德治既相互独立又紧密联系，三者共同构成了乡村治理的有机整体、完整体系。法治是乡村治理体系的保障，自治只有在法律的框架下进行，才能有法可依，有条不紊；德治则是乡村治理的支撑，有利于提升自治与法治的效能，提高乡村治理的水平和质量。健全自治、法治、德治相结合的乡村治理体系，是对乡村治理各要素、各流程的统筹规划，以集中资源有效实现乡村治理的愿景目标。三治融合，才能充分发挥其系统功能、整体效果，最大限度地下移乡村治理重心，赋予乡村治理终端主体即村民自主治理空间，最大限度地激活村民参与乡村治理的主动性和创造性。

五是发展能力提升。加快推进“三变”改革。加快推进农村土地、集体林权、草原承包经营制度等改革。以供给侧结构性改革为主线，深入推进农村土地“三权分置”改革，推进土地入股、土地流转、联耕联种等多种经营方式，形成“大集群，小单元”格局，推进农村宅基地、土地、草场、林地确权登记办证和抵押贷款工作。因地制宜实施农村集体产权制度改革，稳妥开展农村资源变资产、资金变股金、农民变股东的“三变”改革。完善“合股联营”机制。以打造“股份农民”为核心，鼓励新型农业经营主体与农民开展“合股联营”，健全利益共享机制，把小农生产引入现代农业发展轨道，促进小农户与现代农业发展有机衔接，发展壮大村集体经济，规范“三资”管理。健全农牧业社会化服务体系，培育新型农牧业经营主体，发展多种形式适度规模经营。完善农牧区金融服务体系。完善金融扶持体系，继续加大金融扶持力度，大力发展农牧业保险，对本地实施参与农牧业“一二三”产业的龙头企业、专合组织、家庭农牧场等实行“以奖代补、先建后补、以工代赈”等制度和贴息政策。加快农牧民实用技能培训。采取理论与实践相结合的模式进行，重点就农牧业生产、农畜产品精深加工、产品电子商务营销等环节加大培训力度。通过培训，有效提升农牧民的知识储备和技术技能，为全县培育一批新型职业农牧民、培养农村牧区实用型人才奠定基础。

六是安全防控能力提升。安全生产由各县区应急管理局牵头，全面负责乡村安全生产管理工作，制订安全生产技术措施、安全生产宣传教育、安全生产规章制度、安全生产隐患治理、安全生产事故管理、安全生产应急管理和劳动保护计划，实施安全生产检查和监督，调查处理事故等工作。实行村第一书记是本村安全生产的第一责任人，乡村振兴专干是安全生产管理员。维护稳定由各县区乡村振兴局牵头。抓责任落实。明确村第一书记是本村维护稳定工作第一责任人，对本村社会稳定负总责。抓定期排查。坚持每月召开综治例会，对各种矛盾纠纷、不安定因素进行排查，排查出的问题根据性质指定村“两委”和乡村振兴专干及时落实。抓群众来访。规定每月 15 日、30 日为村“两委”信访接待日，认真受理群众来信、来访，重大问题实行村“两委”包案处理。抓重点对象。对信访大户、信访老户等重点对象采取村“两委”承包负责制，要求乡村振兴专干与这些重点对象进行联络，了解他们的思想状况，掌握他们的行踪变化，帮助他们解决生产、生活中的具体困难，避免越级上访的发生。由村第一书记牵头，属于边境村镇的要加大边境安全巡查，做好边防“哨兵”。疫情防控由各县区疫情防控办牵头。按照“外防输入、内防反弹”疫情防控策略，进一步落实常态化疫情防控工作措施，将疫情防控工作常态化，全面落实“早发现、早报告、早隔离、早治疗”要求，压实责任，织密防护网，提升疫情防控能力，全力保障群众健康安全。

——全域联动，着力推进乡村五大振兴

优先发展农牧区农牧业、高质量发展县域经济、深化农牧区综合改革，积极构建五大振兴指标体系，全力推进产业振兴、人才振兴、文化振兴、生态振兴和组织振兴，为农牧区高质量发展夯实基础。

一是产业振兴。产业兴旺是奠定乡村振兴的物质基础。乡村产业是以农业农村资源为依托，以农牧民为主体，以农牧区一二三产业融合发展为路径，地域特色鲜明、创新创业活跃、业态类型丰富、利益联结紧密，是提升农牧业、繁荣农牧区、富裕农牧民的产业。以高标准农田建设和小流域综合开发为抓手，全力夯实产业基础。以高原生物、旅游文化、绿色工业、清洁能源、现代服务、高新数字、边贸物流为拳头，促进多产融合发展。大力发展农畜产品精深加工，实现产品变商品，提高农畜产品附加值。全力推进仓储、冷链、物流、销售全产业链，打造西藏高原特色品牌，地球第三极品牌。产业发展红利更多留在乡村，用于滚动发展，壮大村集体经济（空壳村）。重点培育专业大户、家庭农场、家庭牧场、农牧民合作社、龙头企业等新型经营主体。因地制宜，科学发展田园综合体、智慧农场、智慧牧场、现代农业示范园区、特色小镇等农牧业新业态。

二是人才振兴。人才是实现乡村振兴的关键因素，将各行各业的精英人才汇聚农牧区，培育新型经营主体，形成一支高素质的懂农牧业、扎根农牧区的高素质“三农”工作队伍，关系到乡村振兴战略的成败。乡村人才振兴要着力增强内在发展能力。积极培育一二三产业新型经营主体、新型职业农牧民（职业种养殖农

图 3-21　烟雨墨脱

牧民）、农牧业科技和农牧专业人才、创新创业人才（外来人才、致富能人、毕业返乡大学生、退伍军人）、乡村治理人才（基层干部、村“两委”、第一支部书记、乡村振兴专干）和乡村公共服务人才。加大农村科技人才培养力度。继续在提升农牧民科技特派员、“三区”人才、科技专干和农牧林水科技人才服务管理工作上下功夫，抓好科技创新人才队伍建设。进一步建立健全科技特派员工作各项规章制度，从选聘解聘、主要任务、组织管理、工作考核、保障机制等方面加强对农牧民科技特派员的管理，促进农牧民科技特派员工作制度化、规范化、常态化和科学化。按照自治区要求推进科技特派员制度改革，吸纳高学历、懂技术、会管理、善经营的人才充实到科技特派员队伍当中。加强现有科技特派员队伍建设，做好特派员的培养与考核工作，及时淘汰解聘不合格特派员，递补更新优秀特派员。严格按照《西藏自治区科技特派员生活补助专项资金管理办法》《西藏自治区“三区”科技人才选派工作方案》《西藏自治区大学生村（居）科技专干管理办法》等文件精神和要求做好资金的管理和发放等各项工作。积极探索乡镇农牧综合服务中心配备科技特派员专员工作机制，推进带动农牧民发展农村经济合作组织。实施专业技术人才知识更新行动。加强应用型、技能型人才培养，培育壮大科技特派员、科技专干队伍，引导高校、科研院所为科技特派员提供技术服务和创新创业支撑。健全以创新能力、质量、实效、贡献为导向的科技人才分类评价体系，优化人才奖励制度，建立绩效工资机制。深化职称制度改革，优化人才奖励制度，完善人才流动机制，改进科研人员薪酬和岗位管理制度，鼓励科研人员开展挂职、兼职创新、在职创办企业、离岗创新创业，促进科研人员在企事业单位间合理流动。加大农村科技人才创新创业。培育一批农牧民科技特派员创业带头人，鼓励支持有技能的农牧民带头建立专业技术合作组织、经济实体和社会化服务组织。积极推进区内创新创业师资队伍建设，加强大学生创新创业教育，鼓励全社会开展创新创业实践。

三是文化振兴。文化振兴是乡村振兴的铸魂工程，是加强农牧区思想道德建设、弘扬民族传统文化、重建乡村文化自信、丰富乡村文化生活的重要引领，对于培育农牧区树立良好文明乡风、良好家风、淳朴民风发挥重要作用。文化振兴阵地建设。在五大振兴基础上建设乡村文化长廊，包括村庄基本情况、村庄规划、五大振兴、政策法规宣传解读等。农牧民思想教育方面主要有以下内容：中华民族共同体意识、五个认同、反分裂斗争教育、四讲四爱、新旧对比，社会主义核心价值观，移风易俗转观念。优秀传统文化保护与传承。村庄建设要保留原有传统文化，体现当地特色，达到传统与现代有机融合。杜绝大拆大建、不要人为拔高建设标准。传统生态保护习俗，如工布、门珞文化，农牧文化，红色文化，非遗文化整理挖掘。乡村文化服务体系。重点加强乡村文化设施建设、乡村文化服务网络建设、乡村文化服务队伍建设。外宣点建设。通过资金筹措、项目概批、招投标、具体建设等环节，继续建成具备经济社会发展综合展区、民俗非遗展区、新闻发布媒体区、荣誉成就展区、领导关怀展区和休息接待区等六大功能区的外宣点。数字电影院建设，积极与上级部门沟通并入全国院线事宜。新华书店专修改造，按照定场所、定人员、定制度、定书籍的要求，与自治区新华书店对接图书订购相关事宜。打造乡镇综合文化站，实施“公共文化服务均等化、标准化水平提升，公共文化产品和服务供给强化”建设。升级县级文化活动中心，扩建活动中心健身中心场地、改造文化活动中心图书馆、提升活动中心舞蹈排练厅，添置设施设备，完善规章制度，营造更加现代舒适的“文化惠民”环境。公共文化设施免费开放，稳步推进健身馆、图书馆免费开放工作。加强村（居）行政村文艺演出队建设、全民健身广场建设、文化室建设和农家书屋建设。

四是生态振兴。乡村生态振兴是加强农村突出环境问题综合治理，实现乡村绿色发展、人与自然和谐共生、打造农村宜居宜业必然选择。推动乡村生态振兴，就是构建国家经济社会发展的生命线、构筑人民群众安居乐业的生存线和大力构筑造福子孙后代的幸福线。依据“宁要绿水青山，不要金山银山”，开展山水林田湖草沙冰保护与提升，大力实施乡村生态保护与修复。坚持农牧业绿色发展，大力发展农牧业循环，农牧业加工与清洁生产。因地制宜开展农牧业环境治理，加大农牧业和农牧产业用地土壤污染防治力度，种养殖污染治理，化肥、农药减量化、生活垃圾无害化处理，保障生活饮水安全，污水处理。按照“因地制宜，分类指导；示范先行，有序推进；注重保护，留住乡愁”总体要求，以“农民主体，激发动力；建管并重，长效运行；积极投入，注重管护；落实责任，形成合力”为原则，大力实施生态环境示范争先和生态惠民利民行动，努力建设宜业宜居的美丽生态家园。

五是组织振兴。组织振兴是乡村振兴的根本和保障。完善基层党建模式，强化农村基层党组织的战斗堡垒作用，真正把农村党组织的政治优势、组织优势以及党员密切联系服务群众的作风优势转化为推动乡村振兴的发展优势，为实现乡村振兴提供坚强的组织保证。组织振兴要加强以党组织为核心的农村基层组织建设。村级党组织建设。制定乡村工作运行机制，开展基层党组织战斗堡垒建设，农牧民带头人优化提升。注重乡村党员力量培育，实施五级书记抓乡村振兴工作，将致富能人吸纳进村“两委”班子队伍。以乡村党风廉政建设、农牧民自治水平提升、村级集体经济组织建设、群团组织优化为主要内容，强化村级自治体系建设。以乡村经济组织规范、乡村法制建设、乡村德治水平提升、平安乡村建设为拳头，大力推进社会综合治理。以乡村政权建设，建立健全基层管理体制机制，强化基层服务体系和土地等公共资源流转平台建设，实现线上线下预约服务体系。开展基层党组织书记集中轮训行动。坚持党管人才原则，聚焦聚才、育才、用才三方面工作，着力构建“智慧教育”“西藏人才之家”双平台。以村（居）干部文化素质提升工程、“不忘初心、牢记使命”主题教育为抓手，依托县委党校和各类学习教育平台，开展各类教育培训；充分发挥各乡（镇）党员教育培训一线阵地作用，开展农牧民党员培训。推进村党支部书记赴区外轮训全覆盖工作，强化对后备干部的管理和教育，保持后备干部活力。持续整顿软弱涣散基层党组织。对软弱涣散基层党组织进行“回头看”，排查摸底党支部，倒排机关事业单位、农牧区软弱涣散基层党组织和“中不溜”村基层党组织。建立县委常委、乡（镇）党政正职、第一书记、帮建工作机制，坚持“一支部一方案、一问题一对策”原则，限期进行整改。各级领导要深入基层党组织督促指导工作，提出意见建议，帮助理清职责。开展村干部谈心谈话，召开支部委员会、党员大会，制定整改方案，逐条逐项细化整改措施，整改率要达到100%。结合扫黑除恶专项斗争，常态化落实村“两委”成员县级联审机制。

（四）区域协调全面发展

区域协调发展与全面建成小康社会，是中国现代化建设的两种发展视角，也是两个发展维度，彼此之间相互促进、相互推动。区域协调发展注重的是促进各区域发展的均衡、协调，充分发挥各要素的优势和潜力，实现经济社会可持续、健康发展。西藏经济社会发展相对滞后，区域差异大、发展不平衡是西藏发展的基本区情。西藏和平解放以来，特别是党的十八大以来，为了实现均衡、协调发展，西藏自治区在党中央、国务院的重点扶持下，在兄弟省市和央企的无私援助下，实施了系列区域协调发展战略，也推动着西藏小康概念从无到有，小康水平从低到高，小康社会从总体小康到全面小康。

党的十八大以来，西藏自治区党委、政府按照构建“塑造要素有序自由流动、主体功能约束有效、基本公共服务均等、资源环境可承载”区域协调发展新格局的国家战略，以习近平新时代中国特

图 3-22　盐井盐田

色社会主义思想为指导，以正确处理好西藏经济社会发展的“十三对”关系为根本方法，深入贯彻落实新时代党的系列治藏稳藏兴藏方略，坚持统筹区域基本公共服务均衡发展、支持优势区域经济率先发展，积极推动南亚重要通道建设，主动融入“一带一路”发展战略，增强藏中南引领带动作用，促进藏东、藏北、藏西协调发展，强化主体功能约束力，促进基础设施互联互通，加快培育经济增长极、增长点、增长带，构建核心引领、区域联动、极点支撑的区域经济发展格局。

——强化顶层设计，优化区域协同发展整体布局

统筹新型城镇化发展和新农村建设，按照“一个中心、六个支撑、一批镇群、若干小镇”的总体布局，促进发展规划向农牧区覆盖、基础设施向农牧区延伸、公共服务向农牧区拓展，构建产业联动、以城带乡、工农互惠、城乡协调的城乡关系。

坚持点、轴、面相结合的开发方式，以区域资源禀赋、环境承载能力为基础，引导人口、资源等要素向重点开发区域适度集中，构建了“一圈两翼三点两线”的城镇化空间格局。充分发挥拉萨首府城市的辐射带动作用，协调推进其他地（市）所在地城镇和主要县城建设，合理布局城镇集群，形成以拉萨为中心、以其他地（市）所在地城镇为中轴、以中心县城为支点、以边境和民族小城镇为特色的城镇网络，打造结构合理、层次有序、辐射力强、功能互补的城镇体系。

坚持城市发展“五大统筹”，注重民族风情，彰显地域特色，传承历史文化，保护传统风貌，推进人文城镇建设。加强城镇空间开发利用管制，严格划定城镇开发边界，节约城镇建设用地，科学规划城镇容量。加强城镇市政公共设施建设，完善市政道路、生活污水和垃圾无害化处理设施，加快建设地下管网，建设城镇供暖和排水防涝工程。增强能源供应保障，探索建设城镇分布式能源。大力发展公共交通，加快城镇公共交通向周边乡村延伸。加大旧城区改造，加强城区周边地质灾害治理。合理规划布局社区生活服务设施，构建社区便民利民服务网络。拓展城镇生态空间，加强公园绿地建设。完善城市管理和服务，深化城市管理体制改革，提高城市管理信息化水平，创新城市治理方式，使城市生活更方便、更舒心、更美好。

加快农牧业转移人口市民化。推进以人为核心的新型城镇化，引导农牧区人口向城镇适度聚集。深化户籍制度改革，促进有能力在城镇稳定就业和生活的农牧业转移人口举家进城落户，并与城镇居民有同等权利和义务。实施居住证制度，推进基本公共服务常住人口全覆盖，加强对农牧业转移人口就业创业培训和服务，切实享受住房、社保、医疗卫生、子女教育等公共服务。健全财政转移支付同农牧业转移人口市民化挂钩机制，建立城镇建设用地增加规模同吸纳农牧业转移人口落户数量挂钩机制。维护进城落户农牧民土地承包权、宅基地使用权、集体收益分配权，支持引导其依法自愿有偿转让。

建设美丽乡村。全面提升社会主义新农村建设水平，科学编制乡村规划，实施“八到农家”工程，加快改善农牧区人居环境。推进农牧区饮水安全、供电、通信、乡村道路硬化、太阳能公共照明、村庄绿化美化等民生项目，促进城镇公共设施向农牧区延伸。继续推进农牧区危房改造及建筑节能，完善农村基层综合服务平台。积极稳妥推进农村土地整治，加强村庄公共空间整治。加大传统民居村落、历史文化名镇名村和人口较少民族聚居村落保护力度，建立原生居住保护区，合理开发利用传统村落民居资源，继承和弘扬优秀传统文化。

——聚焦典型引领，发挥藏中藏南引领带动作用

推进藏中藏南在改革创新、对外开放、统筹城乡、市场培育等方面走在全区前列，加快发展旅游、金融、商贸、物流、现代农牧业、绿色食（饮）品等产业，打造以拉萨为中心，辐射日喀则市、山南市、林芝市、那曲市的3小时经济圈。推进拉萨与山南一体化发展，实现互联互通、促进产业聚集，做大做强拉萨，充分发挥拉萨首府城市对全区发展的辐射带动作用，加快发展、率先发展，打造国际旅游文化城市，构建藏中经济高地，承接“一带一路”建设战略和全区扩大对外开放的中心城市、全区金融商贸物流中心。山南建设藏中南清洁能源基地和农副产品重要产区。培育以桑珠孜

区、江孜、拉孜和重点口岸为主要支撑的雅鲁藏布江中上游经济带，日喀则强化历史文化名城建设，打造面向南亚开放的前沿和重要枢纽、农副产品主产区和民族手工业基地。培育以巴宜区、米林、波密为支撑的尼洋河中下游经济带，林芝建设国际生态旅游区和重要的林果业、藏药业、林副产品加工业基地。

大力提升拉萨—泽当城镇圈核心地位。拉萨—泽当城镇圈是全区城镇密度最高、产业发展基础最好、开放程度最高、生产要素最集中、资源环境承载能力最强的区域，着力构建以拉萨为中心、泽当镇为重要支撑、其他城镇为组成部分的两小时经济圈，以建设国家西部重要城镇圈为目标，在吸引人才、产业聚集、统筹城乡、制度创新等方面实现走在全区前列，形成发展新优势、开放新格局，主动参与区域经济分工与合作，发挥其对西藏经济社会发展的重要支撑和引领作用。一是拉萨引擎带动作用日益凸显。强化拉萨城区在拉萨—泽当城镇圈的核心作用，促进主城区和新区协调发展，形成了由城关区、达孜区、柳梧区、堆龙德庆区构成的“一城两岸四区”基本构架。加强交通、能源等基础设施建设，增强基本公共服务供给能力，提升产业园区功能，推进绿色健康产业建设，增强要素聚集能力，着力打造全区商贸物流中心、金融中心、总部经济高地和新型工业化产业示范基地，形成了竞争优势明显的全区产业最大聚集区、推进改革创新和全面开放的先行区、城乡一体化和两型社会建设的示范区，最具魅力的国际旅游中心和历史文化名城，西南地区具有较大影响的区域性中心城市，强化了拉萨在全区经济社会发展的引擎和核心增长极作用。二是泽当镇重要支撑作用日益强化。将乃东区泽当镇打造成拉萨—泽当城镇圈的重要支撑，建成贡嘎至泽当镇高等级公路，提升泽当至墨竹工卡通道通行能力，加强

图 3-23　雅鲁藏布江

与拉萨市产业分工、协作和对接，承接拉萨部分功能转移，协同并进、融合发展。统筹推进以水电为主，太阳能、风能、地热为辅的藏中能源基地建设，积极建设铬铁、铅锌、岩金、铜多金属矿业基地。加快发展建材、特色农畜产品加工、民族手工业等特色优势产业，扩大园区经济规模，增强城镇经济实力和活力，提升产业和人口聚集能力。建成泽当镇江北统筹城乡发展示范区。充分挖掘雅砻文化内涵，把泽当镇建设成先进文化展示、传统文化保护、文化产业发展、生态文明引领的藏源生态文化示范区。三是协调发展其他重点城镇。突出承接功能，完善基础设施，提高服务水平，推进其他重要小城镇发展。墨竹工卡县工卡镇依托优势矿产资源，坚持“以矿兴城、产城融合、生态文明”的发展路子，以矿产资源开发推动城镇交通、通信、水利、市政、生态等建设，完善城镇功能，提高了城镇服务能力。林周县重点发展现代农业，突出设施农业和观光农业，打造成为拉萨市果蔬花卉供给基地、城郊旅游休闲娱乐中心。堆龙德庆县、达孜县、曲水县加快工业园区和现代农业产业园区建设，推进堆龙德庆、达孜和拉萨市城关区同城化进程。拉萨至泽当镇沿线小城镇建设初见成效，联系纽带作用充分发挥，贡嘎县甲竹林镇和吉雄镇充分发挥机场门户功能，大力促进现代物流业和餐饮服务业发展，扎囊县扎塘镇和桑耶镇、贡嘎县杰德秀镇发展民族手工业和旅游业，贡嘎县江塘镇加快发展现代农牧业。

壮大桑珠孜区为中心的雅鲁藏布江中上游城镇。雅鲁藏布江中上游区域是全区第二大人口密集区、最重要的粮食主产区、最为活跃的劳务输出区、后藏文化核心区、通往南亚陆路的重要通道，充分发挥拉日铁路的辐射带动作用，大力发展现代农牧业，建设重要的高原特色农产品基地，发展面向南亚的商贸物流中心，培育区域发展新优势，促进城镇化与现代农牧业、商贸物流业融合发展，形成以日喀则市桑珠孜区为中心，拉孜县曲下镇、江孜县江孜镇为重要节点，以国道 318、国道 562 和拉日铁路及延伸线为轴的经济增长极和人口聚集区。一是日喀则市桑珠孜区在全区重要增长极作用充分发挥。加强市政、交通、能源基础设施建设，完善城镇功能，增强人口承载能力，形成全区聚集人口的第二大核心区。积极发展劳动密集型产业和生产性服务业，促进产城融合发展，构建形成全区第二大产业聚集区。发挥后藏浓厚的文化底蕴和珠峰生态旅游资源优势，促进文化和旅游融合发展，建设成为重要的国家历史文化名城和高原生态文化旅游集散服务基地。发挥沿边优势和南亚陆路大通道枢纽作用，大力发展物流、商贸和外向型产品加工等产业，逐步打造国际商贸物流中心，形成面向南亚开放的重要门户。二是充分发挥拉孜县曲下镇、江孜县江孜镇城镇在本区域重要节点作用。着力加强基础设施建设，大力提升基本公共服务能力，拉孜县曲下镇已建成日喀则西部区域城镇功能最完善、基本公共服务能力最强、经济最具活力的城镇，藏西文化展示交流中心，联系藏中经济区和藏西经济区的重要枢纽。江孜县江孜镇充分发挥文化旅游资源丰富、农业发展禀赋好、环境承载能力强、城镇基础好的优势，大力发展现代农业、农产品加工业和民族手工业，丰富红河谷红色旅游文化产品，保护历史文化古城风貌，提升文化旅游品质，加强与日喀则市桑珠孜区的分工合作，形成一体化发展格局。三是加强雅鲁藏布江中上游重要小城镇建设，特别是加强南木林县南木林镇、谢通门县卡嘎镇、白朗县洛江镇、萨迦县萨迦镇、定日县协格尔镇、昂仁县卡嘎镇、仁布县德吉林镇等基础设施建设，提高公共服务能力，大力发展具有本地优势和特色的产业，提高城镇产业支撑能力，加大人口有效聚集，形成雅鲁藏布江中上游城镇的重要组成部分。

培育八一镇为中心的尼洋河中下游城镇。尼洋河中下游区域是国家生态文明建设示范区，林下资源丰富，生态旅游发展潜力巨大，以建设重要的世界生态旅游目的地为目标，加强重点城镇和旅游景区基础设施及旅游配套体系建设，加强藏药材基地建设，加快林下资源开发，依托旅游业和特色农林资源开发，形成以八一镇为中心，米林镇、扎木镇为重要节点，国道 318 为轴线，带动发展了一批重点城镇。一是八一镇充分利用丰富独特的旅游资源，突出森林度假、观光、民俗体验等旅游业态，建设重要的高原国际森林生态旅游城镇、国际知名休闲度假疗养胜地和全区旅游集散次中心。加大宜居城镇建设力度，打造全区重要人才创业基地。发挥林下资源和水能资源优势，加快特色林下资源和藏中药材加工研发，推进全区水电能源产业总部经济建设。提升八一镇对尼洋河中下游流域城乡的辐射带动作用，强化连接藏中藏东经济区的重要纽带作用，形成全区重要的经济发展中心。二是波密县扎木镇依托国道318旅游走廊，积极发展旅游、商贸、物流、住宿、餐饮等服务业，加大旅游产品开发力度，着力提高旅游服务能力。依托林下资源优势，培育特色农林产业带，形成林下资源集散地。三是推进尼洋河中下游城镇小城镇发展，工布江达镇、巴河镇积极发展餐饮、住宿、生态旅游等产业，米林镇推进游客集散中心和藏医药文化源区建设，林芝镇承接八一镇的功能转移、推进生态农业建设。墨脱镇依托原生态旅游资源和独特的珞巴民族文化，大力发展高品质生态旅游。

——实施合作开放，推进藏东藏北藏西协同发展

藏东、藏北和藏西区域远离藏中南重点开发区，藏中南主要城镇对其辐射小、带动作用弱，坚持据点式开发，提高人口聚集能力，强化卡若区城关镇、那曲镇和狮泉河镇三大重镇对本区域的辐射带动，形成全区城镇化战略格局的三个支点。加快藏东藏北藏西基础设施建设，加强生态环境保护，强化地质灾害治理，有序开发优势特色资源。培育藏东“三江”流域经济带，促进康巴特色文化与旅游业融合发展，合理有序开发有色金属，积极开发水电资源，昌都建设“西电东送”接续基地，对接川渝经济区。建设藏北区域物流中心，提高牧业现代化水平，发展畜牧产品深加工，发展壮大特色旅游产业，那曲建设高原生态畜牧业基地、羌塘草原文化生态旅游区。藏西发展藏系绵羊、绒山羊等优势养殖业，改善普兰和札达对外开放条件，加快开发自然文化旅游资源，阿里建设冈底斯国际旅游合作区，打造神山圣湖—古格遗址朝圣旅游精品线路。

建设昌都藏东门户。藏东区域是重要的“西电东送”接续能源基地、连接川滇青的重要枢纽，人口众多，可开发土地资源有限，坚持走集约化发展道路，依托国道318和国道317，以昌都市卡若区为中心、芒康和丁青为重要节点，大力提升城镇综合承载能力，引导人地关系紧张区域人口合理转移。一是发挥昌都市卡若区东连四川、北接青海、南通云南区位优势，加快进出藏通道改扩建，提升邦达机场通航能力，强化在藏东区域的核心增长极作用，打造成为藏东商贸物流中心、融入成渝经济圈的藏东明珠。围绕能源资源开发，发展配套服务业，增强聚集能力，发挥区域带动作用。充分挖掘康巴人文资源和“三江”流域生态旅游资源，打造康巴特色文化产业发展中心和大香格里拉旅游区西部中心。合理利用昌都市卡若区地理条件，强化城镇功能，加快老城区改造，加强俄洛、邛卡、如意、卡诺、加卡新区建设，推动老区、新区协调发展。二是芒康县嘎托镇依托国道318、国道214和与川滇接壤优势，大力发展商贸物流业、现代农牧业，积极发展住宿、餐饮、商贸等服务业，开发特色生物资源、水能资源和旅游资源，积极发展特色食饮品业、能源产业和旅游业，加强与周边省区经济联系和合作，建设成为连接川滇两省的重要枢纽。丁青县丁青镇是连接青藏铁路沿线城镇与藏东城镇的重要节点，发挥交通区位优势，加强基础设施建设，提高基本公共服务供给能力，打造连接青藏铁路沿线城镇与藏东城镇的重要节点，依托特色文化和虫草等资源优势，发展旅游和商贸服务业，形成聚集藏北、藏东和青海临近区域资源的重要城镇。

建设那曲藏北枢纽。藏北区域是畜产品主产区，城镇密度低、人口分散，依托国家重点生态功能区建设和优势资源开发，以青藏

图 3-24　阿里康乐新区

铁路和国道 109、国道 317 和国道 345 为轴线，引导人口向中心城镇和重点城镇转移。一是完成那曲地区地改市。那曲镇是向北连接丝绸之路经济带、陕甘宁经济区的重要门户，利用青藏铁路强大辐射作用，统筹那曲物流园区和城镇基础设施建设，加快肉奶制品加工业、牧区观光旅游业等特色产业发展，带动传统牧业向现代牧业转型，提升综合承载能力，城镇建设具有高原牧区特色、城镇功能满足牧区居民需求，建成藏北区域最重要的人口聚集区、交通枢纽和物流中心。 二是索县亚拉镇依托国道 317，重点发展特色牧业，推进基本公共服务向周边区域延伸。

建设狮泉河藏西重镇。藏西区域人口较少，旅游、矿产资源丰富，战略地位重要，要加快优势资源开发，培育富民产业，完善噶尔县狮泉河镇等重点城镇功能，提高基本公共服务能力。一是狮泉河镇依托国道 219、国道 317 和藏西地区丰富矿产资源、畜产品资源、北靠新疆区位优势，建设成为连接新疆的交通枢纽、加强经济联系和合作的前沿地、藏西区域商贸中心、物流中心。依托神山圣湖国家公园建设和象雄文化、古格遗址资源，打造朝圣之路经典旅游线路，狮泉河镇已经建成区域性旅游集散中心。加强交通、能源、水利等基础设施建设，大力提高基本公共服务水平，狮泉河镇已经打造成为藏西戍边重镇。二是札达县托林镇依托国道 219、国道 565 和丰富的人文、自然旅游资源，大力改善旅游基础设施，促进旅游业和城镇发展协同并进。

——坚持合作共赢，全面提升全区互联互通水平

提升与毗邻国家互联互通水平。促进交通基础设施互联互通，抓住关键通道、关键节点和重点工程，优先打通缺失路段、畅通瓶颈路段，推进口岸公路、口岸铁路建设，提升通达水平。加强与尼泊尔航空合作，支持西藏航空公司和喜马拉雅航空公司开拓国际航线，积极建设通过尼泊尔向其他国家延伸的空中走廊。全面改善口岸基础设施条件，重点建设吉隆口岸，恢复重建樟木口岸，稳步提升拉萨航空口岸功能，加快发展普兰口岸，积极推动亚东国际性口岸开放，改善边境贸易通道和边民互市贸易点设施，加快农产品、肉类、活动物等指定入境口岸建设，在口岸开展国际（跨境）物流。加快延伸能源跨境输送线路，推动与尼泊尔电力联网建设。推进中尼跨境光缆等通信干线建设，提高通信互联互通水平。加强跨境基础设施规划、技术标准对接，鼓励支持高新技术企业推动中国标准国际化，推动技术、装备、工程、产品和服务“走出去”，积极筹建“南亚国家标准化（西藏）研究中心”。

提升与周边省区互联互通水平。加大与周边省（区）在基础设施建设的合作力度，打造新疆经狮泉河至普兰和吉隆、青海经拉萨和日喀则桑珠孜区至亚东和吉隆、四川和云南经昌都、林芝至亚东

和吉隆等面向南亚开放公路大通道。制定和实施川藏大通道建设整体规划，加快川藏铁路和高等级公路建设，建设滇藏新通道。提高青藏公路等级，增强新藏公路运输保障能力。推动开通交界市（州）互飞航线。

加强对外经贸文化合作交流。大力培育货物和服务贸易竞争新优势，扩大拥有自主知识产权、自主品牌的产品出口，扩大消费需求旺盛的优质商品进口。适应外贸发展新形势，依托外贸转型升级示范基地建设，支持建设面向南亚的国际营销网络，培育一批外贸骨干企业。支持西藏企业赴尼泊尔等周边国家参与对外援助项目、承揽工程，开展对外劳务输出，积极探索和推动在金融、环保、清洁能源等领域的投资合作。实施文化“走出去”战略，提升“中国西藏·扎西德勒”对外文化交流品牌知名度，支持各级各类院校、社会团体和民间组织对外开展文化、艺术、宗教交流，鼓励藏学研究机构和藏学家积极参与国际藏学领域的交流合作，推动西藏文化产品走向国际市场。加强南亚问题研究，推动建立与印度政府间的经贸磋商机制，支持与印度开展陆路贸易。打造好印度官方香客经乃堆拉山口进藏朝圣线路，建立印度香客进藏朝圣便利机制，扩大中印民间经济文化交流。

——强化援藏协作，丰富和创新对口支援工作

发挥援藏平台和桥梁作用，用好对口支援优惠政策，丰富和创新经济援藏、教育援藏、就业援藏、科技援藏、干部人才援藏受援工作。

援藏项目和资金发挥重要作用。加强援藏规划指导，坚持援藏项目和资金向基层倾斜、向农牧区倾斜、向贫困地区倾斜、向

民生领域倾斜，强化援藏项目和资金的辐射带动作用。加强对口援藏规划和援藏干部批次轮换的衔接协调，完善对口支援项目管理办法，实行项目选择由双方审核、项目建设管理以当地政府为主、项目竣工由双方协商委托审计的工作模式，形成援受双方权责共担、联合推动的工作机制。援藏资金纳入当地财政盘子，统一管理，专款专用。

加强智力援藏力度。加强与援藏省（市）高校和科研机构的交流合作，营造有利于科技引进、吸收、创新、应用的发展环境，引导援藏省（市）加大对全区科研单位、高等院校、产业园区的智力支持。坚持人才支持和技术培训相结合，完善援藏人才引进、使用和激励机制，加大专业技术型人才援藏力度，大力推进教育、医疗卫生等领域组团式、订单式援藏，以“传帮带”方式培养本地专业技术骨干。扩大区内院校与内地重点院校联合培养规模。加大全区干部职工到援藏省（市）交流任职力度，鼓励优秀援藏人员长期留藏工作。

拓宽市场合作渠道。坚持“引进来”与“走出去”相结合，采取更加灵活的方式，鼓励和支持对口援藏省（市）优势企业投资旅游业、天然饮用水、现代农牧业、商贸流通、清洁能源等特色优势产业。引进援藏省（市）、中央企业先进经营管理理念，加大西藏特色优势产品在援藏省（市）大型会展、营销网络的宣传、推介、销售力度，帮助西藏企业开拓内地市场，创新互惠互利合作关系。鼓励全区各族群众到内地就学、经商、旅游、定居。

——扩大对外开放，加大开放平台建设力度

以“藏博会”为重要抓手，搭建对外开放大平台，丰富平台内涵，实行更加积极的对外开放政策，不断提高对外开放水平。

扩大“藏博会”综合影响力。拓展“中国西藏旅游文化国际博览会”等平台功能，打造大展会概念，扩大在商品展示、投资洽谈、技术合作和文化交流等方面的平台作用，强化业态融合，带动全区旅游、餐饮、住宿、休闲、金融等服务业的发展。利用互联网技术，加强与国内知名电商的合作，线上线下相结合，打造“网络藏博会”。加强“藏博会”与雪顿节、珠峰文化节、雅砻文化节等区内各类节庆活动的衔接，在内容展示、人气聚集等方面形成合力。加强与周边省（区）合作，积极吸引四省藏区特色产品参展，将“藏博会”打造成全国最具影响力的“藏”字头品牌展示平台。加强与援藏省（市）合作，吸引内地优秀企业参展和洽谈投资项目，将“藏博会”打造成向南亚国家展示国内优秀产品、先进技术的重要平台。融合举办中国西藏发展论坛、藏医药论坛，对接中国西藏—尼泊尔经贸洽谈会、尼泊尔国际贸易博览会等国际经贸展洽会，积极吸引更多国家、组织机构参与，扩大“藏博会”的国际影响力和区域带动力。

完善对外开放政策。完善进藏批准函制度，推动实施机场过境免签，推进落地签证或免签制度。简化国内公民前往边境地区手续。建设电子口岸，提升进出口贸易便利化水平，全面推行“一次申报、一次查验（检验检疫）、一次放行”的关检合作通关模式。采取更加灵活的方式，完善负面清单制度，逐步扩大国外资本准入领域。加强与周边国家的金融交流合作，推进跨境人民币结算，推动降低口岸个人本外币兑换特许机构准入门槛，开展美元、尼泊尔卢比、印度卢比等兑换服务。在拉萨、日喀则探索设立综合保税区，加快建设吉隆边境经济合作区。加强与驻外使领馆的交流与合作，为西藏企业提供海外投资咨询、法律咨询等服务。

——强化统筹协调，统筹精神文明和物质文明协调发展

全面推进社会主义精神文明建设，不断提高各族群众文明素质，为全面建成小康社会提供有力的思想保证、精神动力和智力支持。

培育和践行社会主义核心价值观。加强社会主义核心价值体系学习教育，大力弘扬民族精神、时代精神、脱贫攻坚精神和“老西藏精神”、“两路”精神，深入开展爱国主义、集体主义、社会主义教育，倡导富强、民主、文明、和谐，倡导自由、平等、公正、法治，倡导爱国、敬业、诚信、友善。协同推进社会主义核心价值观和中国梦宣传教育，把社会主义核心价值观全面贯穿到民族团结宣传教育中，贯穿到反分裂斗争中，全面融入村规民约、行业规范、寺庙管理，融入民俗文化和社会教育、学校教育、家庭教育，使社会主义核心价值观成为全区各族人民的价值导向、行动准则和共同追求。

拓展群众性精神文明创建活动。积极开展群众性精神文明主题活动和全民阅读、全民健身、全民科普活动，支持群众创办文艺团体。加快青少年文化作品建设，推动社会志愿服务活动常态化，丰富老年人精神文化生活。继续开展文明城市创建活动，推动文明单位创建向新社会组织、新经济组织延伸。加强基层文明建设，深入开展文化下乡，提高乡村文化活动场所运营水平，依托民族传统节日和民间文化资源，大力开展群众喜闻乐见的基层文化活动。丰富精神文明创建活动载体，建设一批村镇、街道、社区、单位精神文

图 3-25 望果节

明创建示范点。深入开展诚信主题活动和信用宣传普及教育。

加强舆论引导。繁荣发展哲学社会科学，加强藏学研究，推进新型智库建设。加强网络正能量传播能力建设，牢牢掌握涉藏舆论斗争话语权和主动权，健全社会舆情引导机制，发展积极向上的网络文化，打牢维护祖国统一、加强民族团结的思想基础。推进传统媒体和新兴媒体融合发展，加快媒体数字化建设，提升广播电视网络媒体作用，增强文化传播和舆论引导能力。

四、砥砺奋进新时代

回首既往，西藏与全国一道全面建成小康社会，取得历史性成就。农牧区面貌焕然一新，农牧业生产水平全面提高，农牧民生活全面改善。经济高质量发展和社会长治久安基础全面夯实，综合实力全面提升。但与全国相比，与沿海发达省份相比，甚至是与周边省份相比，特别是与西藏各族人民群众对我们的殷切期望与要求相比，都有不小差距。为此，各级各界必须常怀忧患意识，保持时刻警惕，树立强大的新时代责任感和使命感，继承发扬光荣的革命传统，弘扬不畏艰辛众志成城形成的脱贫攻坚精神以及千锤百炼形成的“老西藏精神”，以“缺氧不缺精神，艰苦不怕吃苦，海拔高境界更高”的斗志和勇气，在“两个一百年”奋斗目标交汇的战略节点上，在西藏工作站在新起点、面临新形势新任务的重要时期，坚持以习近平新时代中国特色社会主义思想为指导，全面贯彻新时代党的治藏方略，牢记领袖嘱托、践行初心使命，聚焦西藏经济社会长治久安和高质量发展目标任务，巩固拓展小康西藏建设成果，探索西藏小康建设特色路径，为建设团结富裕文明和谐美丽社会主义现代化新西藏而努力奋斗。

图 4-1 牢记领袖嘱托 践行初心使命

（一）全面贯彻落实党的治藏方略

党的十八大以来，在以习近平同志为核心的党中央坚强领导下，西藏自治区党委、政府坚持以习近平新时代中国特色社会主义思想为指导，增强“四个意识”、坚定“四个自信”、做到“两个维护”，胸怀“两个大局”、心系“国之大者”，全面加强党的领导，团结带领全区广大党员干部和各族群众，勇于担当、主动作为，突出抓好稳定、发展、生态、强边四件大事，解决了许多长期想解决而没有解决的难题，办成了许多过去想办而没有办成的大事，各项事业取得全方位进步、历史性成就，雪域高原呈现出美丽壮观、生机勃勃的新气象。新时代全面贯彻落实党的治藏方略的奋斗历程和辉煌成就已载入西藏发展史册，融入雪域高原每寸土地，镌刻在各族人民心中。这些成绩的取得，最重要在于以习近平同志为核心的党中央的坚强领导，最根本在于习近平新时代中国特色社会主义思想的科学指引，最主要在于不折不扣把习近平总书记关于西藏工作的重要论述和新时代党的治藏方略落到实处，也得益于历届区党委接续奋斗奠定的坚实基础，得益于中央和国家部委、对口支援省市、中央企业和驻藏部队的大力支持，得益于全区广大党员干部群众和社会各界的同心同德、奋力拼搏。

——党的治藏方略演进及新时代治藏方略

中华人民共和国成立以来的各个历史时期，党中央结合西藏实际情况，审时度势，充分借鉴以往西藏治理的成功经验，及时调整完善西藏治理大政方针，逐步探索出一条具有鲜明特色的西藏治理之路。党的治藏方略为西藏长治久安打下坚实基础，为西藏民生改善和小康西藏建设提供遵循指导。

中华人民共和国成立初期，毛泽东同志作为党的第一代领导核心，亲自部署指挥开展了西藏和平解放、西藏民主改革、西藏自治区成立等重大历史事件，实现了西藏历史性变革和翻天覆地的变化。以毛泽东同志为核心的党中央在西藏治理方面采取了军事斗争和政治争取两手并重，民生改善和社会改革分步实施，团结上层、化解矛盾、争取民众三管齐下，从基层和上层两方面同时着手大量培养少数民族干部，从战略高度看待西藏与周边国家和省份接壤地带关系等一系列重大举措。毛泽东提出了一系列关于西藏工作的思想、政策、举措和措施，形成了具有首创意义的毛泽东治藏方略。毛泽东的治藏方略，对正确处理我国民族问题发挥了重要作用，尤其是重视军事、政治、经济综合手段并用，为西藏稳定与发展奠定了基础。中华人民共和国成立初期的治藏方略，其内容集中体现在以下四个方面：坚定不移维护祖国统一是其根本立场和原则，维护西藏最广大人民群众根本利益是其出发点和立足点，始终以带有全局性政治眼光看待和处理西藏问题是其基本思维方式，准确把握和正确处理一般性与特殊性矛盾关系是其认识论和方法论。

邓小平参与了中央对藏政策措施的制定实施，作为第二代中央领导集体的核心在延续毛泽东治藏方略的同时，针对西藏具体问题提出了治藏的新举措新方略。《邓小平关于和平解放西藏的一组文电》展示了邓小平在和平解放西藏过程中的谋划、建议和指挥工作，反映了邓小平对解决西藏问题的深入思考，是邓小平治藏方略的重要思想源头。集中反映邓小平治藏方略的重要文献是邓小平《立足民族平等，加快西藏发展》的谈话，成为认识解决“西藏问题”的重要工作方针，成为西藏稳定与发展的重要指导思想。这篇谈话是对西藏工作的思考、部署与指示，也是邓小平解决民族问题、发展民族地区和创新民族理论的重要历史文献。以邓小平同志为核心的党的领导集体的治藏方略，具有完整性和系统性，基本特点是内容全面、主题突出，在全方位加强西藏建设的同时，更加突出经济方面的治理，“以经济建设为中心”开始成为治藏方略的重要内容。

江泽民同志主持中央工作期间，包括西藏在内的全国涉藏省区实现了“一个转折点，两个里程碑”的巨大历史发展，形成了一整套党在新时期的治藏方略。其主要做法有：以西藏为龙头，统筹全国涉藏省区全面发展；以经济建设为中心，以促进农牧民增收为重点，统筹涉藏省区民生改善；加强党对民族和宗教工作领导，统筹涉藏省区和谐稳定；致力于人口、资源、环境协调，统筹涉藏省区可持续发展。中央第三代领导核心的治藏方略是对毛泽东和邓小平治藏方略的继承和发展；贯穿其治藏方略的主线是求真务实、与时俱进、开拓创新；这一治藏方略是在运用马列主义、毛泽东思想和邓小平理论调查研究西藏历史和现实过程中形成的。这一时期中央在加强党的领导、统筹西藏全面发展、改善民生等方面进行了创新，取得了显著成绩。

胡锦涛同志主持中央工作期间，治藏方略的主要内容有：加快发展，使西藏彻底摆脱贫穷落后；保持稳定，为西藏各项工作创造条件；保护生态环境，贯穿于西藏发展全过程；加强干部队伍建设，为西藏发展稳定提供保障。这一时期的治藏方略在进一步加强西藏经济建设、加快西藏发展的同时，特别强调稳定对于西藏工作的重要性，充分认识到干部队伍建设对西藏发展稳定的重要保障作用，高度重视西藏经济发展中的生态环境问题，提出以科学发展观为指导发展西藏经济，既是对以往治藏方略的延续，同时又增添了新内容，具有重要价值和意义。

总体来看，从中华人民共和国成立到党的十八大前，党的治藏方略围绕国际环境、政治建设、经济社会发展、意识形态等方面的主要问题，形成了完整理论体系，坚持“长期建藏”，坚持经济与社会协调发展。既具有全局性，又突出重点，在治理西藏实践方面尤其是促进西藏经济发展方面取得了显著进步，成为新时代治藏方略进一步发展的重要前提和基础。

这里需要特别强调的是，从改革开放到党的十八大之前，党的治藏方略特别重视西藏经济发展与社会稳定问题的特征，通过前五次西藏工作座谈会充分体现出来。每次西藏工作座谈会都制定了对西藏经济大力支援的具体政策和方案，并在会后得到了充分落实。1980 年第一次西藏工作座谈会强调加强各族干部和各族人民的团结，调动一切积极因素，从西藏实际情况出发，发展国民经济，提高各族人民的物质生活水平和文化科学水平，建设边疆、巩固边防，有计划有步骤地使西藏兴旺发达、繁荣富裕起来。1984 年第二次西藏工作座谈会研究进一步放宽经济政策让西藏人民尽快富裕起来的问题，高度重视西藏经济建设。会后中央进一步加强了对西藏的经济援助，采取了一系列措施促进西藏经济发展。也就是在第二次西藏工作座谈会后拉开了全国支援西藏的序幕。1994 年第三次西藏工作座谈会重点关注西藏经济发展与社会稳定，强调实事求是、从国家大局和西藏实际出发。会议做出了“对口援藏、分片负责、定期轮换”的重大决策，开创了全国支援西藏的新局面。第三次西藏工作座谈会成为新时期西藏发展史上一个重要的里程碑，具有承前启后的历史地位。2001 年第四次西藏工作座谈会正式确立了“一个中心、两件大事、三个确保”的指导思想，即以经济建设为中心，紧紧抓住发展经济和稳定局势两件大事，确保西藏经济加快发展和社会全面进步，确保国家安全和西藏长治久安，确保各族人民生活水平不断提高，最终促进了西藏实现跨越式发展和长治久安。这是对中华人民共和国成立以来尤其是改革开放以来西藏治理的理论与实践经验的系统总结。2010 年第五次西藏工作座谈会提出了要在科学发展轨道上实现跨越式发展，提出了加强环境生态保护、扩大内地交流合作，以确保经济社会跨越式发展，确保国家安全和西藏长治久安，确保各族人民物质文化生活水平不断提高，确保生态环境良好，努力建设团结、民主、富裕、文明、和谐的社会主义新西藏。第五次西藏工作座谈会充分认识到经济发展与环境协调的极端重要性，开始运用科学发展观的理念指导西藏经济发展各项工作。

党的十八大以来，中国特色社会主义进入新时代。以习近平同志为核心的党中央全面审视国际国内新形势，坚持统筹推进“五位一体”总体布局、协调推进“四个全面”战略布局，提出全面深化改革的总目标是完善和发展中国特色社会主义制度、推进国家治理体系和治理能力现代化，坚持在国家总体战略部署下完善治藏方略，取得了治藏方略新进展，把治藏方略提升到前所未有的新境界、新高度。

2011 年 7 月，时任国家副主席习近平在庆祝西藏和平解放 60 周年大会上发表重要讲话，强调指出“西藏是重要的国家安全屏障，也是重要的生态安全屏障、重要的战略资源储备基地、重要的高原特色农产品基地、重要的中华民族特色文化保护地、重要的世界旅游目的地”“加快发展，是解决西藏所有问题的关键”“保障和改善民生，是西藏经济社会发展的出发点和落脚点”“弘扬社会主义先进文化，是构建西藏各族人民共有精神家园的必然要求”“维护社会稳定，是实现西藏跨越式发展和各族人民美好生活的根本保证”。讲话对西藏战略定位进行了系统论述，为新时代治藏方略的时代创新打下坚实理论基础。

2015 年 8 月，在中央第六次西藏工作座谈会上，习近平总书记发表重要讲话。习近平强调，要以邓小平理论、“三个代表”重要思想、科学发展观为指导，坚持“四个全面”战略布局，坚持党的治藏方略，把维护祖国统一、加强民族团结作为工作的着眼点和着力点，坚定不移开展反分裂斗争，坚定不移促进经济社会发展，坚定不移保障和改善民生，坚定不移促进各民族交往交流交融，确保国家安全和长治久安，确保经济社会持续健康发展，确保各族人民物质文化生活水平不断提高，确保生态环境良好。

习近平在讲话中指出，西藏工作关系党和国家工作大局。党中央历来高度重视西藏工作。在60多年实践过程中，我们形成了党的治藏方略，这就是：必须坚持中国共产党领导，坚持社会主义制度，坚持民族区域自治制度；必须坚持治国必治边、治边先稳藏的战略思想的着眼点和着力点；必须坚持依法治藏、富民兴藏、长期建藏、凝聚人心、夯实基础的重要原则；必须把改善民生、凝聚人心作为经济社会发展的出发点和落脚点，坚持对达赖集团斗争的方针政策不动摇；必须全面正确贯彻党的民族政策和宗教政策，加强民族团结，不断增进各族群众对伟大祖国、中华民族、中华文化、中国共产党、中国特色社会主义的认同；必须把中央关心、全国支援同西藏各族干部群众艰苦奋斗紧密结合起来，在统筹国内国际两个大局中做好西藏工作；必须加强各级党组织和干部人才队伍建设，巩固党在西藏的执政基础。习近平强调，依法治藏、富民兴藏、长期建藏、凝聚人心、夯实基础，是党的十八大以后党中央提出的西藏工作重要原则。依法治藏，就是要维护宪法法律权威，坚持法律面前人人平等。富民兴藏，就是要把增进各族群众福祉作为兴藏的基本出发点和落脚点，紧紧围绕民族团结和民生改善推动经济发展、促进社会全面进步，让各族群众更好共享改革发展成果。长期建藏，就是要坚持慎重稳进方针，一切工作从长计议，一切措施具有可持续性。凝聚人心，就是要把物质力量和精神力量结合起来，把人心和力量凝聚到实现“两个一百年”奋斗目标、实现中华民族伟大复兴的中国梦上来。夯实基础，就是要标本兼治、重在治本，多做打基础、利长远的工作，把基层组织搞强，把基础工作做实。西藏工作的着眼点和着力点必须放到维护祖国统一、加强民族团结上来，把实现社会局势持续稳定、长期稳定、全面稳定作为硬任务，各方面工作统筹谋划、综合发力，牢牢掌握反分裂斗争主动权。

2020年8月，在中央第七次西藏工作座谈会上，习近平总书记发表重要讲话。习近平强调，面对新形势新任务，必须全面贯彻新时代党的治藏方略，坚持统筹推进“五位一体”总体布局、协调推进“四个全面”战略布局，坚持稳中求进工作总基调，铸牢中华民族共同体意识，提升发展质量，保障和改善民生，推进生态文明建设，加强党的组织和政权建设，确保国家安全和长治久安，确保人民生活水平不断提高，确保生态环境良好，确保边防巩固和边境安全，努力建设团结富裕文明和谐美丽的社会主义现代化新西藏。

习近平在讲话中指出，中央第六次西藏工作座谈会以来，在党中央坚强领导下，在全国人民大力支持下，西藏各族干部群众团结一心、艰苦奋斗，解决了许多长期想解决而没有解决的难题，办成了许多过去想办而没有办成的大事，各项事业取得全方位进步、历史性成就。实践充分证明，党中央关于西藏工作的方针政策是完全正确的，西藏实现持续稳定和快速发展是对党和国家工作大局的重要贡献。习近平强调，党中央历来高度重视西藏工作，改革开放以来先后召开6次西藏工作座谈会，每次都根据现实情况作出重大决策部署。党的十八大以来，西藏工作面临的形势和任务发生深刻变化，我们深化对西藏工作的规律性认识，总结党领导人民治藏稳藏兴藏的成功经验，形成了新时代党的治藏方略。做好西藏工作，必须坚持中国共产党领导、中国特色社会主义制度、民族区域自治制度，必须坚持治国必治边、治边先稳藏的战略思想，必须把维护祖国统一、加强民族团结作为西藏工作的着眼点和着力点，必须坚持依法治藏、富民兴藏、长期建藏、凝聚人心、夯实基础的重要原则，必须统筹国内国际两个大局，必须把改善民生、凝聚人心作为经济社会发展的出发点和落脚点，必须促进各民族交往交流交融，必须坚持我国宗教中国化方向、依法管理宗教事务，必须坚持生态保护第一，必须加强党的建设特别是政治建设。新时代党的治藏方略是做好西藏工作的根本遵循，必须长期坚持、全面落实。习近平指出，西藏工作必须坚持以维护祖国统一、加强民族团结为着眼点和着力点。要加强对群众的教育引导，广泛发动群众参与反分裂斗争，形成维护稳定的铜墙铁壁。要深入开展党史、新中国史、改革开放史、社会主义发展史教育，深入开展西藏地方和祖国关系史教育，引导各族群众树立正确的国家观、历史观、民族观、文化观、宗教观。要重视加强学校思想政治教育，把爱国主义精神贯穿各级各类学校教育全过程，把爱我中华的种子埋入每个青少年的心灵深处。要培育和践行社会主义核心价值观，不断增强各族群众对伟大祖国、中华民族、中华文化、中国共产党、中国特色社会主义的认同。要挖掘、整理、宣传西藏自古以来各民族交往交流交融的历史事实，引导各族群众看到民族的走向和未来，深刻认识到中华民族是命运共同体，促进各民族交往交流交融。要积极引导藏传佛教与社会主义社会相适应，推进藏传佛教中国化。习近平强调，要贯彻新发展理念，聚焦发展不平衡不充分问题，以优化发展格局为切入点，以要素和设施建设为支撑，以制度机制为保障，统筹谋划、分类施策、精准发力，加快推进高质量发展。要在巩固脱贫成果方面下更大功夫、想更多办法、给予更多后续帮扶支持，同乡村振兴有效衔接，尤其是同日常生活息息相关的交通设施、就医就学、养老社保等全覆盖。要围绕川藏铁路建设等项目，推动建设一批重大基础设施、公共服务设施，建设更多团结线、幸福路。要培育扶持吸纳就业的能力，提供更多就业机会，推动多渠道市场就业。要培养更多理工农医等紧缺人才，着眼经济社会发展和未来市场需求办好职业教育，科学设置学科，提高层次和水平，培养更多专业技能型实用人才。习近平指出，保护好青藏高原生态就是对中华民族生存和发展的最大贡献。要牢固树立绿水青山就是金山银山的理念，坚持对历史负责、对人民负责、对世界负责的态度，把生态文明建设摆在更加突出的位置，守护好高原的生灵草木、万水千山，把青藏高原打造成为全国乃至国际生态文明高地。要深入推进青藏高原科学考察工作，揭示环境变化机理，准确把握全球气候变化和人类活动对青藏高原的影响，研究提出保护、修复、治理的系统方案和工程举措。要完善补偿方式，促进生态保护同民生改善相结合，更好调动各方面积极性，形成共建良好生态、共享美好生活的良性循环长效机制。要加强边境地区建设，采取特殊支持政策，帮助边境群众改善生产生活条件、解决后顾之忧。

2021 年 7 月，在庆祝西藏和平解放 70 周年之际，中共中央总书记、国家主席、中央军委主席习近平来到西藏，祝贺西藏和平解放 70 周年，看望慰问西藏各族干部群众，给各族干部群众送去党中央的关怀。习近平作为中共中央总书记、国家主席、中央军委主席到西藏庆祝西藏和平解放，在党和国家历史上是第一次，充分表达了党中央对西藏工作的支持、对西藏各族干部群众的关怀。习近平指出，西藏和平解放 70 年来，在党中央坚强领导下，在全国人民大力支持下，西藏各族干部群众艰苦奋斗、顽强拼搏，社会制度实现历史性跨越，经济社会实现全面发展，人民生活极大改善，城乡面貌今非昔比。实践证明，没有中国共产党就没有新中国，也就没有新西藏，党中央关于西藏工作的方针政策是完全正确的。习近平强调，要全面贯彻新时代党的治藏方略，坚持稳中求进工作总基调，立足新发展阶段，完整、准确、全面贯彻新发展理念，服务和融入新发展格局，推动高质量发展，加强边境地区建设，抓好稳定、发展、生态、强边四件大事，在推动青藏高原生态保护和可持续发展上不断取得新成就，奋力谱写雪域高原长治久安和高质量发展新篇章。

与以往的治藏方略相比，新时代治藏方略在汲取历代治藏方略经验的基础之上结合当前时代背景进行不断创新发展，这既是对治藏方略历史经验的承继，又是在新时代对治藏方略的创新。新时代治藏方略明确指出，“必须坚持中国共产党领导、中国特色社会主义制度、民族区域自治制度”“必须坚持治国必治边、治边先稳藏的战略思想”“必须把维护祖国统一、加强民族团结作为西藏工作的着眼点和着力点”，这些都充分体现新时代治藏方略对不同时期的治藏方略历史经验的充分吸收和承继，对维护治藏方略历史延续作出重要贡献。新时代治藏方略的创新主要体现在充分结合当前时代背景、紧扣当前时代发展主题，在当前百年未有之大变局背景下，以习近平同志为核心的党中央全面统筹国际国内两个大局，坚持实事求是，提出具有划时代意义的新时代治藏方略。新时代治藏方略的提出，不仅具有重大的理论创新意义，同时具有十分重要的实践意义，具有理论和实践的双重价值。新时代治藏方略的创新不仅体现在对当前国内国际基本态势的准确把握，还体现在对于“稳定、发展、生态、强边”的高度重视方面。就国内形势来看，是顺应中国特色社会主义进入新时代社会主要矛盾转换的客观需求。就国际形势来看，世界正处于百年未有之大变局，国际风云变幻莫测，单边主义势力抬头。面对新的国内国际形势，新时代治藏方略明确指出，“必须牢牢把握西藏社会的主要矛盾和特殊矛盾”，这

图 4-2　高原疾驰复兴号

就抓住了问题的关键、把握了时代的脉搏，具有极强现实性和针对性。同时，新时代治藏方略坚持统筹推进“五位一体”总体布局、协调推进“四个全面”战略布局，从理论高度创造性提出“必须统筹国内国际两个大局”，具有重大的现实意义。新时代治藏方略强调必须坚持“依法治藏、富民兴藏”，必须“改善民生、凝聚人心”，必须“促进各民族交往交流交融”，必须“坚持生态保护第一”，分别从法治、经济、民族团结和生态保护等角度为治藏方略增添了时代特征，是治藏方略理论体系的重大创新和发展。

新时代治藏方略的守成与创新具有十分重要的理论与实践价值。新时代治藏方略在守成中创新，在创新中发展已有成果，真正实现了守成与创新的有机结合。新时代治藏方略中的“四个确保”与第四次西藏工作座谈会确立的“一个中心、两件大事、三个确保”呈现出明显继承与创新关系。“四个确保”不仅涵盖了“三个确保”的基本内容，同时又充实丰富了“确保”内容，充分体现新时代治藏方略对以往治藏方略的继承与发扬。从中华人民共和国成立初期的“长期建藏”到新时代治藏方略中的“依法治藏、富民兴藏、长期建藏、凝聚人心、夯实基础”原则，更是充分体现了治藏方略的历史延续性与创新性，在治藏方略上既不能急转弯，又要不断完善、创新发展。从“跨越式发展”到“在科学发展的轨道上实现跨越式发展”，再到统筹推进“五位一体”总体布局，充分体现了新时代治藏方略在发展问题上对以往治藏方略的继承与创新。

——新时代治藏方略的贯彻落实

2015 年 8 月 26 日下午，在中央第六次西藏工作座谈会召开之后的第二天，西藏自治区党委召开常委（扩大）会议，传达学习中央第六次西藏工作座谈会精神。指出，中央第六次西藏工作座谈会确定了推动西藏工作前所未有的新举措，含金量很高、推动力很强，充分体现了以习近平同志为核心的党中央对西藏工作的特殊关心、特殊支持，西藏各族干部群众将永远铭记、感恩于心，化为扎实做好各项工作的动力。中央第六次西藏工作座谈会既解决了西藏当前的实际问题，又明确了西藏长足发展和长治久安的战略决策，具有重大的现实意义和深远的历史意义，必将推动西藏工作沿着正确的方向、向着光明的前景阔步前进。习近平总书记的重要讲话，着眼全局、把握大势，高屋建瓴、高瞻远瞩，论述精辟、思想深邃，充分肯定了西藏的工作，科学分析了西藏面临的形势和任务，深刻阐述了一系列重大理论和现实问题，明确指出了西藏工作的着眼点和着力点，对西藏形势任务作出了新论断，实现了我们党治边稳藏理论的新飞跃，开辟了党的治藏方略的新境界，开启了西藏全面建成小康社会的新征程，作出了推进西藏长治久安的新部署，提出了夯实党在西藏执政根基的新要求，具有鲜明时代性、政治方向性、战略指导性、切实针对性，是指导新时期西藏工作的纲领性文献和根本遵循，为推进西藏经济社会发展和长治久安指明了方向路径、提供了根本遵循和强大动力。李克强总理、俞正声主席的重要讲话明确了推进西藏经济社会发展和长治久安的工作思路、政策措施和具体要求，全区各族干部群众要集中精力、认真学习，进一步增强做好西藏工作使命感、责任感、紧迫感，奋力谱写中华民族伟大复兴中国梦的西藏篇章。会议要求，全区各级各部门、各族干部群众要把学习贯彻中央第六次西藏工作座谈会精神特别是习近平总书记的重要讲话精神作为当前和今后一个时期的一项重大政治任务，高度重视、迅速行动、抓好落实，不断开创西藏经济社会发展和长治久安新局面。8 月 27 日，西藏自治区党委发出通知，要求全区各级各部门和各族干部群众要认真学习贯彻中央第六次西藏工作座谈会精神，以习近平总书记的重要讲话精神为指导，推动西藏经济社会发展和长治久安。9 月 26 日，西藏自治区党委召开八届七次全委会，再次对学习贯彻中央第六次西藏工作座谈会精神作出部署。会议审议通过的《中共西藏自治区委员会关于贯彻落实中央第六次西藏工作座谈会精神、进一步推进西藏经济社会发展和长治久安的实施意见》强调，在中央第六次西藏工作座谈会精神推动下，西藏各项事业取得新的重大成就，习近平总书记治边稳藏重要战略思想在西藏得到成功实践，西藏稳定发展正处在历史上最好时期。社会局势持续和谐稳定，经济社会又好又快发展，生态文明建设稳步推进，全面从严治党成效明显。

在中央第六次西藏工作座谈会精神正确指引下，2016 年 11 月

15日至18日，中国共产党西藏自治区第九次代表大会在拉萨召开。大会的主题是：高举中国特色社会主义伟大旗帜，深入贯彻习近平总书记系列重要讲话精神和治国理政新理念新思想新战略，深入贯彻习近平总书记治边稳藏重要战略思想，坚持“五位一体”总体布局和“四个全面”战略布局，牢固树立新发展理念，锐意进取、攻坚克难，在新的起点上奋力推进西藏长足发展和长治久安，为全面建成小康社会而奋斗。大会通过了《坚定不移贯彻落实习近平总书记治边稳藏重要战略思想奋力推进西藏长足发展和长治久安》的工作报告。

西藏自治区第九次党代会工作报告的题目与大会的主题都有相同的表述，那就是深入贯彻“习近平总书记治边稳藏重要战略思想”。中央第六次西藏工作座谈会，是集中体现习近平总书记治边稳藏重要战略思想的一次重要会议，会议精神是指导新时期西藏工作的根本遵循。对西藏而言，这是一次意义重大、影响深远的会议，其精神贯彻落实应该常抓不懈，西藏自治区第九次党代会就是对中央第六次西藏工作座谈会精神的再落实，就是从更大范围、更高层次、更远目标上的再落实。在中央第六次西藏工作座谈会精神指导下，西藏自治区第九次党代会提出一系列新论断、新举措。

西藏自治区第九次党代会从八个“必须始终”总结做好西藏工作的宝贵经验：必须始终坚持中国共产党领导，坚持社会主义制度，坚持民族区域自治制度，牢固树立“四个意识”，更加自觉地在思想上政治上行动上同以习近平同志为核心的党中央保持高度一致；必须始终坚持党的基本理论、基本路线、基本纲领、基本经验、基本要求；必须始终坚持治国必治边、治边先稳藏的重要战略思想，坚持依法治藏、富民兴藏、长期建藏、凝聚人心、夯实基础的重要原则；必须始终牢牢把握社会的主要矛盾和特殊矛盾，把维护祖国统一、加强民族团结作为西藏工作的着眼点和着力点，把改善民生、凝聚人心作为经济社会发展的出发点和落脚点，坚持对达赖集团斗争的方针政策不动摇；必须始终坚持生态保护第一，严守生态红线底线，保护好“世界屋脊”“地球第三极”；必须始终全面正确贯彻党的民族政策和宗教政策，加强统一战线工作，不断增进各族群众对伟大祖国、中华民族、中华文化、中国共产党、中国特色社会主义的认同；必须始终把中央关心、全国支援同西藏各族干部群众艰苦奋斗紧密结合起来，在统筹国内国际两个大局中做好西藏工作；必须始终从严管党治党，加强各级党组织和干部人才队伍建设，巩固党在西藏的执政基础。

西藏自治区第九次党代会提出四个“阶段”和七个“最大”基本判断。其中，四个“阶段”是指当前和今后一个时期，是西藏保持持续稳定和全面稳定、走向长治久安的关键阶段，是打赢脱贫攻坚战、全面建成小康社会的决战决胜阶段，是加紧生态功能区建设、增强自我发展能力的重要阶段，是着力落实管党治党责任、不断增强各级党组织管党治党意识和能力的巩固提升阶段；七个“最大”是指我们面临的最大干扰是达赖集团的渗透破坏，最大短板是发展不足，最大动力是改革开放，最大使命是治边稳藏，最大机遇是中央关心、全国支援，最大潜力是广大干部群众自力更生、艰苦奋斗和对幸福美好生活的热切期盼，最大保障是以习近平同志为核心的党中央的坚强领导。

西藏自治区第九次党代会从八个方面总结面临的新特征和新变化：一是社会大局总体稳定可控，但稳中有变数、稳中有风险、稳中有隐患；二是经济发展进入快车道，但总体层次低、总量小，初级性、依赖性特征明显；三是民生改善力度加大，但群众困难多、困难群众多，基本公共服务体系不完善、水平低；四是城乡面貌发生巨大变化，但基层基础设施欠账多、差距大；五是现代文明进入群众生活，但宗教的消极影响仍然存在，教育引导广大群众摆脱落后观念、克服陈规陋习的任务艰巨；六是生态保护与建设力度不断加大，但应对气候变化、抵御自然灾害的能力还比较弱；七是党的建设得到加强，但“四风”问题不同程度存在，从严管党治党任重道远；八是各族干部无私奉献、积极作为，但基层组织和干部人才队伍建设还面临一些亟待破解的难题。

西藏自治区第九次党代会对西藏工作提出的总要求：要保持政策连续性，把长足发展和长治久安作为总目标，把维护祖国统一、加强民族团结作为工作的着眼点和着力点，把改善民生、凝聚人心作为经济社会发展的出发点和落脚点，把供给侧结构性改革作为经济工作的主线，把党要管党、从严治党作为推进工作的重要保障，紧紧围绕改革发展稳定，攻坚克难补短板、开拓创新求突破、精准脱贫见实效、坚定信心奔小康，用长足发展和长治久安的新成就，谱写好中华民族伟大复兴中国梦的西藏篇章。

2017 年 11 月 6 日至 7 日，中国共产党西藏自治区第九届委员会第三次全体会议审议通过《中共西藏自治区委员会关于不忘初心牢记使命 高举习近平新时代中国特色社会主义思想伟大旗帜 决胜全面建成小康社会 加快全面建设社会主义现代化西藏的意见》的工作报告。会议指出，党的十九大是在全面建成小康社会决胜阶段、中国特色社会主义进入新时代关键时期召开的一次十分重要的大会。全区各级党组织和广大党员干部要高举习近平新时代中国特色社会主义思想伟大旗帜，在以习近平同志为核心的党中央坚强领导下，牢固树立“四个意识”，不忘初心、牢记使命、永远奋斗，用学习宣传实际行动体现我们对党的核心、军队统帅、人民领袖的无比爱戴，用贯彻落实的实际成效回报习近平总书记对西藏各族干部群众的关怀厚爱。为此，一要牢牢把握十九大确立的重要思想、重要观点、重大论断、重大举措，切实增强贯彻落实的自觉性坚定性。二要坚定坚决地拥戴信赖忠诚捍卫核心，始终如一地维护党中央权威和集中统一领导。三要坚定不移用习近平新时代中国特色社会主义思想武装头脑，自觉做共产主义远大理想和中国特色社会主义共同理想的坚定信仰者和忠实实践者。四要坚持以人民为中心的发展思想，推动经济长足发展。五要坚持精准扶贫精准脱贫，坚决打赢脱贫攻坚战。六要坚持深入开展反分裂斗争，着力促进长治久安。七要坚持人与自然和谐共生，推进美丽西藏建设。八要坚持人民当家作主，大力发展社会主义民主政治。九要坚持中国特色社会主义文化发展道路，推动文化繁荣兴盛。十要坚持全面从严治党，不断巩固党在西藏的执政地位。

2020 年 9 月 3 日，西藏自治区党委常委会（扩大）会议召开，研究部署学习宣传贯彻中央第七次西藏工作座谈会精神工作。会议强调，要增强“四个意识”、坚定“四个自信”、做到“两个维护”，把学习贯彻中央第七次西藏工作座谈会精神作为首要政治任务，在落实落细上下功夫，切实把习近平总书记和党中央特殊关爱转化为做好新时代西藏工作强大动力，坚决贯彻新时代党的治藏方略，在新的起点上推动西藏长治久安和高质量发展，努力建设团结富裕文明和谐美丽的社会主义现代化新西藏。会议强调，中央召开第七次西藏工作座谈会，是以习近平同志为核心的党中央从战略和全局高度作出的重大决定，习近平总书记亲自谋划、亲自部署、亲自出席会议并发表重要讲话，充分体现了习近平总书记和党中央对西藏工作的高度重视和对西藏各族干部群众的特殊关爱。西藏各族干部群众无不深受鼓舞、倍感振奋、备受激励，各级各部门、广大党员干部一定要提高政治站位，把学习好、宣传好、贯彻好会议精神特别是习近平总书记重要讲话精神作为当前和今后一个时期的首要政治任务，坚决把思想和行动统一到党中央关于西藏工作的战略部署上来，敢于担当、主动作为，全力以赴抓好各项任务落实，不断推动新时代西藏长治久安和高质量发展。会议提出，学习宣传贯彻中央第七次西藏工作座谈会精神必须做到：一是站位要高，切实增强学习宣传贯彻的思想自觉政治自觉行动自觉。二是学习要深，在抓好结合上下功夫。三是领悟要透，准确把握核心要义。四是宣传要广，确保家喻户晓、人人皆知。五是贯彻要实，确保不折不扣落实到位。六是责任要明，确保事事有着落。七是作风要严，以铁的纪律推动会议精神的宣传贯彻落实。

2020 年 10 月 1 日，《求是》杂志发表题为《全面贯彻新时代党的治藏方略》的署名文章，其中强调指出，在我国全面建成小康社会决胜阶段、即将开启全面建设社会主义现代化国家新征程的历史时刻，习近平总书记亲自谋划、亲自部署、亲自主持召开的中央第七次西藏工作座谈会，深刻阐述了新时代西藏工作的一系列重大理论和实践问题，标定了西藏工作的历史方位，绘就了建设社会主义现代化新西藏的宏伟蓝图，制定了适应西藏工作阶段性特征、顺应全区各族人民愿望的大政方针，对于全面贯彻新时代党的治藏方略，把治藏稳藏兴藏事业不断推向前进，开创更加美好的未来，具有标志性、里程碑、划时代的重大意义，全区各族干部群众欢欣鼓舞、信心百倍。文章强调：要用心学习领会习近平总书记重要讲话精神，坚决把思想行动统一到党中央关于西藏工作的战略部署上来；要全面贯彻新时代党的治藏方略，努力把社会主义现代化新西藏建设得更好；要坚持加强和改进党的领导，为建设社会主义现代化新西藏提供坚强保证。

2021年7月23日，自治区党委召开常委会（扩大）会议专题传达学习习近平总书记在西藏考察时的重要讲话重要指示精神。会议指出，在西藏隆重庆祝中国共产党成立100周年，喜迎和平解放70周年之际，习近平总书记在处理党和国家事务日理万机的情况下，亲临西藏考察指导工作，这是西藏发展史上又一具有里程碑意义的大事盛事喜事。考察调研期间，习近平总书记发表一系列重要讲话、作出一系列重要指示，对西藏工作给予充分肯定、提出明确要求，特别是在听取区党委、政府工作汇报时的重要讲话，高瞻远瞩、高屋建瓴，思想深邃、博大精深，是西藏当前和今后发展的总遵循、总纲领、总指针，充分体现了习近平总书记对西藏工作的高度重视，饱含着对西藏人民的深厚感情、特殊关怀，是对各族干部群众的巨大鼓舞、巨大激励、巨大鞭策。会议要求，要迅速成立工作专班，把贯彻落实习近平总书记在西藏考察时的重要讲话精神与贯彻落实中央第六次、第七次西藏工作座谈会精神结合起来，与贯彻习近平总书记西藏工作重要论述和新时代党的治藏方略结合起来，准确把握习近平总书记对西藏各项工作提出的重要要求，提出详细具体、切实可行的贯彻落实意见，一项一项细化分解任务，一项一项强化责任，一项一项抓好落实，确保习近平总书记的重要讲话精神在西藏落地见效。为此要做到“十要”：一要深刻领悟习近平总书记对西藏工作的关心关怀和对西藏人民的特殊厚爱，切实增

图 4-3　拉萨顿珠金融城

强做到“两个维护”的思想自觉、政治自觉、行动自觉，切实感悟习近平总书记的关心关怀，自觉转化为对习近平总书记的思想认同、政治认同、情感认同，任何时候任何情况下都坚决做到信赖核心、忠诚核心、维护核心，坚决维护党中央权威和集中统一领导，始终同习近平总书记和党中央保持高度一致。二要深刻领悟习近平总书记关于提高社会治理水平的重要指示精神，坚定不移把维护稳定、反对分裂工作做细做实。三要深刻领悟习近平总书记关于推动高质量发展的重要指示精神，切实走出一条符合西藏实际的高质量发展路子。四要深刻领悟习近平总书记关于切实改善和保障民生的重要指示精神，不断增强各族群众的获得感幸福感安全感。五要深刻领悟习近平总书记关于加强生态文明建设的重要指示精神，切实建设好美丽西藏。六要深刻领悟习近平总书记关于铸牢中华民族共同体意识的重要指示精神，促进各民族交往交流交融。七要深刻领悟习近平总书记关于积极引导藏传佛教与社会主义社会相适应的重要指示精神，促进宗教和顺、社会和谐。要在尊重群众宗教信仰自由的基础上，坚持“五个有利于”，牢牢抓住藏传佛教领域的主要矛盾，提高依法管理宗教事务能力和水平、健全寺庙管理长效机制、积极引导藏传佛教与社会主义社会相适应，教育引导信教群众理性对待宗教、淡化宗教消极影响、减少宗教消费、过好今生幸福生活，确保藏传佛教始终沿着中国化方向前进。八要深刻领悟习近平总书记关于加快边境地区建设的重要指示精神，确保边疆巩固边境安全，鼓励各族群众扎根边陲、守护国土、建设家乡。九要深刻领悟习近平总书记关于在党史学习教育中做到学史力行的重要指示精神，推动党史学习教育向纵深发展。十要深刻领悟习近平总书记关于党中央对西藏干部十分关心的重要指示，进一步激发党员干部干事创业的热情。

在中央第七次西藏工作座谈会精神正确指引下，2021 年 11 月 27 日至 30 日，中国共产党西藏自治区第十次代表大会在拉萨

图 4-4　打篮球的僧人

召开。大会的主题是：坚持以习近平新时代中国特色社会主义思想为指导，全面贯彻新时代党的治藏方略，牢记领袖嘱托、践行初心使命，为建设团结富裕文明和谐美丽的社会主义现代化新西藏而努力奋斗。大会通过的《全面贯彻新时代党的治藏方略，为建设团结富裕文明和谐美丽的社会主义现代化新西藏而努力奋斗》工作报告，强调提出，以习近平同志为核心的党中央高度重视西藏工作，习近平总书记亲临西藏视察指导，多次对西藏工作作出重要指示批示，确立了新时代党的治藏方略，为推进新时代西藏长治久安和高质量发展、建设社会主义现代化新西藏指明了前进方向、提供了根本遵循。西藏自治区第十次党代会是对习近平总书记亲临西藏视察指导、多次对西藏工作作出重要指示批示精神的再落实，是对中央第七次西藏工作座谈会精神的再落实，就是从更大范围、更高层次、更远目标上的精神的再落实。在习近平总书记亲临西藏视察指导期间多次对西藏工作作出重要指示批示精神，以及中央第七次西藏工作座谈会精神指导下，西藏自治区第十次党代会提出一系列新论断、新举措。

西藏自治区第十次党代会从十个“必须把”总结了做好西藏工作的宝贵经验。即必须把坚决做到“两个维护”作为最高政治原则和根本政治规矩，始终拥戴核心、信赖核心、忠诚核心、捍卫核心，以习近平总书记指引的方向为方向，以党的旗帜为旗帜；必须把习近平新时代中国特色社会主义思想作为根本遵循，把“治国必治边、治边先稳藏”的战略思想作为强大武器，坚持依法治藏、富民兴藏、长期建藏、凝聚人心、夯实基础的重要原则；必须把维护祖国统一、加强民族团结作为西藏工作的着眼点和着力点，坚决抓好维护社会稳定工作，用大概率思维应对小概率事件；必须把高质量发展作为重要基础，坚定不移贯彻新发展理念，走出一条符合西藏实际的高质量发展之路；必须把改善民生、凝聚人心作为经济社会发展的出发点和落脚点，让各族群众过上更加幸福美好的生活，推动共同富裕取得更为明显的实质性进展；必须把铸牢中华民族共同体意识作为西藏工作的战略性任务，促进各民族交往交流交融，增强各族人民对中华民族的归属感和认同感；必须把“五个有利于”作为标准，依法管理宗教事务，积极引导藏传佛教与社会主义社会相适应，不断推进藏传佛教中国化；必须把保护好青藏高原生态作为对中华民族生存和发展的最大贡献，牢固树立绿水青山就是金山银山、冰天雪地也是金山银山的理念，守护好雪域高原的生灵草木、万水千山；必须把固边兴边富民作为重大责任，加快边境地区建设，确保边疆巩固和边境安全；必须把坚持和加强党的全面领导作为根本保证，坚持“三个牢固树立”，切实履行管党治党政治责任，加强党的建设特别是政治建设，巩固党在西藏的执政基础。

西藏自治区第十次党代会提出西藏未来五年的奋斗目标是：社会大局持续全面稳定，反分裂斗争牢牢掌握全局性主动，中华民族共同体意识深入人心，藏传佛教中国化取得新进展，经济发展保持良好势头，城乡居民人均可支配收入达到或超过全国平均水平，基本公共服务主要指标接近全国平均水平，生态文明制度体系更加健全，国边防战略保障能力全面提升，全面从严治党向纵深推进，党在西藏的执政基础更加坚实。大会鲜明提出，要着力创建全国民族团结进步模范区、努力做到民族团结进步走在全国前列，着力创建高原经济高质量发展先行区、努力做到高原经济高质量发展走在全国前列，着力创建国家生态文明高地、努力做到生态文明建设走在全国前列，着力创建国家固边兴边富民行动示范区、努力做到固边兴边富民行动走在全国前列。大会强调提出，站在新的历史起点上，第一，着力推进“四个创建”、努力做到“四个走在前列”，是贯彻落实“两步走”战略安排第一步的具体实践，是主动服务融入新发展格局、充分依托借力国内国际双循环的实际行动，是抓好“四件大事”、实现“四个确保”的重要载体，事关建设社会主义现代化新西藏全局。第二，着力推进“四个创建”、努力做到“四个走在前列”，必须深入贯彻落实习近平总书记关于西藏工作的重要论述和新时代党的治藏方略。第三，着力推进“四个创建”、努力做到“四个走在前列”，必须把坚持做到“两个维护”作为最高政治原则和根本政治规矩。第四，着力推进“四个创建”、努力做到“四个走在前列”，必须锚定“四件大事”、实现“四个确保”。第五，着力推进“四个创建”、努力做到“四个走在前列”，党员领导干部作为“关键少数”，必须充分发挥好表率作用。第六，着力推进“四个创建”、努力做到“四个走在前列”，既是战略安排也是工作部署。

（二）巩固拓展小康西藏建设成果

站在“两个一百年”奋斗目标交汇的战略节点上，西藏立足特殊区情，围绕贯彻落实“两步走”战略安排第一步需要，以主动服务融入新发展格局为抓手，以充分依托借力国内国际双循环为支撑，锚定“四件大事”、实现“四个确保”。在着力推进“四个创建”、努力做到“四个走在前列”的实践过程中全面巩固拓展小康西藏建设成果。全面改进作风、狠抓落实，用实际行动践行西藏自治区第十次党代会确定的“牢记领袖嘱托、时刻感恩奋进，团结带领西藏各族干部群众在新征程上共同奋斗，向着建设社会主义现代化新西藏的伟大目标奋勇前进”的宏伟目标、绘就现代化西藏的宏伟蓝图。当前至关重要的工作就是绘制符合西藏特殊区情需要的巩固拓展小康建设成果的蓝图。

——巩固拓展小康西藏建设成果的机遇

第一，巩固拓展小康西藏建设成果的根本遵循。以习近平同志为核心的党中央高度重视西藏工作，习近平总书记亲临西藏视察指导，多次对西藏工作作出重要的指示批示，确立了新时代党的治藏方略，为巩固拓展小康西藏建设成果，推进新时代西藏长治久安和高质量发展、建设团结富裕文明和谐美丽的社会主义现代化新西藏指明了前进方向、提供了根本遵循。

第二，巩固拓展小康西藏建设成果的深刻变化。西藏自治区党委坚持以习近平新时代中国特色社会主义思想为指导，增强“四个意识”、坚定“四个自信”、做到“两个维护”，胸怀“两个大局”、心系“国之大者”，全面加强党的领导，团结带领西藏广大党员干部和各族群众，勇于担当、主动作为，突出抓好稳定、发展、生态、强边四件大事，解决了许多长期想解决而没有解决的难题，办成了许多过去想办而没有办成的大事，各项事业取得全方位进步、历史性成就，雪域高原呈现出美丽壮观、生机勃勃的新气象。

第三，巩固拓展小康西藏建设成果的显著成就。“两个维护”更加坚定，社会大局持续稳定向好，经济健康快速发展。人民生活水平全面提高，生态安全屏障日益坚实，中华民族共同体意识不断铸牢，宗教工作扎实推进，边境地区建设加快推进，思想文化建设成效明显，民主法治不断加强，党的建设开创新局面。

——巩固拓展小康西藏建设成果的挑战

西方反华势力从未停止利用所谓“西藏问题”扰乱遏制我国，达赖集团从未放弃分裂祖国的图谋，危害我安定团结的大好局面；发展不平衡不充分问题仍然较为突出，巩固拓展脱贫成果、全面推进乡村振兴任务艰巨繁重；自然生态系统自我维持和恢复能力差，生态文明建设面临诸多挑战；稳边固边兴边存在薄弱环节；少数党员干部能力素质还不适应经济社会发展需要，不敢为、不想为、不会为的现象不同程度存在；从严管党治党责任需进一步强化，反腐败斗争形势依然严峻复杂。

——巩固拓展小康西藏建设成果的目标

立足全面建成小康社会基础，在开启建设社会主义现代化新西藏新征程过程中，通过巩固拓展小康西藏建设成果，进一步全面夯实建设社会主义现代化新西藏的基础，开启建设团结富裕文明和谐美丽的社会主义现代化新西藏的新征程。概括地讲，巩固拓展小康西藏建设成果的目标就是：团结富裕文明和谐美丽的社会主义现代化新西藏，其核心是团结富裕文明和谐美丽。

——巩固拓展小康西藏建设成果的总抓手

坚持稳中求进工作总基调，立足新发展阶段，完整准确全面贯彻新发展理念，服务融入新发展格局，深化反分裂斗争，铸牢中华民族共同体意识，推进藏传佛教中国化，推动高质量发展，改善和保障民生，推进生态文明建设，加强边境地区建设，加强党的组织

图 4-5　各族群众在拉萨冲赛康社区玛康大院内参加中秋联谊活动

和政权建设，抓好稳定、发展、生态、强边四件大事，确保国家安全和长治久安，确保人民生活水平不断提高，确保生态环境良好，确保边防巩固和边境安全，努力建设团结富裕文明和谐美丽社会主义现代化新西藏。坚持以新时代党的治藏方略为纲铸魂，抢抓历史机遇、锚定“四件大事”，着力推进“四个创建”、努力做到“四个走在前列”，使西藏在服务融入新发展格局中的比较优势进一步发挥，在落实国家使命和国家战略中的责任担当进一步彰显，在党和国家工作大局中的战略地位进一步提升。

第一，确保国家安全和长治久安，着力创建全国民族团结进步模范区，努力做到民族团结进步走在全国前列，是巩固拓展小康西藏建设成果的稳定目标，是实现团结富裕文明和谐美丽现代化新西藏建设的稳定总抓手。

习近平总书记强调指出，民族团结是各族人民的生命线。多民族是西藏的特色，也是西藏的优势，民族团结进步自然而然应成为西藏各族人民共同心愿。各级各界要始终高举中华民族大团结旗帜，以铸牢中华民族共同体意识为主线，落实自治区民族团结进步模范区创建条例，推进藏传佛教中国化，广泛开展铸牢中华民族共同体意识宣传教育和“民族团结进步宣传活动月”，把维护祖国统一、加强民族团结和旗帜鲜明反对分裂作为首要条件，推进民族团结进步创建向更大范围、更广领域、更深层次拓展，促进各民族交往交流交融，确保所有地市成为全国民族团结进步示范地市，所有县区建成自治区级民族团结进步模范县区，区地县创建本级民族团结进步模范单位占比达到80%以上，进一步形成宗教和顺、社会和谐、民族和睦的生动局面。

着力创建全国民族团结进步模范区、努力做到民族团结进步走在全国前列，必须深入贯彻落实习近平总书记关于加强和改进民族工作重要思想。习近平总书记在中央民族工作会议上的重要讲话，系统阐释了党关于加强和改进民族工作重要思想，明确了推进新时代党民族工作高质量发展的指导思想、战略目标、重点任务、政策举措。各级各部门必须以习近平总书记关于加强和改进民族工作的重要思想为指导，站在党和国家事业发展全局战略高度，全面贯彻落实党的民族政策，把党的领导贯穿民族团结进步工作的全过程和各方面，坚定不移走中国特色解决民族问题的正确道路，坚持和完善民族区域自治制度，推动形成党委统一领导、政府依法管理、统战部门牵头协调、民族工作部门履职尽责、各部门通力合作、全社会共同参与的新时代党的民族工作格局。

着力创建全国民族团结进步模范区、努力做到民族团结进步走在全国前列，必须高举中华民族大团结旗帜、进一步铸牢中华民族共同体意识。铸牢中华民族共同体意识，是维护各民族根本利益的必然要求，是实现中华民族伟大复兴的必然要求，是巩固和发展平等团结互助和谐社会主义民族关系的必然要求，是党的民族工作开创新局面的必然要求。要坚持以铸牢中华民族共同体意识为主线，大力开展民族团结、爱国主义、反分裂斗争、新旧西藏对比和马克思主义“五观”“两论”教育，持续开展“四史”及西藏地方和祖国关系史教育，引导各族群众铸牢中华民族共同体意识，不断增强对伟大祖国、中华民族、中华文化、中国共产党、中国特色社会主义的认同。要培育践行社会主义核心价值观、构筑中华民族共有精神家园，加快推进中华民族视觉形象工程，建成中华文化主题公园、社会主义核心价值观主题公园、西藏革命建设改革纪念馆，持续推进国家通用语言文字教育教学，让中华文化是西藏各民族的情感纽带、心灵归宿，西藏文化是中华文化的重要组成部分的思想扎根各族群众心中。

着力创建全国民族团结进步模范区、努力做到民族团结进步走在全国前列，必须深入落实自治区民族团结进步模范区创建条例和规划。民族团结进步模范区创建，是推进民族团结进步事业的重要载体，是推进西藏长治久安和高质量发展的重要举措，是推进社会主义现代化新西藏建设的重要途径，是“建设美丽幸福西藏、共圆伟大复兴梦想”的重要保障。西藏各级各部门要将民族团结进步模范区创建工作纳入国民经济和社会发展规划，融入经济建设、政治建设、文化建设、社会建设、生态文明建设全过程，统一部署、统筹实施，科学规划、全面推进；按照人文化、大众化、实体化的总要求，持续推进模范区创建进机关、进乡镇、进村居、进学校、进宗教活动场所、进企业、进景区、进家庭，唱响共产党好、社会主义好、改革开放好、伟大祖国好、各族人民好的主旋律，推进民族团结进步创建向更大范围、更广领域、更深层次拓展，确保所有地市成为全国民族团结进步示范地市，所有县区建成自治区级民族团结进步模范县区。

第二，确保人民生活水平不断提高，着力创建高原经济高质量发展先行区，努力做到高原经济高质量发展走在全国前列，是巩固拓展小康西藏建设成果的发展目标，是实现团结富裕文明和谐美丽现代化新西藏建设的发展总抓手。

习近平总书记指出，要走出一条符合西藏实际的高质量发展之路。西藏推进高原经济高质量发展具有良好的物质基础和巨大的资源优势。清洁能源资源十分丰富，将为国家实现“双碳”目标发挥独特作用、贡献重要力量。各级各界要围绕建成国家重要的战略资源储备基地、高原特色农产品基地、世界旅游目的地、清洁能源基地和面向南亚开放重要通道，加强前瞻性思考、全局性谋划、战略性布局、整体性推进，打高原牌、绿色牌、特色牌，用好外力、增强内力、凝聚合力，切实把政策资源优势转化为经济发展优势，让各族人民共享发展成果、奔向共同富裕，确保 GDP 年均增速达到 8% 以上，城乡居民人均可支配收入增速分别达到 8%、10% 以上，继续保持增速全国领先。

着力创建高原经济高质量发展先行区、努力做到高原经济高质量发展走在全国前列，必须牢牢抓住千载难逢的战略机遇、主动融入新发展格局。川藏铁路、清洁能源基地、边境安全能力建设等国家战略快速推进，中央支持西藏发展新的一揽子政策深入实施，援藏工作向纵深推进，为谱写雪域高原高质量发展新篇章提供了强大支撑。要完整全面准确贯彻新发展理念，坚持稳字当头、稳中求进，坚持所有发展都要赋予民族团结进步的意义，都要赋予维护统一、反对分裂的意义，都要赋予改善民生、凝聚人心的意义，都要有利于提升各族群众获得感、幸福感、安全感，以优化发展格局为切入点，以要素和设施建设为支撑，以制度机制为保障，聚焦发展不平衡不充分问题，深入推进创新驱动战略、乡村振兴战略、新型城镇化战略、区域发展布局，深入推进改革开放，实现更高质量、更有效率、更加公平、更可持续、更为安全的发展。

着力创建高原经济高质量发展先行区，努力做到高原经济高质量发展走在全国前列，必须切实用好丰厚的物质基础，坚持以人民为中心的发展思想。党的十八大以来，在习近平总书记和党中央的特殊关怀下，西藏经济社会实现全面发展、人民生活极大改善，过去五年，西藏地区生产总值年均增长 9%、增速全国领先，人均突

图 4-6　西藏日喀则市江当乡的易地搬迁“光伏小镇”

破5万元；农牧民人均可支配收入保持两位数增长，达到14598元，在高原地区处于领先水平。发展依靠人民、发展为了人民，发展的根本目的就是不断满足人民对美好生活的向往。要正确认识和把握实现共同富裕的战略目标和实践路径，把握好改善民生、凝聚人心这个出发点和落脚点，把人民群众身边的小事当作各级各部门的大事来抓，多谋民生之利、多解民生之忧，带着感情解决好群众最关心最直接最现实的利益问题，每年办好一批民生实事，着力提高就业质量，办好人民满意的教育，推进文化事业发展，加强健康西藏建设，完善社会保障体系，努力让各族群众获得感成色更足、幸福感更可持续、安全感更有保障。

着力创建高原经济高质量发展先行区、努力做到高原经济高质量发展走在全国前列，必须充分发挥巨大的资源优势、走出一条符合西藏实际的高质量发展之路。西藏水光风热、土地草场、文化旅游、清洁能源资源十分丰富，独特的资源禀赋为推动高质量发展提供了巨大优势。走出一条符合西藏实际的高质量发展之路，要正确认识碳达峰和碳中和，为国家实现"双碳"目标发挥独特作用、贡献重要力量；要打好高原牌、绿色牌、特色牌，切实把资源优势转化为经济效能，积极培育战略性新兴产业，加快构建现代产业体系；坚持高端、特色、精品，加快发展文化旅游产业，促进文旅结合、提质增效，推动文化旅游产业全域全时高质量发展；坚持水光风热互补、源网荷储一体，加快发展清洁能源产业，全力构建清洁能源"一基地、两示范"发展新格局，着力建设国家清洁能源基地，打造新型电力系统示范区、清洁可再生能源利用示范区；加快发展高原生物产业，坚持稳粮、兴牧、强特色，深化农牧业供给侧结构性改革，高标准建设一批青稞、牦牛等特色农畜产品

图 4-7　生态湿地

生产基地和产业带，推动“两江四河”河谷经济带建设；加快发展绿色工业、现代服务业、高新数字产业，坚持项目、产业、经济“点”“线”“面”协同发力，把项目建设摆在经济发展的重要位置，确保经济发展当前有活力、未来有潜力。

第三，确保生态环境良好，着力创建国家生态文明高地，努力做到生态文明建设走在全国前列，是巩固拓展小康西藏建设成果的生态目标，是实现团结富裕文明和谐美丽现代化新西藏建设的生态总抓手。

习近平总书记指出，要把青藏高原打造成为全国乃至国际生态文明高地。青藏高原是全球气候变化的关键区、敏感区，是世界山地冰川最发育的地区和亚洲重要江河的源头区。西藏拥有大江河大湖泊、大草原大湿地、大森林大雪山等生态资源，在全国乃至世界生态格局中的影响大、贡献大、责任大、价值大。各级各界要树立大局观、长远观、整体观，立足世界大生态、全国大环境，着眼可持续发展、中华民族的未来，坚持生态保护第一，守护好山山水水、一草一木；要突破惯性思维和传统路径依赖，坚持保护与发展协同推进，把尊重自然、顺应自然、保护自然的理念树起来，把高原生态农牧业、绿色加工业、文化旅游业等生态产业建起来，把生产发展、生活富裕、生态良好的文明发展之路闯出来，将绿水青山、冰天雪地的颜值转化为金山银山的价值，把西藏建成国家生态安全屏障战略地、人与自然和谐共生示范地、绿色发展试验地、自然保护样板地、生态富民先行地，确保生态保护红线面积占国土面积的 50% 以上，国家级生态文明建设示范地市占比达到 100%、示范县区占比达到 20% 以上，力争建成珠峰、羌塘 2 个国家公园，巩固发展世界上生态环境最好地区之一的良好态势。

着力创建国家生态文明高地、努力做到生态文明建设走在全国前列，必须深入贯彻落实习近平生态文明思想。生态文明建设是“五位一体”总体布局、“四个全面”战略布局的重要内容，是中央第七次西藏工作座谈会确定的稳定、发展、生态、强边“四件大事”之一，是西藏的“国之大者”。要以习近平生态文明思想为指导，按照习近平总书记“保护好青藏高原生态就是对中华民族生存和发展的重大贡献”的指示要求，把生态文明建设摆在更加突出的位置，牢固树立绿水青山就是金山银山、冰天雪地也是金山银山的理念，树立大局观、长远观、整体观，立足世界大生态、全国大环境，牢牢把握西藏拥有大江河大湖泊、大草原大湿地、大森林大雪山等生态资源的区位优势，深刻理解西藏生态环境在全国乃至世界生态格局中影响大、贡献大、责任大、价值大的内涵要求，努力把西藏建成国家生态安全屏障战略地、人与自然和谐共生示范地、绿色发展试验地、自然保护样板地、生态富民先行地，确保生态保护红线面积占国土面积的 50% 以上，国家级生态文明建设示范地市占比达到 100%、示范县区占比达到 20% 以上。

着力创建国家生态文明高地、努力做到生态文明建设走在全国前列，必须坚定不移走生态优先、绿色发展之路。生态环境问题，实质是发展方式问题，保护环境就是保护生产力，改善环境就是发展生产力。要坚持生态保护第一，坚持以绿色发展引领高质量发展，坚持保护与发展协同推进，把尊重自然、顺应自然、保护自然的理念树起来，把高原生态农牧业、绿色加工业、文化旅游业等生态产业建起来，把生产发展、生活富裕、生态良好的文明发展之路闯出来，努力建设人与自然和谐共生的现代化。要全面推进生态保护修复，坚持山水林田湖草沙冰一体化保护和系统治理，强化国土空间规划和用途管控，科学开展国土绿化行动，严格落实草原保护制度，加强生物多样性保护和监管，推动绿色低碳发展。要全面强化环境综合治理，重点围绕大气、水、土壤三大领域，深入打好污染防治攻坚战，加强城镇空气质量管控，大力推进水污染防治行动，加快推进土壤污染防治行动，持续改善城乡人居环境。要全面实施生态富民工程，落实国家生态综合补偿机制，完善森林、湿地、草原生态效益补偿机制，建立水生态保护补偿机制、野生动物侵占草场资源补偿机制，积极发展碳汇经济，让群众在参与生态建设中走上致富路、吃上生态饭。

着力创建国家生态文明高地、努力做到生态文明建设走在全国前列，必须加快生态文明制度体系建设。生态文明制度体系在生态文明建设中有着根本性、全局性、稳定性和长期性的意义，是建设

图 4-8　藏北深处的秘境——萨普雪山

美丽西藏的制度保障。要立足西藏自然生态系统自我维持和恢复能力差的客观实际，着眼人民日益增长的美好生态环境需要，按照高质量发展、绿色发展要求，把环境保护作为供给侧结构性改革的重要领域，切实加强顶层设计，全面完善生态制度体系，健全资源有偿使用和生态保护修复制度，实行最严格的水资源管理，建立水资源刚性约束制度；严明生态环境保护责任，深入落实河长制、湖长制、林长制，切实保护好江河源和“亚洲水塔”；严格林草资源征占用、自然保护区设施修筑审批，深化领导干部自然资源资产离任(任中）审计，实行最严格的生态保护督察考核问责。

第四，确保边防巩固和边境安全，着力创建国家固边兴边富民行动示范区，努力做到固边兴边富民行动走在全国前列，是巩固拓展小康西藏建设成果的兴边目标，是实现团结富裕文明和谐美丽现代化新西藏建设的兴边总抓手。

习近平总书记指出，有国才能有家，没有国境的安宁，就没有万家的平安。西藏边境线长达4000多公里，占全国陆地边界的1/6。各级各界要践行“治国必治边、治边先稳藏”战略思想，牢固树立国家意识、国门意识、国防意识，以强边固防为总目标，以解决急需、急用、急盼为切入点，以重点领域、重要方向、重大项目为突破口，整合用好存量政策、制定出台超常规举措，大力实施守土固边工程，构建边民生活有保障、致富有渠道、守边有动力、发展有支撑的新格局，确保边境地区产业发展、基础设施、公共服务水平大幅提升,边境城乡居民人均可支配收入高于全区平均水平。

着力创建国家固边兴边富民行动示范区、努力做到固边兴边富民行动走在全国前列，必须深入贯彻落实习近平总书记“治国必治边、治边先稳藏”战略思想。党的十八大以来，习近平总书记站在党和国家战略全局高度，创造性地提出了“治国必治边、治边先稳藏”战略思想，把西藏工作的战略地位提升到前所未有的高度。“治国必治边、治边先稳藏”，是新时代党的治藏方略的重要内容和战略指导，是做好新时代西藏工作的“纲中之纲”和“魂中之魂”。各级各界要胸怀“两个大局”、心系“国之大者”，充分认识治国、治边与稳藏的内在联系和辩证关系，充分认识治边稳藏是党中央交给西藏最重要的政治任务，时刻将西藏工作置于国际视野和全国大局中去研究谋划，时刻从党和国家事业发展的全局和长远出发来部署落实，保持战略定力，增强忧患意识，发扬斗争精神，以实际行动体现对习近平总书记和党中央绝对忠诚，作出对党和国家工作大局的重要贡献。

着力创建国家固边兴边富民行动示范区、努力做到固边兴边富民行动走在全国前列，必须树牢总体国家安全观、坚决维护社会大局稳定。西藏稳定关系国家稳定、西藏安全关系国家安全，西藏是重要的国家安全屏障，确保社会和谐稳定是西藏最重要的政治责任。各级各界要深入贯彻落实习近平总书记关于总体国家安全观的重要论述，牢固树立国家意识、国门意识、国防意识，全面把握西藏国家安全工作面临的新形势新任务，准确把握西藏工作新的阶段性特征和反分裂斗争新形势，提高思想认识，始终做到警钟长鸣、警惕常在，坚定不移把维护稳定作为第一位的工作任务，坚持底线思维和问题导向，居安思危、未雨绸缪，多谋长久之策、多行固本之举，坚定不移打击分裂破坏活动、坚定不移提升社会治理水平、坚定不移加强维稳能力建设、坚定不移维护意识形态领域绝对安全，不断筑牢国家安全屏障。

着力创建国家固边兴边富民行动示范区、努力做到固边兴边富民行动走在全国前列，必须加快推进边境地区建设、坚决维护国家核心利益。有国才有家，没有国境的安宁，就没有万家的平安。只有把边境建设好了，守边固边才会有坚实的物质保障。加快推进边境地区建设既是守边固边的需要，也是边境地区人民群众美好生活的需要，是边境地区人民群众根本利益的体现。各级各界必须按照“三个赋予、一个有利于”要求，以强边固防为总目标，以稳边固边急需、反蚕食斗争急用、边民群众急盼为切入点和突破口，统筹推进经济社会和边防建设，大力推进守边固边富边强边，构建边民生活有保障、致富有渠道、守边有动力、发展有支撑的新格局，确保边境地区产业发展、基础设施、公共服务水平大幅提升，让边境群众的腰包鼓起来、生活富起来、爱国守边的意识强起来。

着力创建国家固边兴边富民行动示范区、努力做到固边兴边富民行动走在全国前列，必须大力弘扬爱国守边精神，做神圣国土的守护者、幸福家园的建设者。在高原上工作，最稀缺的是氧气，最宝贵的是精神。爱国守边精神，是爱国主义精神、忠诚奉献精神在祖国边疆的具体体现。各级各界要进一步构筑中华民族共有精神家园，广泛宣传卓嘎、央宗等爱国守边模范先进事迹，继承和发扬爱国守边模范的爱国守边精神，充分发挥人民群众的主动性、积极性和创造性，凝聚起雪域儿女扎根边陲、守护国土、建设家乡的昂扬斗志和强大合力，团结带领西藏广大党员干部和各族群众履行好拱卫祖国西南边陲的政治责任。

——巩固拓展小康西藏建设成果的主要措施

立足西藏实际，谱写雪域高原长治久安和高质量发展新篇章，不断推动社会主义现代化新西藏的小康建设事业迈上新台阶，让各族人民过上更加幸福美好新生活，是党中央的殷切期望，也是全区各族干部群众的热切期盼，更是我们义不容辞的光荣使命。

第一，坚决维护社会大局稳定。提高思想认识，始终做到警钟长鸣、警惕常在，准确把握西藏工作新的阶段性特征和反分裂斗争新形势，坚定不移把维护稳定作为第一位的工作任务，坚持底线思维和问题导向，居安思危、未雨绸缪，多谋长久之策、多行固本之举，不断筑牢国家安全屏障。为此：一要坚定不移打击分裂破坏活动。深化反分裂、反渗透、反暴恐和扫黑除恶、打非治乱等专项斗争。依法严厉打击危害国家安全犯罪。二要坚定不移提升社会治理水平。健全立体化、信息化社会治安防控体系，深化市域社会治理现代化试点工作。完善人民调解、行政调解、司法调解联动工作体系，发挥乡规民约作用，健全矛盾纠纷多元化解机制。深化网络综合治理，严厉打击涉网络违法犯罪。深入开展平安创建活动。完善群防群治工作机制，形成维护稳定的铜墙铁壁。三要坚定不移加强维稳能力建设。健全党委领导、各部门齐抓共管、党政军警民协调联动工作体制机制。强化基层公安基础设施建设。加快信息化、智能化建设，不断提升政法维稳工作效率和工作能力。四要坚定不移维护意识形态领域绝对安全。严格落实党委（党组）意识形态工作责任制，牢牢掌握意识形态工作领导权和主动权。持续开展反分裂斗争宣传教育，深入揭批达赖集团反动本质和图谋，打牢反分裂斗争群众思想基础。坚持政治家办报、办刊、办台、办新闻网站，加强各级党报、党刊、广播电视台和重点新闻网站等宣传阵地。加强对各类媒体、讲台课堂、讲座报告等管理。加强哲学社会科学学科体系、学术体系、话语体系建设，深入研究重大理论和实践问题。扩大对外交流，讲好西藏故事。

第二，着力推动高质量发展。坚持所有发展都要赋予民族团结进步的意义，都要赋予维护统一、反对分裂的意义，都要赋予改善民生、凝聚人心的意义，都要有利于提升各族群众获得感、幸福感、安全感，以优化发展格局为切入点，以要素和设施建设为支撑，以制度机制为保障，聚焦发展不平衡不充分问题，高度重视有效投资对经济社会发展的推动作用。项目是经济社会高质量发展的基础，项目是点、产业是线、经济是面，各级党委、政府要把项目建设摆在重要位置，坚持点、线、面协同发力，做好项目前期储备和筹备工作，做到招商项目抓谋划、前期项目抓开工、在建项目抓进度、竣工项目抓投产、问题项目抓整改、投产项目抓效益，确保经济社会发展当前有活力、未来有潜力，实现更高质量、更有效率、更加公平、更可持续、更安全发展。为此：一要深入推进基础设施建设。西藏基础设施建设不能只算经济账，更要算政治账、民生账、民心账。完善以铁路、高等级公路和民航机场为骨干，普通国省道为主体的综合立体交通体系；全力推进川藏铁路建设，积极做好滇藏铁路、中尼铁路、新藏铁路前期工作，推动实施青藏铁路格拉段和拉日铁路电气化改造；着眼打造“三横四纵八通道”公路网络，重点推动国道318线西藏段提质改造，实现国道219线区内黑色化，建成拉萨至日喀则高速公路，积极推动青藏、川藏高速公路建设，加快国省道干线公路和“四好农村路”建设；大力加快航空业发展，早日建成隆子、定日、普兰支线机场和一批通用机场。强化区内外能源互联互济，加快电源、电网、油气管道、抽水蓄能等基础设施建设，推进城网建设和农网改造升级，建成青藏联网二期工程，加快成品油储备基地建设。积极推进湘河水利枢纽及配套灌区工程和帕古、梅帕塘等中型水库建设，加大跨境河流水资源战略储备与开发力度。加快布局5G、绿色数据中心、物联网、工业互联网等新型基础设施，积极融入“东数西算”布局。二要深入推进特色产业发展。优化一产、壮大二产、提升三产，努力把资源优势转化为发展优势，积极培育战略性新兴产业，加快构建现代产业体系。重点是：加快发展文化旅游产业，丰富文化旅游产品，完善旅游基础设施，优化旅游发展环境，创新旅游营销模式，促进文旅融合、提质增效。加强区内外旅游合作，大力发展智慧旅游和乡村游、边境游、自驾游，提升品牌影响力，推动文化旅游产业全域全时高质量发展；加快发展清洁能源产业，坚持水光风热互补、源网荷储一体，全力构建清洁能源“一基地、两示范”发展新格局。基本建成金沙江上游、雅鲁藏布江中游水光互补电站群，全面开工澜沧江上游、藏东南等清洁能源项目，加快电力外送通道建设，着力建设国家清洁能源基地，打造新型电力系统示范区、清洁可再生能源利用示范区；加快发展绿色工业，重点推动绿色矿业、天然饮用水和民族手工业发展，开展战略性矿产资源和羌塘油气资源评估，推进扎布耶现代盐湖等产业开发，加快建筑业、建材业转型升级；加快发展现代服务业，着力发展研发设计、金融保险、节能环保等生产性服务业，重点发展健康、养老、育幼、体育、家政、物业等生活性服务业。培育壮大消费市场，大力发展夜间经济；加快发展高原生物产业，坚持稳粮、兴牧、强特色，深化农牧业供给侧结构性改革，高标准建设一批青稞、牦牛等特色农畜产品生产基地和产业带，推动“两江四河”河谷经济带建设。大力支持龙头企业发展，建强农牧民专业合作组织，把千家万户的小生产与千变万化的社会主义大市场有机联结起来，有序发展现代化种养殖。积极发展藏药产业。加快发展高新数字产业，积极推动互联网、大数据、云计算、人工智能、卫星技术等新一代信息技术同经济社会发展深度融合，建设面向南亚数字港，推动产业数字化、数字产业化。加快发展边贸物流业，加强吉隆、樟木、普兰口岸基础设施和功能建设，实施边民互市进口商品落地加工。建设冷链物流集散中心，推进城乡物流配送网络一体化，推动商贸流通体系向偏远乡村延伸。三要深入推进创新驱动发展战略。加强高原适用关键核心技术攻关。支持前沿技术和应用基础研究。建设自治区科技智库，建立以科研院所和高等院校为骨干的知识创新体系。大力培育科技型企业。加强知识产权保护。建设拉萨青藏高原科学研究中心。四要深入推进乡村振兴战略。严格落实“四个不摘”要求，压实“五级书记”责任，完善防返贫动态监测和帮扶机制，对因病因灾等特殊原因致贫返贫群众动态清零。扎实推进扶贫产业提档升级行动。深入实施以“神圣国土守护者、幸福家园建设者”为主题的乡村振兴战略。落实最严格的耕地保护制度，提升耕地质量，提高粮食生产能力，确保粮食安全。开展种业振兴行动，解决农牧业“芯片”问题。推动高原草业发展，不断提高饲草产量。深化农村承包地“三权分置”改革。加强供销合作社建设。推动城乡基本服务均等化，实施乡村建设行动，建设美丽宜居乡村。五要深入推进新型城镇化战略。深化户籍制度改革，推进农牧业转移人口市民化。推动拉萨山南一体化发展。大力实施“县域突破”战略，鼓励有条件县优化布局生产空间，建设产业聚集区，形成一批有实力、有人气、有市场特色农业强县、牧业强县、旅游强县。六要深入推进区域发展布局。着力构建主体功能明显、优势互补、高质量发展的“一核一圈两带三区”区域发展新格局。“一核”就是做大做强拉萨核心增长极，发挥好拉萨的辐射带动作用，确保拉萨当好全区经济社会发展排头兵。“一圈”就是大力破除体制机制壁垒，着力促进设施联通、产业协同、要素流动，加快形成以拉萨为中心，辐射日喀则、山南、林芝、那曲的三小时经济圈。“两带”就是加快建设边境沿线发展带，统筹推进川藏、青藏、拉日等铁路沿线经济带建设。“三区”就是坚持区域统筹和重点引领，协调推进藏中南重点开发区、藏东清洁能源开发区、藏西北生态涵养区建设，自觉把西藏区域性发展纳入国家“一带一路”向内联通、向外开放总体布局之中。鼓励支持各地市从生产力发展水平和功能定位出发，探索符合自身实际的高质量发展之路。七要深入推进改革开放。加快推进政府职能转变。毫不动摇巩固和发展公有制经济，推进国有经济布局优化和结构调整，深化国资国企改革，实施国企振兴三年计划。毫不动摇鼓励、支持、引导非公有制经济发展，构建亲清新型政商关系，优化营商环境，维护市场公平，激发市场活力。高度重视招商引资，加大招商引资力度，创新观念抓招商、强化服务抓招商、创新手段

图 4-9　横跨雅鲁藏布江的高等级公路

抓招商。提升拉萨经济技术开发区、拉萨高新技术开发区、藏青工业园等园区发展水平，支持发展“飞地经济”。提升拉萨航空口岸功能，推进昆莎航空口岸建设，推动里孜、陈塘、日屋口岸开放，加快吉隆国家重点开发开放试验区和边境经济合作区建设，深化与尼泊尔等周边国家交流合作。

第三，切实改善和保障民生。让人民群众共享改革发展成果、改善和保障民生，是党委、政府全部工作的出发点和立足点。我们要抓住人民最关心、最直接、最现实的利益问题，把群众身边的小事当作党委、政府的大事来抓，每年办好一批民生实事，不断满足人民对美好生活的向往，切实增强各族群众的获得感、幸福感、安全感。为此：一要着力提高就业质量。坚持就业优先战略和积极就业政策，实现更高质量和更充分就业。坚持市场化就业方向，引导社会各界转变就业观念。大力推进就业援藏。加大国家投资项目吸纳当地农牧民就业力度。强化困难群众就业援助，确保零就业家庭动态清零。实施职业技能提升行动，大力培养“西藏工匠”。加强创新创业指导服务。二要着力办好人民满意教育。落实立德树人根本任务。完善教育投入保障机制，落实好15年公费教育政策，扩大教育资源供给，提高教育教学质量，推动义务教育优质均衡发展，办好学前教育、特殊教育、继续教育和西藏班（校）。优化高等教育、职业教育学科专业结构、人才培养结构。发挥好教育信息化“珠峰旗云”平台作用，提升教育治理能力。加强师资队伍建设，不断提高教师待遇水平。深化教育人才组团式援藏。三要着力推进文化事业发展。大力弘扬中华优秀传统文化，推动各民族文化传承保护和

图4-10　幸福新生活

创新发展。加快实施文化惠民工程。深入推进文化“润边”工程。大力实施群众性精神文明创建。推进文艺创新能力提升工程。加强文物古籍保护、研究和利用。四要着力加强健康西藏建设。大力实施健康西藏保障工程。建设医联体、县域医共体，支持成办医院建设中国一流高原病医院，构建覆盖全区的智慧医疗体系。推动医疗人才组团式援藏工作向重点县拓展。加强医疗卫生人才队伍建设。提升乡村医生整体综合素质。实施藏药标准三年行动计划。鼓励支持社会办医。深化爱国卫生运动。加强食品药品安全工作。发展登山、滑雪等高原特色体育事业。五要着力完善社会保障体系。健全覆盖城乡的基本养老、医疗、失业、工伤、生育等保险制度，健全灵活就业人员社保制度，健全城镇居民最低生活保障制度，持续提升社会保障公共服务能力。完善城乡居民基本养老保险待遇和基础养老金正常调整机制。建立以居家为基础、社区为依托、机构为补充的多层次养老服务体系，健全儿童福利和未成年人保护体系。加强社会救助体系建设。实施保障性安居工程。加强安全生产工作。

第四，筑牢国家生态安全屏障。贯彻落实习近平生态文明思想，牢固树立绿水青山就是金山银山、冰天雪地也是金山银山的理念，坚持生态保护第一，坚定不移走生态优先、绿色发展之路，推进生态环境保护和可持续发展，努力建设人与自然和谐共生的现代化。为此：一要全面推进生态保护修复。重点加强雅鲁藏布江、金沙江、拉萨河、年楚河、尼洋河、狮泉河等重要江河流域生态环境保护与修复。统筹预留重大基础设施建设廊道和国边防建设空间。深入实施“两江四河”流域造林绿化、防沙治沙等重点工程，扎实推进拉萨南北山绿化。严格落实草原保护制度。加强生物多样性保护和监管。建立以国家公园为主体的自然保护地体系。推动绿色低碳发展。二要全面强化环境综合治理。深入打好污染防治攻坚战，持续加大环境污染防治和综合治理力度。大力推进水污染防治行动，完善集中式饮用水水源地保护区划定和建设，加快补齐城镇污水收集和处理设施短板，全面整治入河排污口。加强生活垃圾和污水处置设施建设。因地制宜推进农村“厕所革命”。三要全面实施生态富民工程。落实国家生态综合补偿机制，提高生态就业岗位补贴。完善森林、湿地、草原生态效益补偿机制。推动大江大河流域跨区域生态补偿。建立野生动物侵占草场资源补偿机制。加大绿色金融支持力度。积极发展碳汇经济。支持发展林下资源开发生态富民产业。四要全面完善生态制度体系。健全资源有偿使用和生态保护修复制度。建立水资源刚性约束制度。深入落实河长制、湖长制、林长制，切实保护好江河源和“亚洲水塔”。严格林草资源征占用、自然保护区设施修筑审批。实行最严格生态保护督察考核问责。

第五，进一步铸牢中华民族共同体意识。全面贯彻习近平总书记关于加强和改进民族工作重要思想，坚持以铸牢中华民族共同体意识为主线，做好新形势下民族工作，提升新时代民族工作质量，促进各民族广泛交往、全面交流、深度交融，像石榴籽一样紧紧抱在一起。为此：一要进一步构筑中华民族共有精神家园。深入实施中华优秀传统文化传承发展工程、红色基因传承工程，开展中华优秀传统文化进基层活动。成立自治区铸牢中华民族共同体意识研究中心，加快推进中华民族视觉形象工程，建成中华文化主题公园、社会主义核心价值观主题公园、西藏革命建设改革纪念馆，用好铸牢中华民族共同体意识党员干部、群众、青年、少儿四个读本。二要进一步深化拓展民族团结进步教育和创建。大力开展民族团结、爱国主义、反分裂斗争、新旧西藏对比和马克思主义“五观”“两论”教育，持续开展“四史”及西藏地方和祖国关系史教育。健全完善民族团结宣传教育常态化机制。加强学校思政教育，协同推进铸魂育人。深入落实自治区民族团结进步模范区创建条例和规划，持续推进模范区创建进机关、进乡镇、进村居、进学校、进宗教活动场所、进连队、进企业、进景区、进家庭。三要进一步促进民族交往交流交融。完善政策措施、制度保障和表彰激励机制，做好城市民族工作，创造各族群众共居共学、共建共享、共事共乐和迁徙流动的社会条件。加大与区外经济、文化、人员双向交流力度，让各族群众越走越近、越走越亲。

第六，积极推进藏传佛教中国化。全面贯彻党的宗教工作基本方针，持续加大“导”的力度，坚持“五个有利于”标准，不断完善宗教事务治理体系，提升宗教治理能力水平，积极引导藏传佛教与社会主义社会相适应。为此：一要切实掌握宗教工作领导权。加强党对宗教工作领导，完善落实各级党委主要负责同志与宗教界代表人士座谈、党政主要领导干部联系重点寺庙和代表人士等制度，压实属地管理、分级负责和寺管会具体管理责任。二要切实健全寺庙管理长效机制。坚持依法管理、民主管理、社会管理相结合，依法持续加强和改进寺庙管理。加强寺庙僧尼教育管理服务，推进公共服务进寺庙，不断改善广大僧尼生活条件，解决老弱病残僧尼生活困难。三要切实加强宗教事务管理。全面贯彻党的宗教信仰自由政策，依法保障信教群众正常宗教需要和合法宗教活动。认真贯彻落实宗教事务条例和自治区实施办法。四要切实加强藏传佛教引导。深入开展“遵行四条标准、争做先进僧尼”教育实践活动，组织开展国家意识、公民意识、法治意识教育活动，引导宗教界认真学习习近平新时代中国特色社会主义思想，衷心拥护中国共产党、拥护社会主义制度、维护祖国统一和民族团结。加大寺庙法治宣传教育力度，大力培养政治上靠得住、宗教上有造诣、品德上能服众、关键时起作用的宗教界人士。发挥各级佛教协会作用，带领寺庙僧尼实施好新修订的藏传佛教寺庙章程和寺规僧约。优化宗教经典学习，健全藏传佛教三级学衔制度，制定落实教义教规系统性阐释规划，对藏传佛教典籍选优择重、推陈出新，作出通俗易懂、与时俱进的阐释。

第七，加快推进边境地区建设。以稳边固边急需、反蚕食斗争急用、边民群众急盼为切入点和突破口，统筹推进经济社会和边防建设，大力推进守边固边富边强边。为此：要持续推进固边兴边富民行动，完善边境小康村配套设施，因地制宜发展特色产业，加快发展边境矿产和清洁能源产业；要支持有条件边境城镇发展，打造一批美丽边城；要加快补齐边境城镇水、电、路、讯、网等基础设施短板，统筹规划建设学校、医院、文化、体育、市场等公共服务设施；要配合做好定点帮扶边境县工作，继续扶持 9 个民族乡人口较少民族率先发展；要广泛宣传卓嘎、央宗等爱国守边模范先进事迹，大力实施边境党建红色长廊工程，不断深化“五共五固”活动。

第八，加快发展社会主义民主政治。坚持中国特色社会主义政治发展道路，健全民主制度，丰富民主形式，拓宽民主渠道，发展全过程人民民主，为推进新时代西藏长治久安和高质量发展提供法治保障。为此：要不断加强人民当家作主制度保障，不断发挥社会主义协商民主重要作用，不断提升法治西藏建设水平，不断巩固和发展爱国统一战线，不断加强党的群团工作，充分发挥驻藏人民解放军、武警部队作为实现西藏长治久安和高质量发展的重要力量的作用。

第九，坚定不移推进新时代党的建设。要切实加强党的政治建设，增强“四个意识”、坚定“四个自信”、做到“两个维护”；要切实加强党的思想建设，坚持不懈用习近平新时代中国特色社会主义思想武装头脑、指导实践、推动工作。为此：要切实加强领导班子和干部人才队伍建设，为忠诚干净担当的干部人才提供广阔舞台；要切实加强基层党组织和基层政权建设，不断夯实党在西藏的执政根基；要切实加强作风建设，大力弘扬求真务实的优良作风；要切实加强党风廉政建设和反腐败斗争，营造风清气正的政治生态。

——全面推进乡村振兴是巩固拓展小康西藏建设成果的近期措施

坚持把解决好“三农”问题作为重中之重，深入推进以“神圣国土守护者、幸福家园建设者”为主题的乡村振兴战略，促进农牧业高质高效、乡村宜居宜业、农牧民富裕富足，加快推进农牧业农牧区现代化。

第一，巩固拓展脱贫攻坚成果。实现巩固拓展脱贫攻坚成果同乡村振兴有效衔接，将建立农牧区低收入人口和欠发达地区帮扶机制纳入乡村振兴战略统筹安排、一体推进、常态实施。5 年过渡期内严格落实“四个不摘”要求，保持脱贫攻坚形成的组织指挥体系、政策保障体系、基层组织体系和全社会动员参与机制稳定，保持财政、金融、土地、人才等现有帮扶政策稳定。进一步健全防止返贫动态监测和帮扶机制，持续跟踪收入变化和巩固情况，及时做好脱贫不稳定户、边缘易致贫户，以及因病因灾意外事故等刚性支出较大或收入大幅缩减导致基本生活出现严重困难户的帮扶，确保易返贫致贫人口动态清零。坚持扶贫与扶志扶智相结合，强化控辍保学，持续做好常见病、地方病综合防治。完善农牧区社会保障和救助制度，建立健全巩固拓展脱贫攻坚成果、解决相对贫困问题的长效机制。加大易地扶贫搬迁后续扶持力度，逐步完善集中安置区配套设施、基础设施，提升公共服务和社会管理服务水平，建立关爱机制，促进社会融入。强化扶贫产业后续经营管理，完善全产业链支持措施和利益联结机制，立足当地资源禀赋和区域优势，在现有发展成熟的产业基础上发展特色优质高效乡村产业，提升产业带贫益贫能力。做优做强产业扶贫项目，把涉扶贫“小散弱”企业通过专合组织整合做大，把同质化明显的扶贫产业和企业重组做优，把市场前景好的涉扶贫优势企业通过注资的方式进一步扩大规模做强。加强扶贫项目资金资产管理和监督，防止资产流失和被侵占。集中支持一批乡村振兴重点帮扶县，持续推动脱贫人口和低收入人口增收，切实增强脱贫地区经济活力和发展后劲。坚持和完善社会力量参与帮扶机制，形成先富帮后富、实现共同富裕的强大合力。持续加强脱贫村党组织建设，选好用好管好乡村振兴带头人。

第二，优先发展农牧业农牧区。提高农牧业市场竞争力，深化农牧业供给侧结构性改革，推进农牧业数字化转型，建设智慧农牧业，着力建强现代农牧业产业体系、生产体系和经营体系。实施现代种业提升工程，加强种子库和良种繁育基地建设，加大青稞、畜禽、优质牧草等育种力度，提升农牧业良种化水平，全面加强农牧林业种质资源保护和利用。健全动物防疫和农作物病虫害防治体系。加大农业水利设施建设力度，实施高标准农田建设工程，高标准建设一批青稞、牦牛、藏香猪、藏羊等特色农畜产品生产基地，加大饲草料保障力度，稳定青稞播种面积，提高农畜产品供给保障能力。加强粮食生产功能区和特色农产品优势区建设，加快推进现代农业产业园建设，重点扶持一批农牧业产业化龙头企业，鼓励发展“三品一标”认证。大力发展现代农畜产品加工业，完善仓储保鲜冷链物流设施，提高产地初加工能力，“十四五”时期实现农畜产品加工业总产值年均增长 10% 以上。推进城乡物流配送网络一体化，推动商贸流通体系向偏远乡村延伸，促进农牧区电子商务和实体商贸流通相结合，加强应急保供体系和机制建设。科学布局供销合作社网点，增强服务功能、提升保障能力。实施乡村建设行动，强化县城综合服务能力，推进数字乡村建设，把乡镇建成服务农牧民的区域中心。统筹县域城镇和村庄规划建设，强化农牧区基础设施建设，增加公共服务供给，因地制宜推进农牧区改厕、生活垃圾处理和污水治理，建立健全农牧区人居环境管理体制机制。加快“四好农村路”建设，加大乡村客运扶持力度，实现具备条件的建制村全部通硬化路、通客车。推进农网改造升级。提高农牧民科技文化素质，推动乡村人才振兴，鼓励支持返乡青年创办领办新型农牧业经营主体，加大农牧业科技领军人才引进培养力度。加大农牧区社会治理效能，深入推进乡风文明建设。

第三，加快发展县域经济。立足区位条件、产业基础和人力资源，突出县域特色，坚持有所为、有所不为，培育有特色、有优势、有市场、有效益的县域支柱产业，促进农牧区一二三产业融合发展，发展农牧业新型业态，延伸农牧业产业链和价值链。鼓励有条件的县优化布局生产空间，建设产业聚集区，扶持一批龙头企业向产业聚集区集中，重点发展高原生物、特色旅游文化、绿色加工、现代服务、边贸物流等产业。完善促进县域经济发展激励机制，积极引导金融机构和援藏资金支持县域经济发展，积极发挥金融对市场资源配置的引导作用，重点支持农牧产品和农牧区流通体系、家政餐饮等生活服务业发展，提升县域流通体系建设。增强人才、科技对县域经济的服务能力。推动优质人才到县域发展，制定激励政策，引导大学毕业生、技术人才以及医务、教育专业人员到县域择业就业、创新创业，为推动县域发展、实施乡村振兴战略拉通“人才专线”。发挥县域特色文化资源优势，带动特色旅游产业发展，适度引导人口聚集。

第四，深化农牧区综合改革。落实藏粮于地、藏粮于技战略，严守耕地和草场红线，坚决遏制耕地“非农化”，防止耕地“非粮化”。以完善产权制度和要素市场化配置为重点，促进城乡要素自由流动、平等交换和公共资源合理配置。坚持“三个长期不变”基本政策，保持土地承包关系长期稳定。落实完善农村土地“三权分置”要求，引导农牧区耕地、草原经营权有序流转。推进农村宅基地制度改革试点。全面推开土地征收制度改革，完善征地补偿制度。大力培育新型农牧业经营主体，发展多种形式适度规模经营，探索符合当地实际的农场模式，实现小农户和现代农业有机衔接，做强农牧业产业化龙头企业和合作社，健全农牧业社会化服务体系。健全农牧区金融服务体系，发展农牧业保险。

（三）全面建设社会主义现代化新西藏

西藏自治区与全国一道全面建成了小康社会，处在实现“第二个百年”目标的起步期和起步点上。正是在这个历史节点上西藏成功召开了自治区第十次党代会。提出“坚持以习近平新时代中国特色社会主义思想为指导，全面贯彻新时代党的治藏方略，牢记领袖嘱托、践行初心使命，为建设团结富裕文明和谐美丽的社会主义现代化新西藏而努力奋斗”。这是在西藏第一个一百年奋斗目标实现之后，在为第二个一百年奋斗目标扬帆起航之际提出的服务于全面建设社会主义现代化新西藏新征程的发展目标。全面建设团结富裕文明和谐美丽的社会主义现代化新西藏不是一个一蹴而就的伟大新征程，需要经过几十年不懈努力和不断积累。需要从现在开始，到新中国成立一百年来临之际，在党中央关心关怀、特殊支持，在全国人民无私支援、鼎力相助，在西藏自治区党委坚强领导下，西藏各级各界立足特殊区情、服务国家战略，脚踏实地、努力奋斗。

——全面建设社会主义现代化新西藏要用心学习深入领会全面贯彻习近平总书记关于西藏工作的一系列重要决策部署

第一，用心学习深入领会全面贯彻习近平总书记关于深入开展反分裂斗争的重要决策部署。习近平总书记强调，达赖集团干扰破坏不仅影响西藏稳定和发展进步，而且严重影响我国国家安全和民族团结。西藏工作必须始终坚持以维护祖国统一、加强民族团结为着眼点着力点，关键是做好反分裂工作、维护国家安全。要坚持对十四世达赖和达赖集团的定性不动摇，对达赖集团斗争的方针不动摇。掌握反分裂斗争主动权，关键是做好我们自己的工作，维护好西藏和谐稳定的局面。掌握反分裂斗争主动权，要坚决反对十四世达赖利用“转世问题”公然破坏藏传佛教正常秩序。

第二，用心学习深入领会全面贯彻习近平总书记关于铸牢中华民族共同体意识的重要决策部署。习近平总书记强调，中华民族共同体意识是国家认同、民族交融的情感纽带，是祖国统一、民族团结的思想基石，是中华民族绵延不衰、永续发展的力量源泉。铸牢中华民族共同体意识，是我国民族工作的主线，也是西藏工作的战略性任务。铸牢中华民族共同体意识，要把握好“一”和“多”的关系，要把握好“同”和“异”的关系，要把握好“恒”和“变”的关系。

第三，用心学习深入领会全面贯彻习近平总书记关于推进藏传佛教中国化的重要决策部署。习近平总书记强调，藏传佛教是佛教中国化的产物，在我国统一多民族国家形成过程中发挥了积极作用。要以有利于维护祖国统一和社会稳定、有利于增进“五个认同”、有利于团结宗教界人士和信教群众、有利于藏传佛教健康传承、有利于减轻信教群众负担为标准，积极引导藏传佛教与社会主义社会相适应，不断推进藏传佛教中国化。推进藏传佛教中国化，要加大“导”的工作力度，健全寺庙管理长效机制，深化教义思想阐释，加强宗教人才培养，持之以恒地教育引导信教群众理性对待宗教、淡化宗教消极影响、减少宗教消费，过好今生幸福生活。

第四，用心学习深入领会全面贯彻习近平总书记关于推动经济社会高质量发展的重要决策部署。习近平总书记强调，西藏所有发展都要赋予民族团结进步的意义，都要赋予维护统一、反对分裂的意义，都要赋予改善民生、凝聚人心的意义，都要有利于提升各族群众获得感、幸福感、安全感。要贯彻新发展理念，立足维护祖国统一、加强民族团结这个着眼点和着力点，把握好改善民生、凝聚人心这个出发点和落脚点，聚焦发展不平衡不充分问题，以优化发展格局为切入点，以要素和基础设施建设为支撑，以制度机制为保障，统筹谋划、分类施策、精准发力，加快推进高质量发展。推动西藏经济社会高质量发展，最重要的是巩固脱贫成果，做好与实施乡村振兴战略的衔接。推动西藏经济社会高质量发展，重点要补齐基础设施短板。推动西藏经济社会高质量发展，要着力保障和改善民生。推动西藏实现高质量发展，必须长期坚持中央支持西藏、全国支援西藏。

第五，用心学习深入领会全面贯彻习近平总书记关于筑牢生态安全屏障的重要决策部署。习近平总书记多次强调，保护好青藏高原就是对中华民族生存和发展的最大贡献。要牢固树立绿水青山就是金山银山的理念，坚持尊重自然、顺应自然、保护自然，加强生态环境保护，打好污染防治攻坚战。保护好青藏高原生态环境，不只是一个区域、一段时间的事，而是利在千秋、泽被天下的大事，是我们履行大国责任的大事。要坚持对历史负责、对人民负责、对世界负责的态度，把生态文明建设摆在更加突出的位置，守护好高原的生灵草木、万水千山，把青藏高原打造成全国乃至国际生态文明高地。

第六，用心学习深入领会全面贯彻习近平总书记关于加强边境地区建设的重要决策部署。习近平总书记指出，边境地区是国家安全屏障的第一道防线，是捍卫国家主权和领土完整的前沿阵地。如果边境出了问题，必然影响西藏改革发展稳定，进而传导到我国腹心地带，影响党和国家工作全局。加强边境建设，要深入实施以“神圣国土守护者、幸福家园建设者”为主题的乡村振兴战略，深入推进兴边富民行动，加快边境小康村建设进程。要采取特殊支持政策，帮助边境群众改善生产生活条件、解决后顾之忧，让他们腰包鼓起来、生活富起来、爱国守边的意识强起来，成为扎根边陲的哨兵、坚不可摧的哨所。加强边境建设，要深入推进边境地区军民融合发展，做到经济社会和边防建设统筹推进，人民生活和边防实力同步提升。

第七，用心学习深入领会全面贯彻习近平总书记关于加强党对西藏工作的全面领导的重要决策部署。习近平总书记强调，反分裂斗争形势越是尖锐复杂，改革发展稳定任务越是艰巨繁重，越要加强党对西藏工作的全面领导。要推动从严管党治党走深走实，全面加强各级领导班子、干部人才队伍、基层组织建设，确保各级党组织和广大党员、干部成为带领各族群众应对风浪考验、战胜困难挑战、全心全意为人民服务的坚强政治力量。加强党对西藏工作的全面领导，要加强党的政治建设，需要一支忠诚干净担当的干部队伍，加强基层党组织建设尤为重要。

——全面建设社会主义现代化新西藏是义不容辞的历史使命

习近平总书记强调，胸怀“两个大局”，心系“国之大者”。当今世界正经历百年未有之大变局，当今中国正处在中华民族伟大复兴的关键时期。西藏是重要的国家安全屏障和生态安全屏障，是抵御美国等西方反华势力遏制分化中国图谋的前沿阵地，是维护祖国统一、反对民族分裂的重点地区。当前西藏工作呈现出新的阶段性特征，反分裂斗争进入关键期，社会大局进入实现长治久安的推进期，经济社会进入高质量发展的转型期，生态保护进入生态文明建设的深化期，边境建设进入富民强边的攻坚期。习近平总书记概括的“五期叠加”的阶段性特征，反映出进一步做好西藏工作任务更重、难度更大、要求更高。西藏各级各界必须要自觉地把西藏工作放到党和国家工作战略全局和大局中研究思考、推动落实。必须保持清醒头脑、增强忧患意识，把形势估计得复杂一些，把风险挑战看得严峻一些，把各项工作做得更扎实一些，不断推进西藏长治久安，确保国家安全。

当前西藏政治稳定、经济繁荣、创新活跃、人民幸福，党中央为建设社会主义现代化新西藏擘画了蓝图、明确了目标、提供了指南，把西藏工作战略地位提升到前所未有的高度，给予前所未有的关心关怀、特殊支持，全国人民无私支援、鼎力相助，中国共产党领导的显著优势、社会主义制度的无比优越性和祖国大家庭的和谐温暖更加彰显。党的十八大以来，西藏经济社会实现全面发展、人民生活水平极大改善、城乡面貌今非昔比，干部群众干事创业劲头十足。2020 年，习近平总书记亲自主持召开中央第七次西藏工作座谈会，2021 年亲临西藏视察指导，在庆祝西藏和平解放 70 周年之际，亲自题词“建设美丽幸福西藏、共圆伟大复兴梦想”。随着中央支持西藏发展新的一揽子政策深入实施，援藏工作向纵深推进，西藏面临诸多有利条件。由此，谱写雪域高原长治久安和高质量发展新篇章、全面建设社会主义现代化新西藏，具有强大的政治优势，具有千载难逢的战略机遇，具有坚如磐石的自信底气！

——全面建设社会主义现代化新西藏要切实将思想行动统一到自治区党委的一系列工作部署上来

西藏自治区第十次党代会明确提出，西藏工作的指导思想是：坚持以习近平新时代中国特色社会主义思想为指导，深入贯彻党的十九大和十九届二中、三中、四中、五中、六中全会及中央第七次西藏工作座谈会精神，全面贯彻习近平总书记关于西藏工作的重要论述和新时代党的治藏方略，增强“四个意识”、坚定“四个自信”、做到“两个维护”，坚持统筹推进“五位一体”总体布局、协调推进“四个全面”战略布局，坚持稳中求进工作总基调，立足新发展阶段，完整准确全面贯彻新发展理念，服务融入新发展格局，深化反分裂斗争，铸牢中华民族共同体意识，推进藏传佛教中国化，推动高质量发展，改善和保障民生，推进生态文明建设，加强边境地区建设，加强党的组织和政权建设，抓好稳定、发展、生态、强边四件大事，确保国家安全和长治久安，确保人民生活水平不断提高，确保生态环境良好，确保边防巩固和边境安全，努力建设团结富裕文明和谐美丽的社会主义现代化新西藏。

西藏工作的奋斗目标是：社会大局持续全面稳定，反分裂斗争牢牢掌握全局性主动，中华民族共同体意识深入人心，藏传佛教中国化取得新进展，经济发展保持良好势头，城乡居民人均可支配收入达到或超过全国平均水平，基本公共服务主要指标接近全国平均水平，生态文明制度体系更加健全，国边防战略保障能力全面提升，全面从严治党向纵深推进，党在西藏的执政基础更加坚实。

贯彻落实西藏工作指导思想和奋斗目标，必须坚持以新时代党的治藏方略为纲铸魂，抢抓历史机遇、锚定“四件大事”，着力推进“四个创建”、努力做到“四个走在前列”，使西藏在服务融入新发展格局中的比较优势进一步发挥，在落实国家使命和国家战略中的责任担当进一步彰显，在党和国家工作大局中的战略地位进一步提升。

——全面建设社会主义现代化新西藏要全面聚焦着力推进“四个创建”、努力做到“四个走在前列”

西藏自治区第十次党代会明确提出，做好西藏工作要“着力创建全国民族团结进步模范区，努力做到民族团结进步走在全国前列；着力创建高原经济高质量发展先行区，努力做到高原经济高质量发展走在全国前列；着力创建国家生态文明高地，努力做到生态文明建设走在全国前列；着力创建国家固边兴边富民行动示范区，努力做到固边

图 4-11　拉萨夜景

兴边富民行动走在全国前列”，即“四个创建”与“四个走在前列”。站在新的历史起点上，着力推进“四个创建”、努力做到“四个走在前列”，是贯彻落实“两步走”战略安排第一步的具体实践，是主动服务融入新发展格局、充分依托借力国内国际双循环的实际行动，是抓好“四件大事”、实现“四个确保”的重要载体，事关全面建设社会主义现代化新西藏全局。

要始终高举中华民族大团结旗帜，以铸牢中华民族共同体意识为主线，以落实自治区民族团结进步模范区创建条例为抓手，以推进藏传佛教中国化为方向，广泛开展铸牢中华民族共同体意识宣传教育和“民族团结进步宣传活动月”，把维护祖国统一、加强民族团结和旗帜鲜明反对分裂作为首要条件，推进民族团结进步创建向更大范围、更广领域、更深层次拓展，促进各民族交往交流交融，确保所有地市成为全国民族团结进步示范地市，所有县（区）建成自治区级民族团结

图 4-12　多吉乡农牧民新居

进步模范县（区），区地县创建本级民族团结进步模范单位占比达到80% 以上，进一步形成宗教和顺、社会和谐、民族和睦的生动局面。

要围绕建成国家重要的战略资源储备基地、高原特色农产品基地、世界旅游目的地、清洁能源基地和面向南亚开放重要通道，加强前瞻性思考、全局性谋划、战略性布局、整体性推进，打高原牌、绿色牌、特色牌，用好外力、增强内力、凝聚合力，切实把政策资源优势转化为经济发展优势，让各族人民共享发展成果、奔向共同富裕，确保 GDP 年均增速达到 8% 以上，城乡居民人均可支配收入增速分别达到 8%、10% 以上，继续保持增速全国领先。

要树立大局观、长远观、整体观，立足世界大生态、全国大环境，着眼可持续发展、中华民族的未来，坚持生态保护第一，守护好山山水水、一草一木；要突破惯性思维和传统路径依赖，坚持保护与发展协同推进，把尊重自然、顺应自然、保护自然的理念树起来，把高原生态农牧业、绿色加工业、文化旅游业等生态产业建起来，把生产发展、生活富裕、生态良好的文明发展之路闯出来，将绿水青山、冰天雪地的颜值转化为金山银山的价值，把西藏建成国家生态安全屏障战略地、人与自然和谐共生示范地、绿色发展试验地、自然保护样板地、生态富民先行地，确保生态保护红线面积占全区国土面积的 50% 以上，国家级生态文明建设示范地市占比达到 100%、示范县（区）占比达到 20% 以上，力争建成珠峰、羌塘两个国家公园，巩固发展世界上生态环境最好地区之一的良好态势。

要践行“治国必治边、治边先稳藏”战略思想，牢固树立国家意识、国门意识、国防意识，以强边固防为总目标，以解决急需、急用、急盼为切入点，以重点领域、重要方向、重大项目为突破口，整合用好存量政策、制定出台超常规举措，大力实施守土固边工程，构建边民生活有保障、致富有渠道、守边有动力、发展有支撑的新格局，确保边境地区产业发展、基础设施、公共服务水平大幅提升，边境城乡居民人均可支配收入高于全区平均水平。

后　记

从茹毛饮血到刀耕火种，从结绳记事到文字发明，从筚路蓝缕到逐步富裕，从脱贫攻坚到全面小康，一路风雨兼程，弹指一挥间。回首往昔千余载，对比今朝 70 余华年，西藏和平解放、民主改革、自治区成立、改革开放和社会主义建设的伟大历史证明，只有中国共产党才能救西藏、发展西藏；西藏只有在祖国大家庭中、在建设中国特色社会主义共同事业中，才能实现全面小康的伟大历史跨越。新时代奋斗于脱贫攻坚实践的你我他，新西藏征战于全面小康的物事人将永远被《全面建成小康社会西藏全景录》铭记。

“地崩山摧壮士死，然后天梯石栈相钩连”。西藏波澜壮阔的小康实践取得的伟大成就将永远镌刻于彻底消除绝对贫困、全面建成小康社会的历史丰碑。为生动再现西藏全面建成小康社会的伟大事业，全景式纪录西藏全面建成小康社会的伟大历程，总结好新时代西藏全面建成小康社会的伟大成就，阐释好其中蕴含的实践经验、理论创新和制度优势，保存全面建成小康社会的历史档案，在中宣部的统一部署和中共西藏自治区委员会宣传部的具体指导下，按照人民出版社的工作要求，西藏人民出版社协同西藏民族大学，共同策划出版《全面建成小康社会西藏全景录》一书。

后　记

“千淘万漉虽辛苦，吹尽狂沙始到金”。本书以图文并茂的形式，以时为经，以事为纬，在文字上力求生动鲜明简洁，运用历史唯物主义观点，深入挖掘真实的史料记忆西藏小康工程全过程，全方位、多角度真实地、全面地、系统地客观记录新中国成立以来，特别是党的十八大以来，西藏在与共和国共同进步、共同发展的伟大历史进程中所取得的翻天覆地的变化，真实展现西藏小康成就的宏伟画面，动态还原西藏在政治、经济、社会、文化等各方面的发展图景，以大量翔实的做法与成效深刻阐述西藏所经历的历史方位和时代风貌，让人身临其境般感受到西藏的长治久安与“跨越式”发展的小康工程西藏全景实践。

“民感桑林雨，云施李靖龙”。编写组通过夜以继日地查阅历史文献、走访上百位小康历程亲历者，收集了大量翔实材料和权威数据，整理汇编形成此书。本书第一部分由陈鹏辉副教授主笔，第二部分由田旭教授主笔，第三部分由禄树晖教授主笔，第四部分由张志恒教授主笔。对编写人员付出的辛劳深表感谢。本书编写过程中，得到张传庆教授、唐柳研究员、余成群研究员、崔凯研究员等专家的悉心指导，在此深表感谢。也感谢甘肃省会宁县枝阳初级中学禄文夫高级教师在本书编校过程中给予的大力支持。 该书图片来源为新华社、中新社、西藏日报、西藏摄影家协会等。

“芳林新叶催陈叶，流水前波让后波”。本书的编写政策性强、涉及领域广、内涵丰富，由于时间仓促，撰写过程中难免存在疏漏之处或总结不全面现象，敬请广大读者批评指正，并提出宝贵意见。

本书编写组

2022 年 6 月